权威·前沿·原创

皮书系列为

“十二五”“十三五”国家重点图书出版规划项目

数字经济蓝皮书

BLUE BOOK OF
DIGITAL ECONOMY

全球数字经济竞争力发展报告（2019）

ANNUAL REPORT ON DEVELOPMENT OF GLOBAL DIGITAL ECONOMY COMPETITIVENESS (2019)

上海社会科学院信息研究所
主　编／王　振　惠志斌
副主编／徐丽梅　王滢波

社会科学文献出版社
SOCIAL SCIENCES ACADEMIC PRESS (CHINA)

图书在版编目(CIP)数据

全球数字经济竞争力发展报告. 2019 / 王振，惠志斌主编. -- 北京：社会科学文献出版社，2019. 12
（数字经济蓝皮书）
ISBN 978 -7 -5201 -5734 -6

Ⅰ. ①全… Ⅱ. ①王… ②惠… Ⅲ. ①信息经济 - 经济发展 - 研究报告 - 2019 Ⅳ. ①F491

中国版本图书馆 CIP 数据核字（2019）第 229569 号

数字经济蓝皮书
全球数字经济竞争力发展报告（2019）

主　　编 / 王　振　惠志斌
副 主 编 / 徐丽梅　王滢波

出 版 人 / 谢寿光
责任编辑 / 张　媛

出　　版 / 社会科学文献出版社 · 皮书出版分社（010）59367127
　　　　　地址：北京市北三环中路甲 29 号院华龙大厦　邮编：100029
　　　　　网址：www. ssap. com. cn
发　　行 / 市场营销中心（010）59367081　59367083
印　　装 / 天津千鹤文化传播有限公司

规　　格 / 开 本：787mm × 1092mm　1/16
　　　　　印 张：19　字 数：286 千字
版　　次 / 2019 年 12 月第 1 版　2019 年 12 月第 1 次印刷
书　　号 / ISBN 978 -7 -5201 -5734 -6
定　　价 / 128. 00 元

本书如有印装质量问题，请与读者服务中心（010 -59367028）联系

全球数字经济竞争力发展报告（2019）
编　委　会

主要编撰者简介

主　编

王　振　1998年毕业于日本京都大学农学部农林经济学系，获博士学位。2001年，上海社会科学院应用经济学博士后流动站出站。现任上海社会科学院研究员、产业经济学博士生导师、副院长、信息研究所所长、丝路信息网总负责人、长江经济网总负责人，主要从事长三角及长江经济带区域经济发展、数字经济发展、人才战略与政策、中小企业问题研究，任《长三角地区经济发展报告》主编、《长江经济带蓝皮书》主编。上海市政协委员、市政协社会与法制委员会副主任、上海市城市规划学会副会长、上海市人才研究会副会长。获得全国留学回国人员成就奖、上海市领军人才、国务院政府特殊津贴等荣誉。

惠志斌　研究员，管理学博士。现任上海社会科学院互联网研究中心主任、信息研究所信息安全研究室主任。兼任全国信息安全标准化技术委员会委员、中央网信办专家组专家、上海网信办网信前沿咨询组召集人、《信息安全与通信保密》杂志社兼职主编等职务。美国南加州大学马歇尔商学院访问学者。主要研究领域为网络安全和数字经济的政策与产业研究。

副主编

徐丽梅　管理学博士，上海社会科学院应用经济研究所副研究员，区域经济学硕士生导师。2007～2009年，在上海社会科学院应用经济学博士后流动站工作；2013年8月至2014年7月，在美国南加州大学马歇尔商学院做访问学者。主要研究方向为区域经济、数字经济。已出版专著2部，并在

《图书情报工作》《情报科学》《情报理论与实践》《科技管理研究》等核心期刊上发表学术论文30余篇。

王滢波　经济学在读博士，上海社会科学院信息研究所助理研究员，主要研究方向为数字经济和宏观经济，主要作品包括《全球数字经济概述》《美国数字经济》《全球网络安全企业竞争力评价》等。

摘　要

数字经济已经成为全球经济发展最重要的引擎，也是国家的核心竞争力之一。为了更好地推动中国经济高质量发展，促进中国经济的全面转型，上海社会科学院信息研究所联合相关外部研究力量，建立了全球数字经济国家竞争力评价模型和全球数字经济企业竞争力评价模型，从多个维度对全球主要国家和主要企业在数字经济领域的竞争力进行评估。

作为聚焦全球数字经济发展的首部蓝皮书，《全球数字经济竞争力发展报告（2019）》以 2018 年全球数字经济相关的国家、城市和企业数据为基础，全面评测全球数字经济国家、城市和企业的竞争力，勾勒全球数字经济的发展全景图。

报告一共分为四个部分：总报告、区域国别篇、城市篇和产业篇。

总报告包括三个独立的报告：全球数字经济国家竞争力发展报告、全球数字经济城市竞争力发展报告和全球数字经济企业竞争力发展报告。就国家而言，美国处于绝对优势地位这一主要特征在短期内不会改变。中国在数字产业竞争力方面反超美国成为全球第一，但是中国在数字治理等领域存在竞争力短板。三年来，各国数字经济竞争力排名变动剧烈，有近 40% 的国家排名处于波动态势当中，由此表明数字经济领域的国家间竞争十分激烈。从区域特征来看，东亚和西欧国家数字经济竞争力较强，非洲、拉丁美洲地区国家数字经济竞争力较弱，东南亚地区国家数字经济呈快速发展态势。

就城市而言，美国的城市在数字经济竞争力方面具有显著优势，较其他国家的城市处于显著领先地位。中国的两个主要城市——北京和上海均跻身经济与基础设施竞争力榜单前十名，但是北京和上海在数字人才竞争力以及数字创新竞争力方面较美国以及其他发达国家城市存在较大差距。当前全球城市层面的数字经济竞争力格局是以美国占据绝对优势地位，欧洲发达国家在城市数字创新竞争力与人才竞争力方面实力雄厚，亚洲新兴经济体国家的城市在经济与基础设施竞争力方面后来居上为主要特征。

就企业而言，从综合竞争力来看，苹果、亚马逊和三星位列前三；从规模竞争力来看，苹果、亚马逊和微软位列前三；从效率竞争力来看，VMWARE、MATCH GROUP 和 VERISIGN 位列前三；从创新竞争力来看，三星、东京电子和亚马逊位列前三；从成长竞争力来看，拼多多、TENAGA NASIONAL BERHAD 和 SPLUNK 位列前三。美国、日本和中国，是数字企业的国家前三强，无论按照哪个方面来排名，这三个国家的企业几乎都占到 100 强的 70% ~80% 。尤其是美国，有着无可置疑的“老大”地位。而中国数字企业的蓬勃发展，预示着中国数字经济进入一个快速发展期。

在总报告之后，我们从区域国别、城市和产业三个角度介绍全球数字经济发展的现状。区域国别选取了美国、中国、欧盟和新加坡等典型国家和地区，对其数字经济的发展进行了介绍；城市方面选取了旧金山、伦敦、上海和渥太华等重点城市，介绍相关的数字经济发展状况；产业报告则聚焦于人工智能、芯片、数字贸易等数字经济核心发展领域。

报告发现，美国在数字经济领域一枝独秀，但仍然面临着来自中国强大的竞争压力，两者的差距较上年进一步缩小。数字经济已经成为最重要的经济驱动力。

关键词： 数字经济　竞争力　数字企业　人工智能

目　录

Ⅰ　总报告

Ⅱ　区域国别篇

Ⅲ　城市篇

Ⅳ 产业篇

皮书数据库阅读**使用指南**

总 报 告

General Reports

B.1

全球数字经济国家竞争力发展报告（2019）

王 振 张伯超*

摘 要： 在当前全球经济竞争与合作发展格局深刻调整的背景下，各国纷纷在代表全新经济驱动力量与前沿科技水平的数字经济领域出台各项竞争与合作举措，数字经济领域的全球竞争力格局也在面临深刻变化。当前全球数字经济发展格局当中，美国处于绝对优势地位这一主要特征在短期内不会改变。中国在数字产业竞争力方面反超美国成为全球第一，但是中国在数字治理等领域存在竞争力短板。三年来，各国数字经济竞争力排名变动剧烈，有近40%的国家排名处于波动态势当

* 王振，上海社会科学院副院长，信息研究所所长，研究员；张伯超，经济学博士，上海社会科学院经济研究所助理研究员。

中，由此表明数字经济领域的国家间竞争十分激烈。从区域特征来看，东亚和西欧国家数字经济竞争力较强，非洲、拉丁美洲地区国家数字经济竞争力较弱，东南亚地区国家数字经济呈快速发展态势。本报告还对数字经济各分项指标得分和排名等进行了深入分析。

关键词： 数字经济 竞争力 网络信息技术

一 引言

当前，信息网络技术加速创新，以数字化的知识和信息为关键生产要素的数字经济蓬勃发展，新技术、新业态、新模式层出不穷，成为“后国际金融危机”时代全球经济复苏的新引擎。各主要国家纷纷将发展数字经济作为推动实体经济提质增效、重塑核心竞争力的重要举措，并进一步推动数字经济取得的创新成果融合于实体经济各个领域，围绕新一轮科技和产业制高点展开积极竞争与合作。

在上述背景下，全球主要国家之间的竞争与合作越来越围绕以高端前沿科学技术为核心的一系列产业展开，2018 年 4 月 3 日下午，美国贸易代表办公室根据所谓“301 调查”，建议给出加征关税的自中国进口产品清单，该清单包含大约 1300 个独立关税项目，价值约 500 亿美元，涉及航空航天、信息和通信技术、机器人和机械等行业。美国贸易代表办公室建议对清单上中国产品征收额外 25% 的关税。美国认为“中国制造 2025”是中国政府主导经济行为的证明之一，中国的目的在于通过公平和不公平的行为，在高新技术领域进行进口替代，随后占领全球市场。细数美国加征关税的重点行业和产品，可以发现其主要集中于先进制造业，美国加征关税的范围涉及高铁装备、航空产品、新能源汽车、工业机器人等多个重要制造行业，矛头直指“中国制造 2025”。而“中国制造 2025”中重点发展的上述行业均为当前与新一代信息技术高度融合的先进制造业，究其根本，中美贸易摩擦核心是当前代表未来产业全新制高点、能够与先进制造业深度融合的新一代信息技术。当前，新一代信息技术与制造业加快融合创新发展，物联网、大数据、云计算、人工智能等新技术持续演进，先进制造技术正在向信息化、网络化、智能化方向发展，智能制造正在开启全球制造发展的新时代。世界发达国家均将智能制造作为重振和发展制造业战略的重要抓手，深度运用信息技术推进生产模式和产业形态变革，抢占先进制造业市场，不断扩大竞争优势。而根据 G20 峰会给出的权威数字经济定义，数字经济是以信息通信技术的有效使用为效率提升和经济结构优化的重要推动力的一系列经济活动，由此可见，数字经济的产出表现为与传统经济活动的创新性融合，通过创新性深度融合提升传统经济活动的生产效率，推动传统经济结构的转型升级。

尽管中美贸易摩擦愈演愈烈，持续加剧。但是，针对数字经济领域的多边合作仍然是当今全球数字经济领域的重要发展趋势。在 2019 年 4 月举行的第二届“一带一路”国际合作高峰论坛上，数字经济成为各国关注的焦点，“一带一路”沿线越来越多的国家开始注重“数字丝绸之路”的建设，数字经济正在为“一带一路”增添新的动能。两年前的首届“一带一路”国际合作高峰论坛上，“数字丝绸之路”被反复提及。两年后，共同把握数字化、网络化、智能化发展机遇，建设“数字丝绸之路”再次被强调。目前，我国已经与超过 16 个国家签署了“数字丝绸之路”建设合作协议，联合 7 个国家共同发起了“一带一路”数字经济合作倡议。

综上所述，全球各个国家在数字经济领域的竞争与合作正在持续深化，各国纷纷出台相关政策措施推动本国数字经济与传统实体产业之间的深度融合，以提升本国经济发展能级。与此同时，各国之间的竞争也愈加激烈，合作的广度、深度以及复杂性也在持续深化。由此可见，各国的数字经济竞争力很有可能面临巨大变化，全球数字经济竞争格局正面临深度调整。基于上述背景，我们自 2017 年起便研究构建了全球数字经济国家竞争力指标体系，并选择全球 50 个国家对其数字经济竞争力进行定量评估和特征分析。2018 年的报告又根据数据实际采集情况对评价指标体系进行改进，本年度的全球数字经济国家竞争力发展报告将在2018年改进的指标体系基础上采集最新数据，对全球50个国家的数字经济竞争力进行定量评估与特征分析。

二　全球数字经济国家竞争力评价结果与分析

（一）数字经济竞争力国家综合排名

根据本报告所构建的数字经济竞争力评价指标体系，本文延续2017年和2018年的研究框架与研究对象，基于2018年底最新数据，定量评估了全球主要的50个国家的最新数字经济竞争力水平。评价结果如表1所示。

表1　全球数字经济国家竞争力评价结果与排名（2018年）

单位：分

排名	国家	数字产业	数字创新	数字设施	数字治理	总得分
1	美国	65.99	80.18	69.73	87.85	75.94
2	新加坡	38.35	82.18	52.19	71.12	60.96
3	中国	71.34	51.52	56.97	49.66	57.37
4	英国	32.13	65.37	34.76	74.17	51.61
5	芬兰	16.62	85.54	33.50	64.79	50.11
6	韩国	20.84	68.48	44.72	65.40	49.86
7	日本	21.32	73.45	39.48	63.81	49.51
8	荷兰	21.98	63.62	35.80	76.16	49.39
9	澳大利亚	26.07	60.56	37.61	70.08	48.58
10	德国	30.59	70.87	29.63	59.92	47.75
11	瑞典	18.82	69.71	38.17	63.69	47.60
12	丹麦	17.11	64.59	37.50	67.20	46.60
13	挪威	16.77	71.85	39.80	56.00	46.11
14	加拿大	20.52	59.17	33.37	71.30	46.09
15	以色列	24.99	72.97	23.99	59.14	45.27
16	法国	29.23	62.83	25.97	61.86	44.97
17	奥地利	17.45	65.85	30.43	64.31	44.51
18	瑞士	17.97	69.99	32.79	53.57	43.58

续表

排名	国家	数字产业	数字创新	数字设施	数字治理	总得分
19	西班牙	27.15	41.89	31.94	64.39	41.34
20	马来西亚	32.49	55.29	25.25	50.22	40.81
21	比利时	21.46	63.25	28.40	47.43	40.14
22	爱尔兰	38.05	52.30	24.24	38.48	38.27
23	爱沙尼亚	19.63	50.13	29.75	51.54	37.76
24	意大利	27.30	38.33	25.01	60.13	37.69
25	印度	53.78	28.53	14.12	53.15	37.39
26	俄罗斯	19.00	40.89	37.16	47.70	36.19
27	葡萄牙	19.53	46.85	23.54	48.10	34.51
28	波兰	26.04	35.22	24.21	52.20	34.42
29	捷克	14.10	48.50	30.33	44.62	34.39
30	泰国	27.84	29.76	23.91	45.14	31.66
31	匈牙利	16.74	31.97	24.04	48.72	30.37
32	沙特阿拉伯	20.60	38.08	28.93	33.44	30.26
33	墨西哥	23.89	22.84	18.09	54.45	29.82
34	土耳其	8.38	36.77	17.13	48.58	27.72
35	南非	22.36	22.22	16.54	47.89	27.25
36	巴西	19.72	21.35	18.60	49.08	27.19
37	斯洛文尼亚	17.07	56.20	25.89	8.93	27.02
38	哥伦比亚	23.87	21.40	13.57	49.18	27.01
39	菲律宾	27.70	22.61	6.03	46.39	25.68
40	阿根廷	23.11	17.17	20.06	42.13	25.62
41	立陶宛	16.51	45.45	27.44	5.27	23.67
42	越南	30.35	19.40	8.49	30.55	22.20
43	拉脱维亚	15.99	45.10	20.44	4.97	21.62
44	格鲁吉亚	0.01	17.70	16.85	49.30	20.96
45	保加利亚	16.58	32.19	24.69	8.29	20.44
46	克罗地亚	15.30	33.06	28.47	4.53	20.34
47	斯洛伐克	16.46	35.56	22.31	6.87	20.30
48	印度尼西亚	28.46	28.93	11.66	5.35	18.60
49	罗马尼亚	21.63	27.27	19.89	5.19	18.50
50	塞尔维亚	19.80	20.41	21.07	6.82	17.02

2018 年全球数字经济竞争力排名前二十的国家是：美国、新加坡、中国、英国、芬兰、韩国、日本、荷兰、澳大利亚、德国、瑞典、丹麦、挪威、加拿大、以色列、法国、奥地利、瑞士、西班牙、马来西亚。其中欧洲国家占 11 席，亚洲国家占 5 席。美国仍然遥遥领先于各个国家。与 2017 年排名比较，新加坡从第三位上升至第二位，韩国从第九位上升至第六位，日本从第八位上升至第七位，澳大利亚从第十四位上升至第九位；中国从第二位下降为第三位，荷兰从第五位下降至第八位，德国从第七位下降至第十位。

全球数字经济竞争力居第一位的是美国，其竞争力总得分为 75.94 分，且美国已经连续三年位居全球数字经济竞争力榜首，呈现其在数字经济领域的绝对优势地位。从其分项竞争力指标的得分情况来看，美国在数字产业竞争力、数字创新竞争力、数字设施竞争力以及数字治理竞争力方面的得分十分均衡，在四个分项指标上均表现十分突出，其均衡的竞争力内部结构是美国连续三年位居全球数字经济国家竞争力榜首的关键所在。

新加坡反超中国位居榜单第二，其竞争力总得分为 60.96 分。2018 年，新加坡位于中国之后处于榜单第三名，从其竞争力内部结构来看，新加坡的数字创新竞争力得分很高，甚至超过美国，其次是其数字治理竞争力，这一指标得分为 71.12 分，也是新加坡得分远超中国的一个分项指标，即新加坡在数字治理竞争力上的强势表现是其能够反超中国的重要原因。

中国由 2017 年的第二位下滑一位至第三位，总得分为 57.37 分，从中美数字经济竞争力近三年的差距变化情况来看，中美在数字经济领域的竞争力差距正在逐年缩小，2016 年中美数字经济竞争力差距为 23.82 分，2017 年为 21.19 分，2018 年两国之间的差距进一步缩小为 18.57 分，即尽管中国数字经济竞争力排名有所下滑，但是其与美国之间的差距呈显著的逐年缩小趋势，中国数字经济竞争力排名的下降，是新加坡在数字经济领域的发力赶超所致。在 2017 年，新加坡与中国数字经济竞争力之间的差距就在逐渐缩小，2018 年新加坡正式实现对中国的反超。

英国位居第四，同时也是该国连续三年居全球数字经济竞争力榜单第四位，其数字经济竞争力总得分为 51.61 分。英国在数字创新竞争力和数字治理竞争力方面表现出色，其中数字治理竞争力得分为74.17分，远超中国的49.66分。但是英国在数字产业和数字设施竞争力领域与中美以及新加坡存在较大差距。

芬兰较上年上升一位，居第五位，其竞争力总得分为50.11分，仅与英国保持十分微小的差距。芬兰在数字创新竞争力方面表现优异，居所有国家数字创新竞争力第一位。此外，其在数字治理方面也颇有建树，得分达到64.79分。但是，芬兰的数字产业和数字设施竞争力得分很低，与中国、美国和新加坡三国存在较大差距。

从榜单后十名情况来看，居第41～50位的国家当中，有8个位于中东欧地区，充分表明这个地区的国家数字经济发展十分滞后。其余两个国家分别是越南和印度尼西亚，这两个国家位于东南亚地区，与同样位于东南亚且居榜单第二位的新加坡形成鲜明对比。此外，对比本年度榜单后十名与上年研究报告中的榜单后十名，可以发现，位于数字经济竞争力榜单后十名的国家名单完全没有改变，仅有某几个国家存在排名的轻微变动。这也说明数字经济领域如若前期发展较为滞后，在存在“后发优势”可能性的同时，也存在“低端锁定”的风险。

（二）全球数字经济竞争力国家综合排名变动趋势分析

图1展示了各国近三年的数字经济竞争力排名变动情况，根据图1数据结果，我们将各国在数字经济竞争力领域的综合排名变动趋势总结为三种类型：持续增长型、持续下降型和波动型。表2总结了各种变动趋势类型的主要国家。

结合2016年和2017年的各国数字经济竞争力排名结果，总结出各国排名变动趋势和类型如下，排名不变的国家：美国、英国、爱沙尼亚、波兰、沙特阿拉伯、塞尔维亚。排名呈下降趋势的国家：中国、瑞典、哥伦比亚、法国、奥地利、比利时、葡萄牙、捷克、土耳其、保加利亚、克罗地亚、罗马尼亚。排名呈上升趋势的国家：新加坡、芬兰、丹麦、西班牙、爱尔兰、俄罗斯、泰国、匈牙利、墨西哥、南非、斯洛文尼亚、立陶宛、越南。

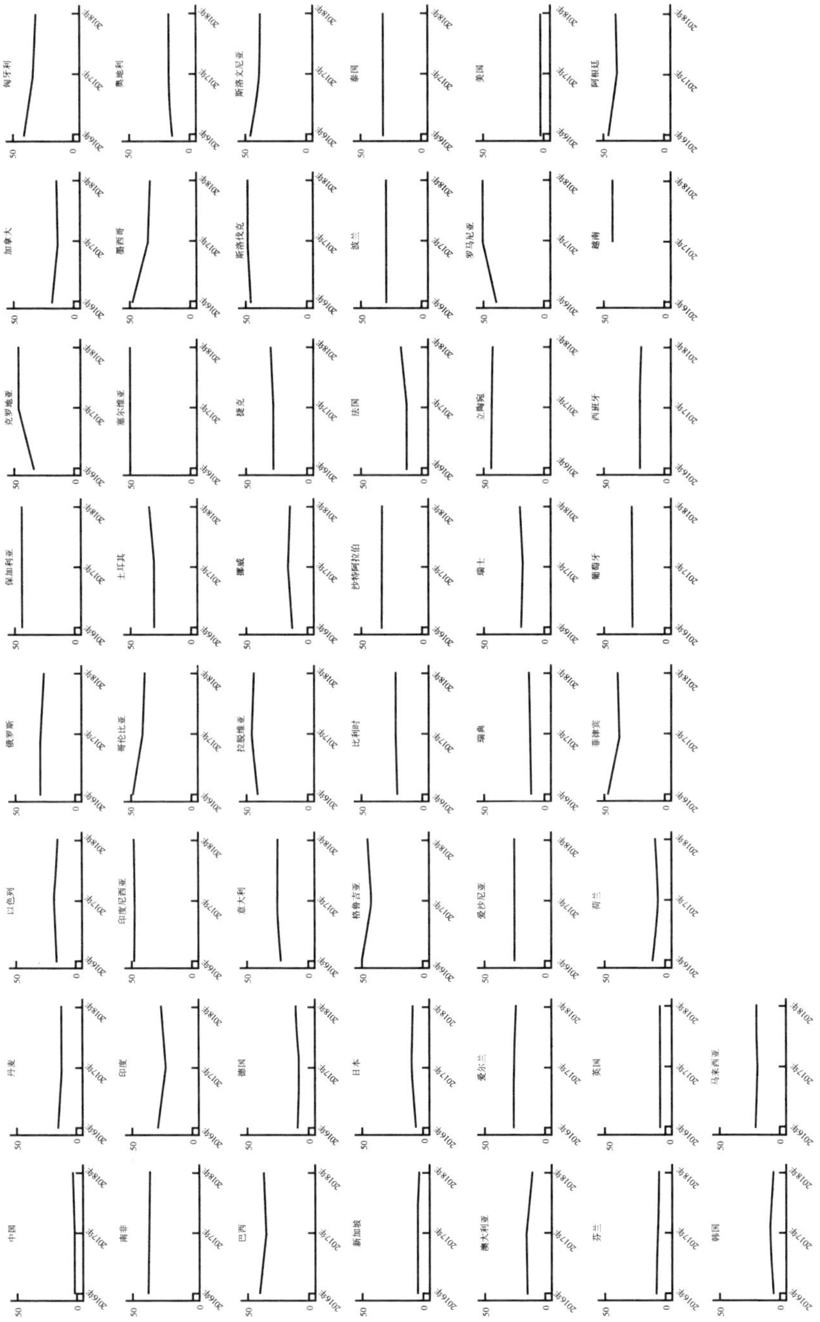

图1　全球数字经济竞争力国家排名变动趋势（2016～2018年）

排名呈波动趋势的国家：韩国、日本、荷兰、澳大利亚、德国、挪威、加拿大、以色列、瑞士、马来西亚、意大利、印度、巴西、菲律宾、阿根廷、拉脱维亚、格鲁吉亚、斯洛伐克、印度尼西亚（见表2）。

表2　全球数字经济竞争力国家排名变动趋势分类（2016～2018年）

变化趋势	主要国家
不变	美国、英国、爱沙尼亚、波兰、沙特阿拉伯、塞尔维亚
上升	新加坡、芬兰、丹麦、西班牙、爱尔兰、俄罗斯、泰国、匈牙利、墨西哥、南非、斯洛文尼亚、立陶宛、越南
下降	中国、瑞典、哥伦比亚、法国、奥地利、比利时、葡萄牙、捷克、土耳其、保加利亚、克罗地亚、罗马尼亚
波动	韩国、日本、荷兰、澳大利亚、德国、挪威、加拿大、以色列、瑞士、马来西亚、意大利、印度、巴西、菲律宾、阿根廷、拉脱维亚、格鲁吉亚、斯洛伐克、印度尼西亚

由上述排名变动趋势可见，在50个国家当中，近三年来仅有6个国家的排名没有发生变动，排名呈波动趋势的国家达到19个，占榜单全部国家的38%，由此说明当前全球数字经济领域的竞争激烈程度空前，全球数字经济发展格局正在发生剧烈变化，这也印证了报告引言部分的背景论述。但是总体来看，美国、中国和新加坡三国始终居榜单前三位，其他国家的数字经济竞争力与上述三国的差距正在逐渐缩小，但是就目前而言，这三个国家在数字经济领域的优势地位难以被撼动。

（三）全球数字经济国家竞争力内部结构分析

本报告继续将数字产业竞争力和数字创新竞争力归纳为数字经济市场竞争力，将数字治理竞争力与数字设施竞争力归纳为数字经济环境竞争力，计算出其最终得分之后，将各个国家的数字环境与数字市场竞争力得分情况进行可视化处理，最终得到图2。从散点图的形态可以看出，各个国家的数字环境竞争力与数字市场竞争力之间呈显著的正相关关系，这充分表明一国数字经济的发展需要完善的治理环境与数字化基础设施作为基础，从而才能使本国的数字经济在国际市场中具备较强的竞争力。

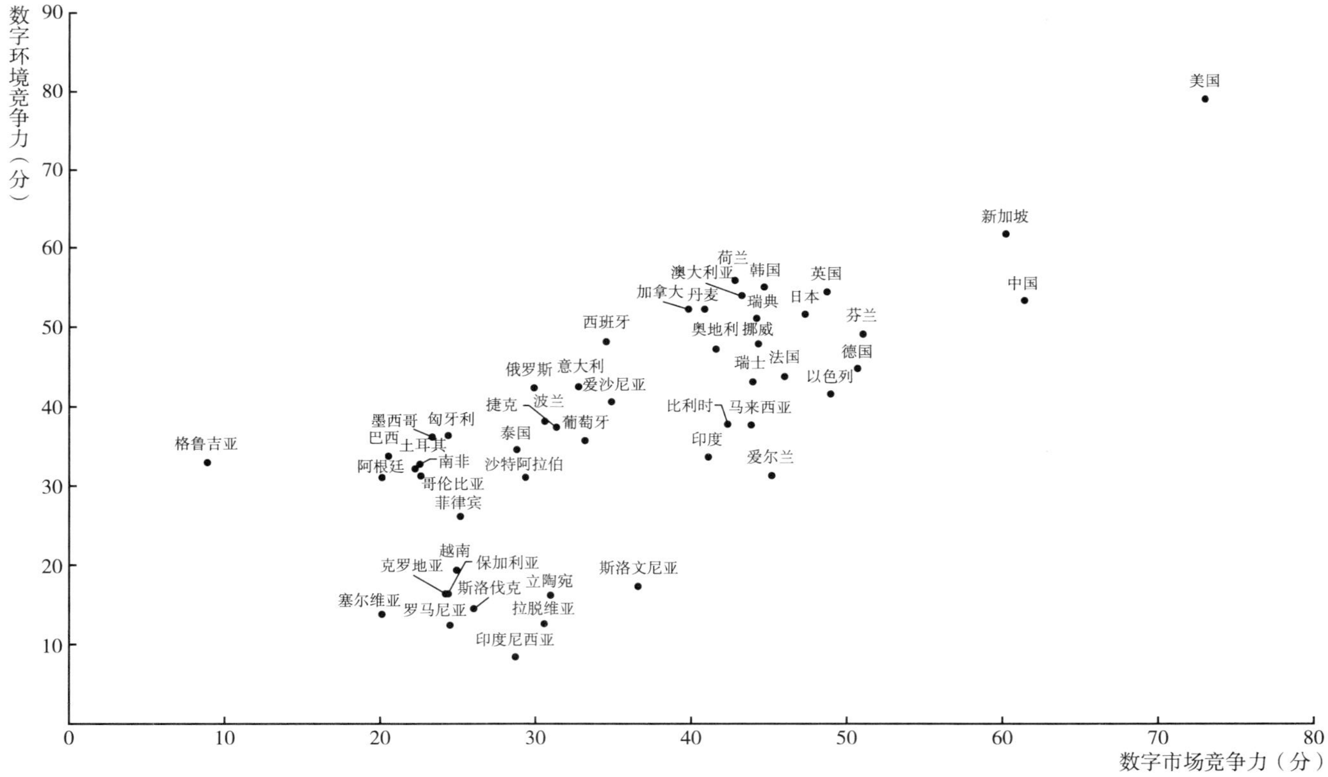

图 2　各个国家数字环境竞争力和数字市场竞争力（2018 年）

从图 2 散点可见，美国、新加坡和中国处于绝对优势地位，位于整个散点图的右上角，属于第一梯队，表明这三个国家在数字经济市场竞争力以及数字经济环境竞争力方面均与其他国家保持较大差距。其中，结合 2017 年和 2018 年的数据，中国与美国在数字经济市场竞争力以及数字经济环境竞争力之间的差距正在逐渐缩小。在所有国家当中，保加利亚、越南、克罗地亚、塞尔维亚、罗马尼亚、格鲁吉亚、印度尼西亚、拉脱维亚、斯洛伐克、立陶宛、斯洛文尼亚属于第三梯队，位于整个散点图的左下角，表明这些国家的数字经济市场竞争力和数字经济环境竞争力呈现双弱态势。其余国家位于第一梯队和第三梯队之间，属于第二梯队。

一国数字经济竞争力的总体水平是由数字产业竞争力、数字治理竞争力、数字创新竞争力与数字设施竞争力这 4 个分项指标的得分所决定的，因此有必要对各个国家的数字经济竞争力内部结构进行深入分析。本报告列举了榜单前 5 位国家的数字经济竞争力内部结构示意。图 3 数据资料显示，美国在 4 项竞争力指标得分方面表现十分均衡，其数字经济表现出十分均衡的发展态势，同时在各项竞争力指标上基本都领先于大多数国家，处于绝对优势地位。新加坡在数字治理竞争力和数字创新竞争力方面表现突出，但是在数字产业竞争力和数字设施竞争力方面仍然有很大的提升空间，新加坡狭小的国土面积制约了其数字产业的发展规模和发展水平。中国的数字经济竞争力内部结构当中，数字产业竞争力得分反超美国居所有国家第一位，数字设施竞争力表现也很突出，但是在数字创新竞争力和数字治理竞争力方面仍然处于较低水平。芬兰反超德国进入榜单前五名，其与英国的数字经济竞争力内部结构比较相似，都是在数字创新竞争力与数字治理竞争力方面得分较高，但是在数字产业竞争力方面得分较低。综上所述，在全球数字经济竞争力榜单前五位国家当中，除美国的 4 个分项竞争力指标得分十分均衡之外，其余国家均存在自身的优势指标和短板指标，这也凸显了一个重要的事实，即各个国家在数字经济领域往往不可能做到面面俱到，各国在数字经济领域互补性很强，数字经济领域的全球合作是全球数字经济进一步发展的必由之路。

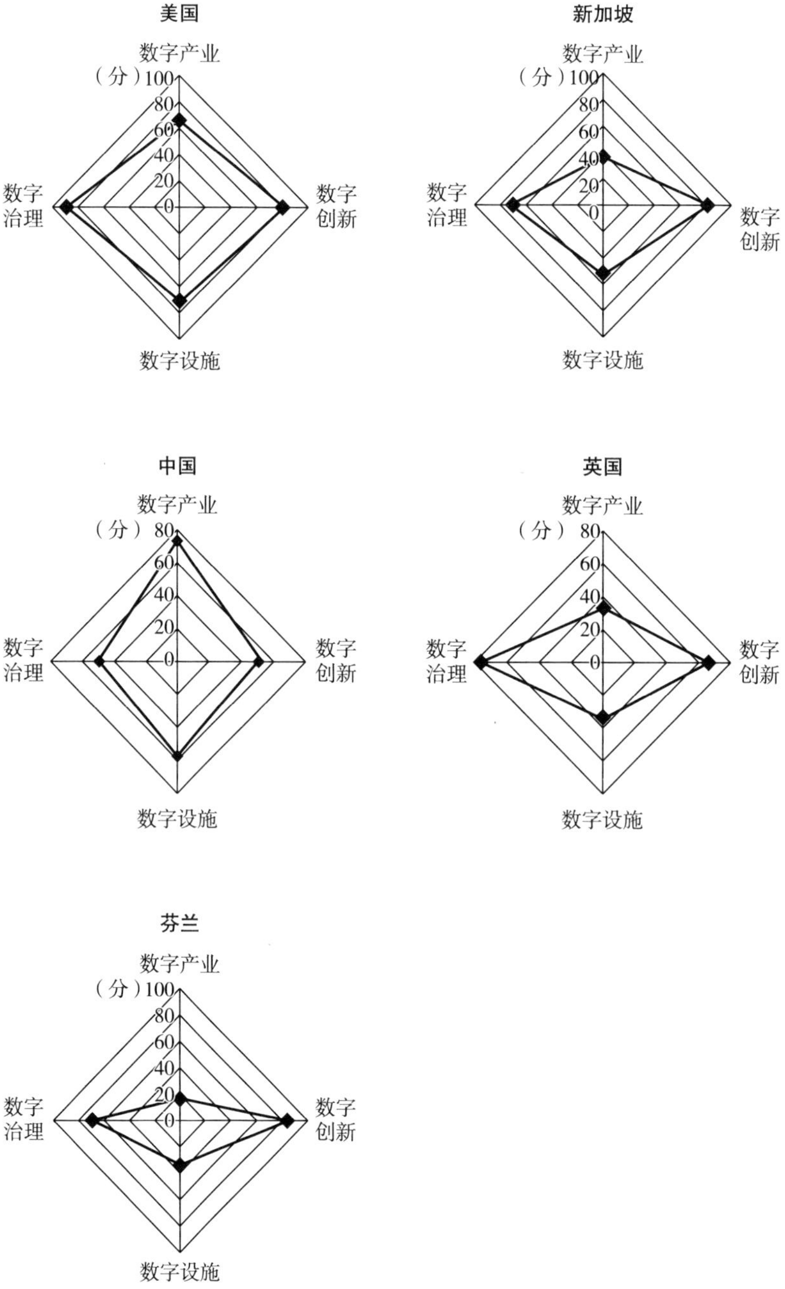

图 3　数字经济竞争力前五名国家竞争力内部结构示意（2018 年）

三 全球数字产业竞争力定量评估结果与分析

（一）数字产业竞争力总排名分析

表3给出了2018年全球数字产业竞争力的定量评估和排名结果。其二级指标包括经济产出和国际贸易。

表3 全球数字产业竞争力评估结果与排名情况（2018年）

单位：分

排名	国家	经济产出	国际贸易	总得分
1	中国	78.12	44.24	71.34
2	美国	57.49	100.00	65.99
3	印度	52.52	58.84	53.78
4	新加坡	41.18	27.01	38.35
5	爱尔兰	31.70	63.43	38.05
6	马来西亚	39.51	4.43	32.49
7	英国	22.22	71.78	32.13
8	德国	22.02	64.85	30.59
9	越南	37.69	1.00	30.35
10	法国	23.40	52.53	29.23
11	印度尼西亚	34.79	3.12	28.46
12	泰国	33.56	4.94	27.84
13	菲律宾	31.72	11.66	27.70
14	意大利	29.68	17.76	27.30
15	西班牙	29.17	19.08	27.15
16	澳大利亚	31.26	5.29	26.07
17	波兰	30.03	10.11	26.04
18	以色列	27.27	15.87	24.99
19	墨西哥	29.87	0.00	23.89
20	哥伦比亚	29.67	0.65	23.87

续表

排名	国家	经济产出	国际贸易	总得分
21	阿根廷	28.10	3.12	23.11
22	南非	27.61	1.36	22.36
23	荷兰	20.30	28.69	21.98
24	罗马尼亚	25.86	4.71	21.63
25	比利时	19.52	29.22	21.46
26	日本	20.72	23.74	21.32
27	韩国	22.80	13.01	20.84
28	沙特阿拉伯	25.73	0.10	20.60
29	加拿大	21.17	17.90	20.52
30	塞尔维亚	24.45	1.18	19.80
31	巴西	22.18	9.91	19.72
32	爱沙尼亚	24.29	1.00	19.63
33	葡萄牙	23.57	3.38	19.53
34	俄罗斯	21.52	8.92	19.00
35	瑞典	19.25	17.13	18.82
36	瑞士	18.26	16.84	17.97
37	奥地利	19.06	11.00	17.45
38	丹麦	19.81	6.30	17.11
39	斯洛文尼亚	21.10	0.97	17.07
40	挪威	19.48	5.96	16.77
41	匈牙利	19.92	4.04	16.74
42	芬兰	19.01	7.06	16.62
43	保加利亚	20.47	1.02	16.58
44	立陶宛	20.47	0.68	16.51
45	斯洛伐克	20.19	1.57	16.46
46	拉脱维亚	19.82	0.69	15.99
47	克罗地亚	18.88	1.01	15.30
48	捷克	16.47	4.64	14.10
49	土耳其	10.33	0.57	8.38
50	格鲁吉亚	0.00	0.03	0.01

数字经济产业竞争力全球榜单第一位是中国。其产业竞争力得分为71.34分，反超美国的65.99分，由上年的第二位变为第一位。中国在数字产业竞争力方面能够反超美国成为全球第一，主要是由于中国的数字经济产出得分远超美国，达到78.12分。

第二位是美国，产业竞争力得分为65.99分。其中数字经济国际贸易得分达到100分，这也是美国连续两年在该指标上得分为100分，远超其他国家。其经济产出指标得分也仅次于中国，为57.49分。

第三位是印度，产业竞争力得分为53.78分。虽然印度与中美两国在数字产业竞争力方面存在较大差距，但是其得分高于50分，这与其身后国家之间差距十分明显，且印度在国际贸易方面得分高于中国。

数字产业竞争力排名第四位及之后的国家得分与中国、美国和印度相比均存在较大差距，没有一个国家得分能够超过40分。

位于数字产业竞争力榜单后十名的国家分别为：匈牙利、芬兰、保加利亚、立陶宛、斯洛伐克、拉脱维亚、克罗地亚、捷克、土耳其、格鲁吉亚，这十个国家基本属于中东欧国家（芬兰除外），在2017年的数字产业竞争力榜单后十位当中，尚且存在芬兰、丹麦和挪威这三个北欧国家，而在2018年，这一情况发生了改变，除芬兰外，挪威和丹麦脱离榜单后十位，其余九个国家都是中东欧国家。由此表明，北欧地区数字产业发展较为迅速，丹麦、挪威等国数字产业竞争力排名有所上升，但是中东欧国家的数字产业竞争力仍然处于较为落后状态，且这一状态在短期内没有改变的迹象。

（二）数字产业竞争力内部结构分析

本文将表3的数据绘制成图4，从中可以发现，将经济产出和国际贸易得分50分作为分界线，可以划分4个象限，50个国家当中，仅有美国、印度位于右上角的第一象限，即经济产出和国际贸易得分均超过50分；中国虽然在数字经济产业竞争力方面排名全球第一，但是由于其国际贸易得分低于50分，因此最终落入右下角的第二象限；英国、德国、爱尔兰和法国这四个欧洲国家位于左上角的第四象限，这四个国家的国际贸易得分高于50分，但是经济产出得分低于50分；除上述国家外，其余的大部分国家都位于左下角的第三象限，在这个象限里的国家国际贸易和经济产出得分均低于50分，有的国家甚至在国际贸易得分上接近于零。从上述结构性分析可以发现，数字产业发展领域严重的“数字鸿沟”并未消除，且仍有逐年扩大趋势。

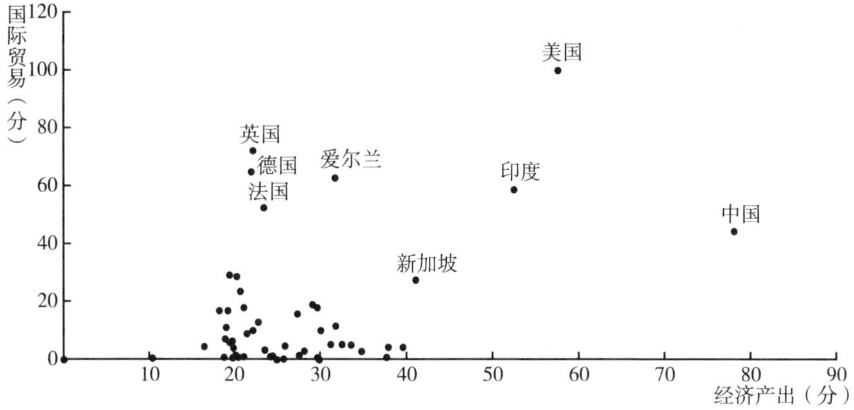

图4　数字产业竞争力指标结构示意（2018年）

四　全球数字创新竞争力定量评估结果与分析

（一）数字创新竞争力总排名分析

数字经济领域的创新已经成为全球经济增长的重要驱动力量，数字经济领域的一系列技术创新、模式创新，进一步深化数字经济与传统实体经济之间的创新性融合，进而对整体经济结构和产出效率产生积极影响。本报告延续前两年报告的研究框架，从技术研发、人才支撑和创新转化三个二级指标维度对2018年各个国家的数字创新竞争力进行定量评估，详情见表4。

表 4　全球数字创新竞争力评价结果与排名情况（2018 年）

单位：分

排名	国家	技术研发	人才支撑	创新转化	总得分
1	芬兰	78.63	80.06	94.83	85.54
2	新加坡	72.38	82.02	89.65	82.18
3	美国	80.37	62.75	93.11	80.18
4	日本	91.08	57.21	72.41	73.45
5	以色列	74.89	46.50	91.38	72.97
6	挪威	58.91	63.37	87.93	71.85
7	德国	81.00	60.98	70.68	70.87
8	瑞士	65.88	63.97	77.59	69.99
9	瑞典	73.55	50.76	81.04	69.71
10	韩国	100.00	68.50	44.83	68.48
11	奥地利	80.02	61.33	58.62	65.85
12	英国	59.91	47.66	82.76	65.37
13	丹麦	81.55	62.47	53.45	64.59
14	荷兰	45.41	70.10	72.41	63.62
15	比利时	42.94	73.66	70.68	63.25
16	法国	64.09	58.00	65.52	62.83
17	澳大利亚	41.90	81.82	58.62	60.56
18	加拿大	39.14	59.24	74.13	59.17
19	斯洛文尼亚	67.94	66.52	39.65	56.20
20	马来西亚	21.01	50.64	84.48	55.29
21	爱尔兰	26.20	63.08	63.79	52.30
22	中国	71.78	42.46	43.11	51.52
23	爱沙尼亚	19.62	62.43	63.79	50.13
24	捷克	37.23	48.58	56.90	48.50
25	葡萄牙	29.84	50.47	56.89	46.85
26	立陶宛	16.78	61.17	55.17	45.45
27	拉脱维亚	19.08	59.98	53.45	45.10
28	西班牙	23.96	55.91	44.83	41.89
29	俄罗斯	49.27	57.15	22.42	40.89
30	意大利	39.33	51.64	27.58	38.33
31	沙特阿拉伯	3.43	47.66	56.89	38.08

续表

排名	国家	技术研发	人才支撑	创新转化	总得分
32	土耳其	22.70	56.18	32.76	36.77
33	斯洛伐克	16.57	37.61	48.27	35.56
34	波兰	31.87	51.05	25.86	35.22
35	克罗地亚	15.09	56.03	29.31	33.06
36	保加利亚	14.94	50.99	31.03	32.19
37	匈牙利	25.16	37.72	32.76	31.97
38	泰国	6.86	37.18	41.38	29.76
39	印度尼西亚	0.20	27.27	51.72	28.93
40	印度	9.94	29.99	41.38	28.53
41	罗马尼亚	11.91	46.81	24.13	27.27
42	墨西哥	6.78	18.78	37.93	22.84
43	菲律宾	0.77	26.33	36.20	22.61
44	南非	10.06	1.93	46.55	22.22
45	哥伦比亚	1.98	32.56	27.59	21.40
46	巴西	17.15	21.84	24.14	21.35
47	塞尔维亚	12.19	48.95	5.17	20.41
48	越南	1.86	30.62	24.14	19.40
49	格鲁吉亚	4.44	33.86	15.52	17.70
50	阿根廷	8.00	46.96	1.72	17.17

数字创新竞争力排名第一的是芬兰，得分高达85.54分，这也是芬兰连续三年占据全球数字创新竞争力榜首位置。从芬兰三个二级指标得分表现来看，得分最高的是创新转化，为94.83分；其次是人才支撑，得分为80.06分；得分最低的技术研发也达到了78.63分。

排名第二的是新加坡，得分为82.18分，其与芬兰之间的差距正在逐年缩小。新加坡也是在创新转化方面表现比较出色，得分为89.65分。

排名第三的是美国，得分为80.18分，与2018年相比，美国与新加坡之间的数字创新竞争力得分差距有扩大趋势。美国表现最为出色的二级指标同样是创新转化，得分达到93.11分，仅次于芬兰，位列全球第二。

中国的数字创新竞争力排名为第22位，较2018年下滑一位，且从其二级指标表现来看，中国表现最好的二级指标是技术研发，达到 71.78 分，其人才支撑和创新转化得分均未超过 50 分，这也是中国数字创新竞争力总体排名较为靠后的原因。

从榜单后十名国家来看，排名第 41～50 位的国家分别为罗马尼亚、墨西哥、菲律宾、南非、哥伦比亚、巴西、塞尔维亚、越南、格鲁吉亚、阿根廷。纵观这些国家可以发现，这些国家基本都属于东南亚、拉丁美洲、非洲和中东欧地区，表明这些地区存在数字创新竞争力不足的突出问题。

（二）数字创新竞争力内部结构分析

继续来看 2018 年数字创新竞争力排名前五位国家的数字创新竞争力内部结构情况。从图 5 可以看到，芬兰作为全球数字创新竞争力排名第一的国家，在 3 个分项指标上得分均处于较高水平，都高于 75 分。新加坡的人才支撑和创新转化两项指标得分处于较高水平，其与芬兰差别不大，但是技术研发指标得分相较于芬兰有显著差距，因此落后于芬兰居全球第二位。美国的 3 个分项指标当中，创新转化指标得分最高，人才支撑得分最低。日本的 3 个分项指标当中，技术研发较其他两个分项指标得分更高。以色列是全球知名的创新型国家，其在创新转化指标得分上一如既往处于较高水平，但是以色列的人才支撑指标得分很低，仅为 46.50 分。

五　全球数字设施竞争力定量评估结果与分析

（一）数字设施竞争力总排名分析

本报告延续之前年份的分析框架，从云、管、端三个维度对 2018 年各个国家的数字经济设施竞争力进行定量评估与特征分析，其评价结果见表 5。

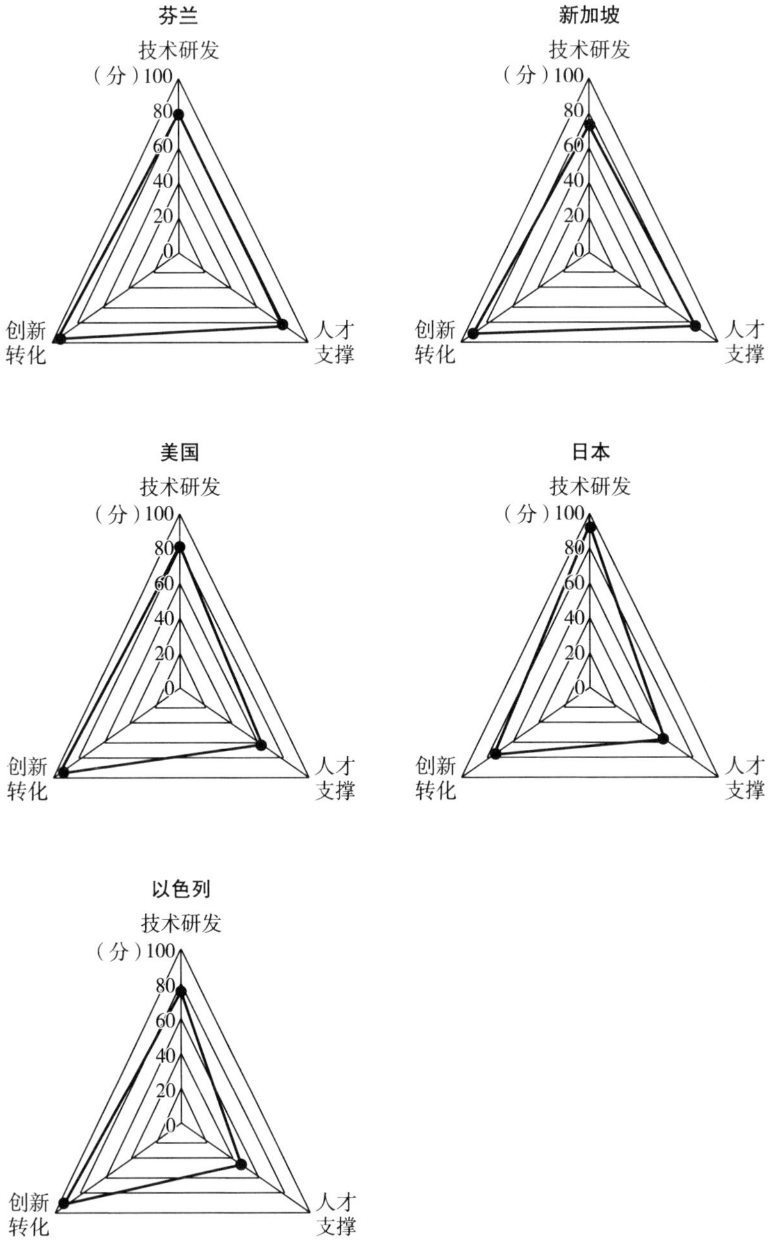

图 5　数字经济创新竞争力前五名国家竞争力内部结构示意（2018 年）

表 5　全球数字设施竞争力评价结果与排名情况（2018 年）

单位：分

排名	国家	云	管	端	总得分
1	美国	51.67	70.03	87.50	69.73
2	中国	34.62	54.70	42.59	56.97
3	新加坡	1.42	86.64	68.52	52.19
4	韩国	2.42	84.41	47.32	44.72
5	挪威	0.28	70.27	48.86	39.80
6	日本	7.67	85.54	25.23	39.48
7	瑞典	0.79	72.66	41.06	38.17
8	澳大利亚	1.60	71.71	39.51	37.61
9	丹麦	0.32	65.74	46.44	37.50
10	俄罗斯	53.65	22.30	35.54	37.16
11	荷兰	3.76	58.21	45.43	35.80
12	英国	4.58	53.17	46.53	34.76
13	芬兰	0.40	75.40	24.69	33.50
14	加拿大	2.87	54.25	43.00	33.37
15	瑞士	0.81	55.90	41.65	32.79
16	西班牙	1.51	55.57	38.74	31.94
17	奥地利	0.54	45.70	45.05	30.43
18	捷克	0.79	53.82	36.39	30.33
19	爱沙尼亚	0.15	71.66	17.43	29.75
20	德国	12.39	26.37	50.14	29.63
21	沙特阿拉伯	0.02	51.93	34.83	28.93
22	克罗地亚	0.05	49.94	35.42	28.47
23	比利时	0.50	47.51	37.20	28.40
24	立陶宛	0.23	55.18	26.93	27.44
25	法国	3.94	32.53	41.46	25.97
26	斯洛文尼亚	0.08	41.43	36.17	25.89
27	马来西亚	0.34	40.30	35.10	25.25
28	意大利	1.53	35.05	38.45	25.01
29	保加利亚	0.77	40.86	32.43	24.69
30	爱尔兰	2.18	25.15	45.40	24.24
31	波兰	1.58	35.29	35.77	24.21
32	匈牙利	0.53	48.30	23.29	24.04
33	以色列	0.12	30.04	41.81	23.99
34	泰国	0.53	53.51	17.70	23.91
35	葡萄牙	0.23	35.34	35.06	23.54
36	斯洛伐克	0.14	37.50	29.28	22.31
37	塞尔维亚	0.05	34.82	28.33	21.07

续表

排名	国家	云	管	端	总得分
38	拉脱维亚	0.11	40.48	20.73	20.44
39	阿根廷	0.39	37.88	21.90	20.06
40	罗马尼亚	0.70	30.03	28.96	19.89
41	巴西	1.97	32.97	20.85	18.60
42	墨西哥	0.38	35.37	18.52	18.09
43	土耳其	0.61	26.12	24.68	17.13
44	格鲁吉亚	0.00	20.87	29.69	16.85
45	南非	2.94	33.27	13.42	16.54
46	印度	2.09	36.38	3.89	14.12
47	哥伦比亚	0.15	28.53	12.04	13.57
48	印度尼西亚	0.58	33.21	1.20	11.66
49	越南	1.00	18.94	5.55	8.49
50	菲律宾	0.42	15.90	1.78	6.03

排名第一的是美国，这也是美国连续三年位居数字设施竞争力榜首，得分为69.73分。从其分项指标得分表现看，美国在管和端这两个指标上表现较为出色。

排名第二的是中国，得分为56.97分，且从中美之间数字设施竞争力的得分差距来看，2018年中国与美国在数字设施方面的差距较2017年有所缩小。

排名第三的是新加坡，得分为52.19分，与中国仅保持微小差距。新加坡在管这一二级指标上表现十分出色，达到86.64分，但是其云的得分非常低，仅为1.42分。

在榜单前五名当中，中国、新加坡和韩国同属亚洲国家，表明亚洲地区的数字设施较为完善。榜单后十名以拉丁美洲、东南亚、非洲国家为主，这也凸显出这些地区的国家在数字基础设施方面仍需进一步强化。

（二）数字设施竞争力内部结构分析

继续来看2018年数字设施竞争力排名前五位国家的数字设施竞争力内部结构情况（见图6）。美国的数字设施竞争力分项指标当中，管和端这两

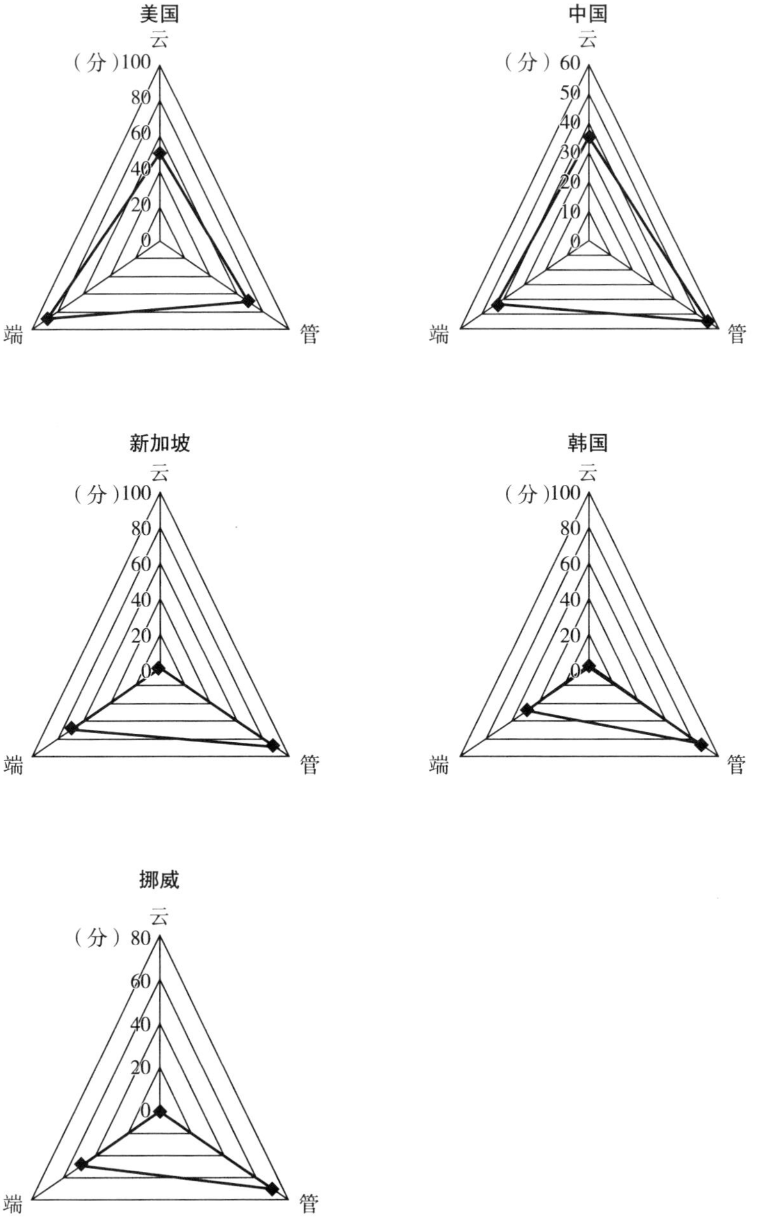

图 6　数字经济设施竞争力前五名国家竞争力内部结构示意（2018 年）

项得分均超过 70 分，云的得分相对较低，仅为 51. 67 分，但是仍高于全球其他大部分国家的水平，表明美国的数字基础设施建设水平处于世界领先地位，且其基础设施建设状况非常均衡，不存在较为严重的短板环节。中国在数字设施竞争力分项指标当中，都与美国存在一定的显著差距。新加坡、韩国和挪威的数字设施竞争力分项指标得分结构较为相似，管的得分都保持较高水平，但是云和端的得分都非常低，表明这些国家的云和端是其数字基础设施的短板环节。

六　全球数字治理竞争力定量评估结果与分析

（一）数字治理竞争力总排名分析

数字治理竞争力主要从公共服务、治理体系和基础保障三个维度对其进行评价。表 6 给出了 2018 年全球数字治理竞争力排名前五十位的国家得分情况。

排名第一的是美国，得分为 87. 85 分。其中治理体系得分为 100 分，公共服务得分为 82. 78 分，基础保障得分达到 76. 70 分。

排名第二的是荷兰，得分为 76. 16 分，其基础保障这一分项指标得分较低，仅为 41. 13 分，这也是荷兰与美国在数字治理竞争力方面拉开差距的重要原因。

排名第三的是英国（上年为新加坡），得分为 74. 17 分。英国在公共服务方面得分为 100 分，位居所有国家第一，但是其在基础保障方面得分严重偏低，仅为 13. 91 分。

中国的数字治理竞争力位居第 25，较上年有所下滑，主要是由于基础保障指标得分较低，其中的底层指标，每百万人安全服务器数量严重偏低，进而拉低了中国的基础保障指标得分以及整体的数字治理竞争力。

表6　全球数字治理竞争力评价结果与排名情况（2018年）

单位：分

排名	国家	公共服务	治理体系	基础保障	总得分
1	美国	82.78	100.00	76.70	87.85
2	荷兰	79.39	100.00	41.13	76.16
3	英国	100.00	100.00	13.91	74.17
4	加拿大	90.15	100.00	14.19	71.30
5	新加坡	69.20	100.00	34.54	71.12
6	澳大利亚	86.67	100.00	13.61	70.08
7	丹麦	62.74	83.33	50.14	67.20
8	韩国	83.46	100.00	1.21	65.40
9	芬兰	68.44	100.00	14.19	64.79
10	西班牙	76.31	100.00	4.97	64.39
11	奥地利	74.29	100.00	6.75	64.31
12	日本	74.10	100.00	5.25	63.81
13	瑞典	70.49	100.00	8.48	63.69
14	法国	85.87	83.33	9.22	61.86
15	意大利	62.01	100.00	5.08	60.13
16	德国	64.77	83.33	23.85	59.92
17	以色列	55.55	100.00	8.24	59.14
18	挪威	67.10	83.33	8.45	56.00
19	墨西哥	70.34	83.33	0.05	54.45
20	瑞士	38.97	83.33	28.48	53.57
21	印度	43.24	100.00	0.59	53.15
22	波兰	34.11	100.00	6.56	52.20
23	爱沙尼亚	51.95	75.00	19.86	51.54
24	马来西亚	31.78	100.00	2.28	50.22
25	中国	31.24	100.00	0.96	49.66
26	格鲁吉亚	30.16	100.00	0.85	49.30
27	哥伦比亚	52.61	83.33	0.23	49.18
28	巴西	51.69	83.33	0.79	49.08
29	匈牙利	21.28	100.00	7.79	48.72
30	土耳其	26.88	100.00	1.72	48.58
31	葡萄牙	42.76	83.33	6.46	48.10
32	南非	21.32	100.00	4.99	47.89

续表

排名	国家	公共服务	治理体系	基础保障	总得分
33	俄罗斯	45.68	83.33	2.21	47.70
34	比利时	41.36	83.33	5.65	47.43
35	菲律宾	43.53	83.33	0.00	46.39
36	泰国	16.80	100.00	0.35	45.14
37	捷克	20.29	83.33	17.32	44.62
38	阿根廷	28.60	83.33	0.72	42.13
39	爱尔兰	43.84	41.67	28.88	38.48
40	沙特阿拉伯	22.54	66.67	0.03	33.44
41	越南	12.25	66.67	0.68	30.55
42	斯洛文尼亚	16.35	0.00	13.43	8.93
43	保加利亚	12.14	0.00	15.50	8.29
44	斯洛伐克	17.68	0.00	5.24	6.88
45	塞尔维亚	19.95	0.00	2.77	6.82
46	印度尼西亚	17.35	0.00	0.48	5.35
47	立陶宛	10.15	0.00	7.42	5.27
48	罗马尼亚	10.85	0.00	6.44	5.19
49	拉脱维亚	10.69	0.00	5.86	4.97
50	克罗地亚	7.18	0.00	7.91	4.53

在榜单前10名当中，仅有新加坡和韩国两个亚洲国家，其余8个国家为欧美国家以及澳大利亚。在榜单的后10名国家当中，除了印度尼西亚和越南是东南亚国家之外，其余国家大多属于中东欧国家。由此可见，东南亚地区和中东欧地区国家的数字治理情况不甚理想。

（二）数字治理竞争力内部结构分析

继续来看2018年数字治理竞争力排名前五位国家的数字治理竞争力内部结构情况。从图7可以看到，美国的数字治理三个分项指标得分十分均衡，没有显著短板指标。排名第2～4位的荷兰、英国、加拿大，其短板指标均为基础保障，新加坡除基础保障得分较低之外，其公共服务也存在进一步提升的空间。

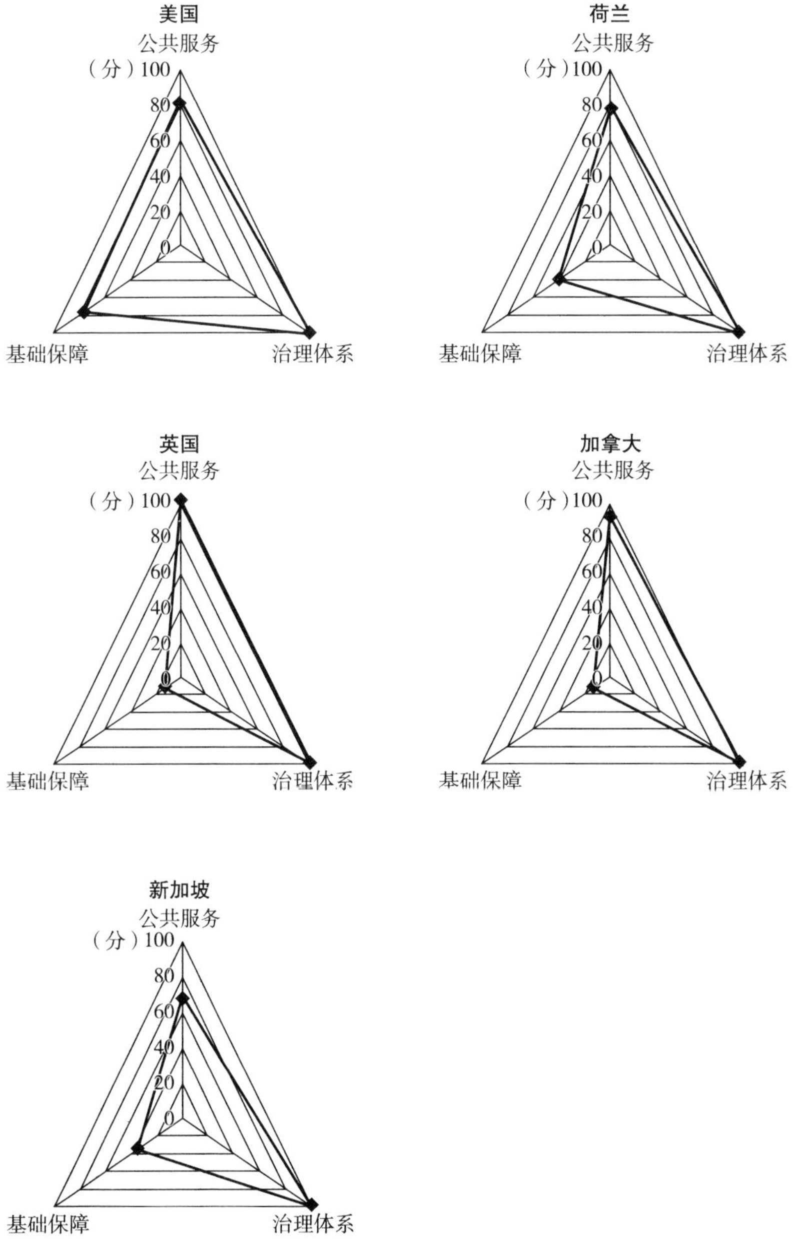

图 7　数字经济治理竞争力前五名国家竞争力内部结构示意（2018 年）

附件：

附表 1　数字经济竞争力评价指标体系

指标	一级指标	得分权重	二级指标	三级指标
数字经济竞争力	数字产业竞争力	25%	经济产出	数字产业总量
				数字产业增长速度
			国际贸易	数字(跨境)贸易总量
				数字(跨境)贸易占比
	数字创新竞争力	25%	技术研发	数字研发投入水平
				数字专利水平
			人才支撑	国民基本数字素养
				数字创新人才培养
			创新转化	最新技术可用度
				风险资本可用度
	数字设施竞争力	25%	云	云投入:数据中心服务器装机量
				安全互联网服务器数量
			管	出口带宽
				连接速度
			端	移动渗透率(智能设备)
				可负担性
	数字治理竞争力	25%	公共服务	电子政务
				数据开放
			治理体系	法律政策
				治理机构
			基础保障	网络安全产业发展水平
				网络安全服务器配置

资料来源：作者自行整理绘制所得。

在进行各项打分时，首先选取该项指标当中表现最好的国家，以该国家的这一指标为满分（100 分）参照系并将该国的这一指标标准化为 100，然后将其他国家的该项指标按照以下公式进行评分：

$$i\text{国指标}N\text{得分} = \frac{100 \times i\text{国}N\text{指标值}}{\text{参照系国家}N\text{指标值}}$$

附表 2　全球数字经济竞争力指标体系的资料来源

指标	二级指标	三级指标	资料来源
数字产业竞争力	经济产出	数字产业总量	www. statista. com
		数字产业增长速度	www. statista. com
	国际贸易	数字(跨境)贸易总量(数字产品/服务进出口规模)	世界银行(WB)数据库
		数字(跨境)贸易占比(数字产品/服务进出口占比)	世界银行(WB)数据库
数字创新竞争力	技术研发	数字研发投入水平(国家研发投入/GDP)	世界银行数据库
		数字专利水平(全球百万人 ICT 相关 PCT 专利申请数)	世界知识产权 WIPO 数据库
	人才支撑	国民基本数字素养(高等教育入学率)	联合国教科文组织数据库
		数字创新人才培养(数学和科学的教育质量)	世界经济论坛 WEF - 全球信息科技报告
	创新转化	最新技术可用度	世界经济论坛 WEF - 全球信息科技报告
		风险资本可用度	世界经济论坛 WEF - 全球信息科技报告
数字设施竞争力	云	云投入:数据中心服务器数量(在线服务器总数)	https://www. shodan. io,查询服务器数量(nginx,Apache,lighthttp),2019 年 8 月 10 日查询
		安全互联网服务器数量	https://www. shodan. io,查询服务器数量(MQTT,AMAQ,STOMP,XMPP,CoAP,WAMP,Restful Http,DDS),2019 年 8 月 10 日查询
	管	出口宽带(移动宽带普及率)	CNNIC,第 38 次《中国互联网络发展状况统计报告》
		连接速度(LTE 网络覆盖率)	opensignal. com 中 4G Availability(2017 年 11 月) https://opensignal. com/reports/2017/11/state - of - lte
	端	移动渗透率(智能设备)	1. newzoo. com 中“TOP 50 COUNTRIES BY SMARTPHONE USERS AND PENETRATION”(2017 年 4 月) https://newzoo. com/insights/rankings/top - 50 - countries - by - smartphone - penetration - and - users/ 2. 部分国家来自 statista, https://www. statista. com/ 3. 另有部分国家国际电信联盟(ITU)官方网站数据库

续表

指标	二级指标	三级指标	资料来源
数字 设施竞争力	端	可负担性 (在线智能设备数量)	https://www.shodan.io,查询服务器数量(X10协议),以智能家居/E - Housing终端设备为代表,2019年8月10日查询
数字治理 竞争力	公共服务	电子政务	联合国电子政务在线服务OSI调查排名
		数据开放	万维网基金会Open DtaBarameter
	治理体系	法律政策	世界电信联盟全球网络空间安全指数
		治理机构	世界电信联盟全球网络空间安全指数
	基础保障	网络安全产业发展水平	Cybersecurity Ventures全球500强排名
		网络安全服务器配置	世界银行数据库

B.2
全球数字经济城市竞争力发展报告（2019）

张伯超　惠志斌*

摘　要： 城市层面的数字经济竞争力测算一直是学术界的难题，本报告尝试构建了以数字创新竞争力、数字人才竞争力以及经济与基础设施竞争力为核心的城市数字经济竞争力指标体系，并选取全球主要的30个城市对其数字经济竞争力进行定量评估和特征分析。研究发现：美国的城市在数字经济竞争力方面具有显著优势，较其他国家的城市处于显著领先地位。城市层面数字经济竞争力的三个二级指标之间存在较强的正相关关系，表明城市数字经济竞争力的结构因素之间具有相辅相成、互相促进的紧密关系。美国的城市在数字人才竞争力和数字创新竞争力两个分项指标上占据绝对优势，但是在经济与基础设施竞争力方面，亚洲城市开始占据优势地位。同时，中国的两个主要城市——北京和上海均跻身经济与基础设施竞争力榜单前十名，但是北京和上海在数字人才竞争力以及数字创新竞争力方面较美国以及其他发达国家城市存在较大差距。当前全球城市层面的数字经济竞争力格局是以美国占据绝对优势地位，欧洲发达国家在城市数字创新竞争力与人才竞争力方面实力雄厚，亚洲新兴经济体国家的城市在经济与基础设施竞争力方面后来居上为主要特征。

---

* 张伯超，经济学博士，上海社会科学院经济研究所助理研究员；惠志斌，上海社会科学院互联网研究中心执行主任，副研究员。

关键词： 数字经济竞争力　城市　创新　人才

数字经济是继农业经济、工业经济之后，伴随信息技术的不断进步，在信息时代背景下催生的一种全新经济社会发展形态，目前已经成为全球经济增长的全新驱动力和增长点，同时也是全球新一轮产业竞争的核心领域。全球一体化的今天，超级城市已经替代了20世纪的跨国企业，成为互联互通的载体。互联互通带来的是人、物、信息等资源传输效率的提升。无论是人声的最远传播距离，还是地铁的超长距离运营，城市的发展历史中始终贯穿着一个基本的原则：资源的传输效率。科技进步的实质乃是改进了资源的传输形态，在增加传输效率的同时扩大了传输的范围。未来的全球一体化，城市之间的互联互通将从超级城市过渡到超级城市群的竞争。本质上，城市竞争的关键在于城市管理系统的竞争。谁能为超级城市群提供更为高效、更为整合的数据传输系统，谁就能占据全球化的制高点。因此，一个城市竞争力的强弱，与该城市数字经济的发展水平以及竞争力水平密切相关，传统的城市发展基于区位优势，依赖于江河湖海，“因水而生、因水而兴、因水而名”。数字时代，互联网成为连接世界的新途径，成为构建城市竞争力的重要内容。未来的城市发展是物理空间和网络空间的叠加交融。基于上述经济社会发展趋势与背景，有必要对全球主要城市的数字经济竞争力水平进行评估与分析。通过构建科学合理的城市数字经济竞争力评价指标体系，搜集相关数据资料，对全球主要城市数字经济进行有效定量评估，就能为各个城市发展数字经济寻找精准切入点提供有益借鉴。

一　城市数字经济竞争力评价方法

1. 城市数字经济竞争力评价指标体系构建思路介绍

目前关于数字经济竞争力的评价多从国家和企业层面来进行考察，很少有研究从城市层面来进行考察，经过搜集现有关于全球城市方面的各类研究报告和数据，结合相关数据和资料的可获取性，我们提出城市层面的数字经济竞争力应该从三个方面来进行考量。

一是数字经济竞争力强的城市需要有经济实力与基础设施条件作为支撑，根据 G20 对数字经济的定义："数字经济是指以使用数字化的知识和信息为关键生产要素、以现代信息网络为重要载体、以信息通信技术的有效使用为效率提升和经济结构优化的重要推动力的一系列经济活动。"由此可见，数字经济发展所需的基础设施不再是传统的交通运输等基础设施，而是以现代信息网络为代表的信息化基础设施。同时，数字经济的产出体现在对原有经济活动效率的提升和结构的优化，即数字经济的发展以与传统经济的创新性融合为基础。因此，我们选取最新的《世界城市综合实力排名》以及最新《全球人才竞争力指数报告》中的城市经济活跃度和 ICT 普及度作为核心指标，用其衡量城市在数字经济方面的经济与基础设施竞争力。

二是数字经济作为一种新的经济发展模式，是一种知识与技术密集型经济，因此，一个城市数字经济竞争力水平，与该城市的创新能力以及创新影响力息息相关，且从全球经济与科技发展趋势来看，目前全球的科技创新单元基本以城市为主，不再以过去的区域和国家为主，城市成为科技创新的重要集聚点和核心单元。因此，本文从城市研发创新的投入端及其研发创新活动的投入产出效率出发来衡量城市的数字经济创新竞争力。具体指标是从最新《世界城市综合实力排名》以及最新《全球人才竞争力指数报告》当中选取的城市研发强度（研发投入占城市 GDP 的比重）以及研发投入产出效率指标。

三是数字经济发展所需的人才是掌握了现代化信息技术的数字化专用性技术人才，一个城市人才充裕度的高低将直接决定该地区数字经济发展水平和竞争力的高低，换言之，一个城市的数字经济竞争力直接取决于人才的竞争力和技术的竞争力，而最根本的还是人才的竞争力，技术亦是由人才决定的，因此人才是数字经济发展的核心资源之一。受限于现有数据资料的可得性，我们无法精确辨别各个城市人才结构当中掌握现代化信息技术的数字化专用人才的数量和质量，因此，只能用传统的人才指标来进行衡量和估算。

基于此，我们选取最新《全球人才竞争力指数报告》当中的四项指标（主要大学指数、高等教育入学率、劳动力高等教育比例、人口高等教育比例）来对一个城市的人才竞争力水平进行定量评估。具体指标体系如表 1 所示。

表 1　城市数字经济竞争力评价指标体系

最终指标	一级指标	权重	二级指标	资料来源
城市数字经济竞争力	经济与基础设施竞争力	1/3	城市经济活跃度（权重:1/6）	世界城市综合实力排名（日本森纪念财团）
			ICT 普及度（权重:1/6）	全球人才竞争力指数
	数字创新竞争力	1/3	城市研发强度（权重:1/6）	世界城市综合实力排名（日本森纪念财团）
			研发投入产出效率（权重:1/6）	全球人才竞争力指数
	数字人才竞争力	1/3	主要大学指数（权重:1/12）	全球人才竞争力指数
			高等教育入学率（权重:1/12）	全球人才竞争力指数
			劳动力高等教育比例（权重:1/12）	全球人才竞争力指数
			人口高等教育比例（权重:1/12）	全球人才竞争力指数

在指标的权重方面，由于现有研究当中并未有比较成熟且具有公信力的赋权标准，本文选取相等权重的方式来对该指标体系当中的各个指标进行赋权。具体赋权结果为，经济与基础设施竞争力、数字创新竞争力、数字人才竞争力作为一级指标，其权重均为 1/3，其下属的各二级指标中，城市经济活跃度、ICT 普及率、城市研发强度以及研发投入产出效率这四个指标的权重分别为 1/6（使其各自加总之后刚好为其所属一级指标的权重），主要大学指数、高等教育入学率、劳动力高等教育比例以及人口高等教育比例这四个二级指标的权重分别为 1/12。

在资料来源方面，由于现有研究针对全球主要城市层面的数据较为匮乏，在比较各资料来源的科学性、严谨性以及城市数量的丰富性后，我们最终所选数据均来自两份研究报告，分别是最新版的《全球人才竞争力指数报告》以及《世界城市综合实力排名》。

2. 城市数字经济竞争力评价指标与目标城市的处理、筛选过程

城市数字经济竞争力评价指标体系当中的各细分指标数据均来自各研究报告，而各研究报告的数据均为经过处理后的数值打分类数据，本身已经具有很强的客观性和科学性，因此可以用其在城市之间进行直接比较。但是，为了对来自不同研究报告的数据指标进行统一赋权打分计算，我们首先对原有指标数据进行百分制标准化，具体方法主要为采用功效得分公式进行百分制标准化，具体公式为：

$$\text{指标}\ X\ \text{功效得分}\ F_i = (X_i - X_{min})/(X_{max} - X_{min}) \times 100(i = 1,2,3,\cdots,30)$$

上述公式中，i 表示城市，X_i 即为城市的某一个二级指标实际数值，X_{max}和 X_{min}分别表示在这一指标上所有城市数值中的最大值和最小值。这样算出来的得分体现了各个城市于某项公因子指标上在所有被测算城市中的相对位置。某城市在某一个二级指标上的得分为 0 意味着该城市在这一二级指标上的数值得分在 30 个被测算城市当中处于最低水平，反之，得分为 100 则意味着其二级指标得分数值在所有样本城市中最高。在得到的二级指标功效得分基础上，结合各二级指标的相应得分，可以通过加权平均法得到各一级指标的得分以及城市数字经济竞争力的最终得分。具体计算过程为：

一级指标得分：$M_i = \sum \lambda_i F_i (i = 1,2,3)$

最终的城市数字经济竞争力得分：$D_i = \sum \mu_i M_i$

由于最新版的《世界城市综合实力排名》当中仅公布了 42 个全球主要城市的相关数据，因此，结合最新版的《全球人才竞争力指数报告》当中公布的全球主要城市数据，通过剔除数据不全的城市以及两个报告并非全部包含的数据，最终取得两份报告当中数据完整的交集城市作为本报告的目标分析城市，共包括各个大洲、国家和地区的城市 30 个。其中，北美洲城市当中包括了加拿大的多伦多、墨西哥的墨西哥城以及美国的 6 个代表性城

市：波士顿、洛杉矶、旧金山、纽约、华盛顿、芝加哥。大洋洲包含了澳大利亚的悉尼。欧洲选取的城市最多，共计 13 个，分别是奥地利的维也纳、比利时首都布鲁塞尔、丹麦首都哥本哈根、德国首都柏林、法国的巴黎和法兰克福、荷兰首都阿姆斯特丹、瑞典首都斯德哥尔摩、瑞士的日内瓦、西班牙的马德里和巴塞罗那、意大利的米兰以及英国的伦敦。亚洲国家所选取的城市主要有韩国的首尔、日本的东京和大阪、中国的北京和上海以及新加坡（新加坡虽然是一个国家，但是由于其国土面积狭小，且一直以城市国家著称，因此在此将其整体作为本次城市数字经济竞争力的测算分析对象）。具体城市名单如表 2 所示。

表 2　经筛选后最终得到的被测算城市名单

大洲	国家	城市	大洲	国家	城市
北美洲	加拿大	多伦多	欧洲	法国	巴黎
北美洲	美国	波士顿	欧洲	法国	法兰克福
北美洲	美国	洛杉矶	欧洲	荷兰	阿姆斯特丹
北美洲	美国	旧金山	欧洲	瑞典	斯德哥尔摩
北美洲	美国	纽约	欧洲	瑞士	日内瓦
北美洲	美国	华盛顿	欧洲	西班牙	马德里
北美洲	美国	芝加哥	欧洲	西班牙	巴塞罗那
北美洲	墨西哥	墨西哥城	欧洲	意大利	米兰
大洋洲	澳大利亚	悉尼	欧洲	英国	伦敦
非　洲	南非	约翰内斯堡	亚洲	韩国	首尔
南美洲	巴西	圣保罗	亚洲	日本	东京
欧　洲	奥地利	维也纳	亚洲	日本	大阪
欧　洲	比利时	布鲁塞尔	亚洲	新加坡	新加坡
欧　洲	丹麦	哥本哈根	亚洲	中国	北京
欧　洲	德国	柏林	亚洲	中国	上海

二　全球主要城市数字经济竞争力评价结果及分析

1. 全球主要城市数字经济竞争力总体排名结果及分析

表 3 显示了全球主要城市数字经济竞争力的整体排名情况。由表 3 可

见，波士顿的数字经济竞争力水平总体得分居30个主要城市的首位，洛杉矶、首尔、旧金山和纽约紧随其后，居第2~5位，且从榜单前五位的城市来看，美国占据绝对优势，占据其中4席，韩国的首尔是榜单前五位当中唯一的非美国城市。日本的两个城市，东京和大阪分列榜单第6位和第20位，其中东京的数字创新竞争力得分达到83.65分，位居所有城市的数字创新竞争力之首。中国的北京跻身前十位，最终排名第9，上海则位居第14，同样处于榜单的中上游位置。即使从整个榜单的前十位来看，美国也有多达5个城市位列其中，欧洲有伦敦和巴黎两个城市，亚洲则有首尔、东京和北京三个城市，刚好是中日韩三国的首都城市。同样属于亚洲地区重要核心城市（国家）的新加坡被挤出前十位，最终憾列第11位，但是其数字人才竞争力以及经济与基础设施竞争力得分均超过70分，处于较高水平，其最终排名稍有滞后，主要受其数字创新竞争力的拖累。

表3　全球主要城市数字经济竞争力总体排名

单位：分

排名	城市	数字创新竞争力	数字人才竞争力	经济与基础设施竞争力	总得分
1	波士顿	76.93	83.14	78.18	79.42
2	洛杉矶	83.40	65.03	86.42	78.28
3	首尔	77.95	60.18	91.65	76.59
4	旧金山	75.18	77.12	74.42	75.57
5	纽约	55.53	73.19	88.40	72.38
6	东京	83.65	52.42	78.71	71.60
7	伦敦	37.35	79.94	93.18	70.16
8	巴黎	49.44	66.94	77.03	64.47
9	北京	62.36	53.14	76.07	63.86
10	华盛顿	47.82	74.88	68.13	63.61
11	新加坡	42.18	70.10	75.68	62.65
12	哥本哈根	53.98	65.73	63.03	60.92
13	斯德哥尔摩	46.95	58.42	68.55	57.97
14	上海	46.79	48.52	77.12	57.47
15	柏林	47.19	53.56	69.63	56.79

续表

排名	城市	数字创新竞争力	数字人才竞争力	经济与基础设施竞争力	总得分
16	芝加哥	57.27	61.75	51.13	56.72
17	维也纳	43.60	64.53	59.03	55.72
18	多伦多	23.27	70.82	61.79	51.96
19	悉尼	29.31	64.19	60.08	51.20
20	大阪	60.72	40.70	48.03	49.82
21	阿姆斯特丹	18.20	56.25	69.03	47.83
22	日内瓦	39.84	47.45	49.39	45.56
23	布鲁塞尔	16.59	68.88	47.34	44.27
24	马德里	14.17	64.23	49.38	42.59
25	法兰克福	33.22	36.66	53.21	41.03
26	巴塞罗那	14.57	51.43	52.79	39.59
27	米兰	7.02	22.17	42.73	23.97
28	圣保罗	7.75	16.76	22.73	15.75
29	墨西哥城	5.10	10.79	22.72	12.87
30	约翰内斯堡	4.90	0.00	0.00	1.63

资料来源：作者根据本文指标体系计算整理所得。

由表3可见，位居城市数字经济竞争力榜单后五位的城市分别为巴塞罗那、米兰、圣保罗、墨西哥城以及约翰内斯堡。这些城市分别位于欧洲的西班牙、意大利，南美洲的巴西、北美洲的墨西哥以及非洲的南非，纵观这些国家和城市，巴塞罗那、米兰和约翰内斯堡位于发达国家，其经济发展水平相对于其他主要城市并不落下风，但是其数字经济的竞争力名次如此滞后，可能一方面与其政府不注重发展本城市的数字经济有关，另一方面其在创新和人才等核心要素方面的缺失也是导致其排名如此滞后的重要原因之一。由此可见，一个城市的经济发展过程中如果不注重构建完整的数字经济基础设施条件，无法集聚高素质的数字化人才，不注重关于最新信息通信技术方面的创新，即使其位于发达国家和地区，在数字经济领域也很有可能处于十分落后的地位，被其他城市赶超。圣保罗和墨西哥城分别位于巴西和墨西哥这两个发展中国家，从其二级指标的得分可见，这两个城市的三个二级指标得分表现均十分不乐观，均处于25分以下的低水平状态。

2. 全球主要城市数字经济竞争力指标结构性分析

前文主要分析了全球主要城市数字经济竞争力的总体排名情况，接下来我们将继续分析全球主要城市数字经济竞争力各个分项结构性指标的得分情况。图1列出了数字经济竞争力排名前十位城市的分项指标得分情况。由图1可知，排名前四位的波士顿、洛杉矶、首尔和旧金山四个城市的三个分项指标得分十分均衡，其数字创新竞争力、经济与基础设施竞争力以及数字人才竞争力得分均在60分以上，其中首尔的经济与基础设施竞争力得分达到91.65分，仅次于伦敦的93.18分。排名第5~10位的城市数字经济竞争力分项指标当中已经存在得分较低的短板性指标，比如纽约的数字创新竞争力得分仅为55.53分，东京的数字人才竞争力仅为52.42分，伦敦和巴黎的数字创新竞争力得分分别仅为37.35分和49.44分，北京的数字人才竞争力得分较其他两个指标也严重偏低，仅为53.14分；华盛顿则是在数字创新竞争力方面存在短板，其得分仅为47.82分。综合上述分析可见，一个城市整体数字经济竞争力，往往要求其在创新能力、人才集聚以及城市经济活力与基础设施方面均十分出色，若其在某一方面存在短板和不足，则会拉低其在数字经济竞争力方面的得分和最终排名。

由上述分析可知，一个城市整体数字经济竞争力需要其三个分项指标的得分均处于较高水平，且从全球主要城市数字经济竞争力的前十名指标得分结构来看，也符合这一规律。因此，城市数字经济竞争力的三个分项指标之间很有可能存在较为紧密的相关性，有必要对三个分项指标的内在联系以及各个城市在三个分项指标上的相对位置进行分析。

图2给出了城市数字创新竞争力与数字人才竞争力之间的关系以及各个城市在两个指标上的相对分布位置。由图2可知，各个城市的数字创新竞争力得分与数字人才竞争力得分之间基本呈显著正相关关系，其线性回归的$R^2=0.2945$。从不同城市的分布位置来看，波士顿、旧金山、洛杉矶以及首尔和东京处于第一阵营，这几个城市的数字创新竞争力与数字人才竞争力均处于较高水平，是30个被测算城市当中的佼佼者。芝加哥、哥本哈根、纽

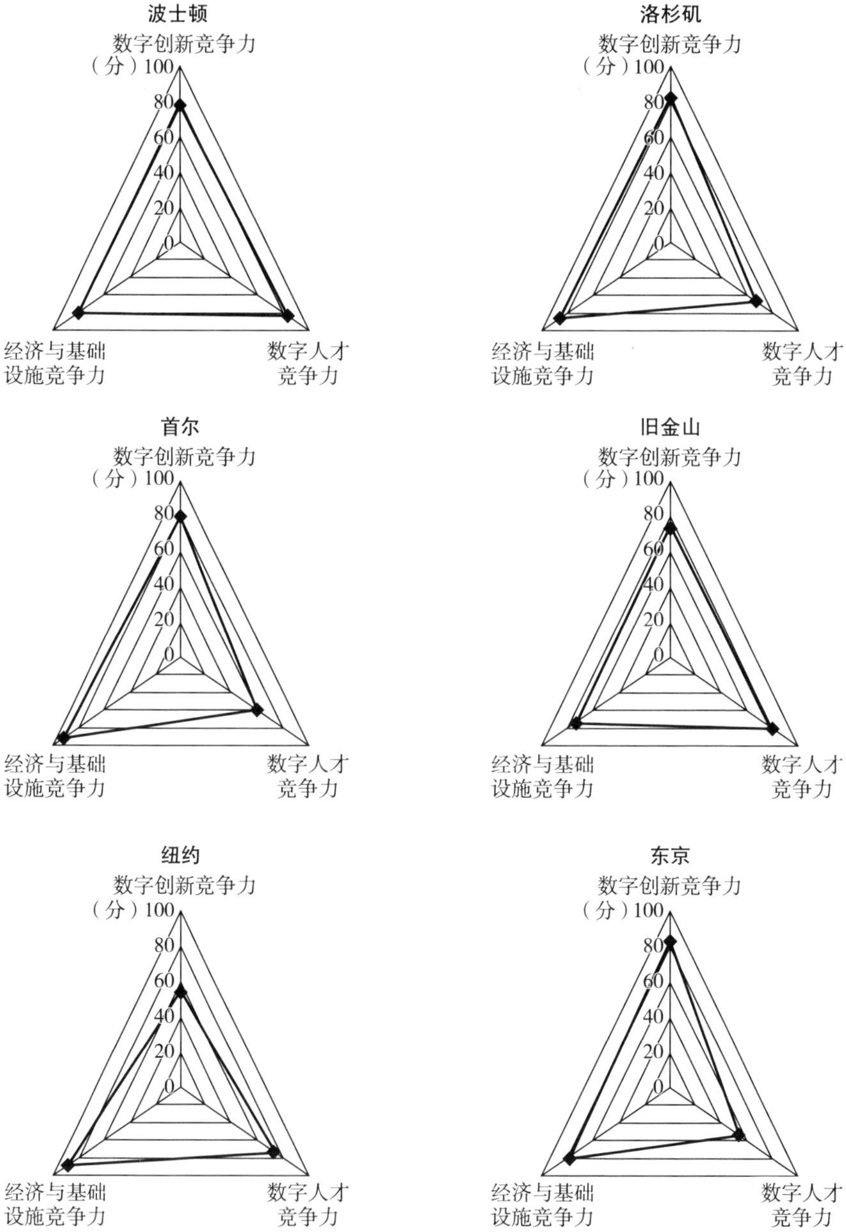
波士顿
数字创新竞争力
（分）100
80
60
40
20
0
经济与基础设施竞争力
数字人才竞争力
洛杉矶
数字创新竞争力
（分）100
80
60
40
20
0
经济与基础设施竞争力
数字人才竞争力
首尔
数字创新竞争力
（分）100
80
60
40
20
0
经济与基础设施竞争力
数字人才竞争力
旧金山
数字创新竞争力
（分）100
80
60
40
20
0
经济与基础设施竞争力
数字人才竞争力
纽约
数字创新竞争力
（分）100
80
60
40
20
0
经济与基础设施竞争力
数字人才竞争力
东京
数字创新竞争力
（分）100
80
60
40
20
0
经济与基础设施竞争力
数字人才竞争力

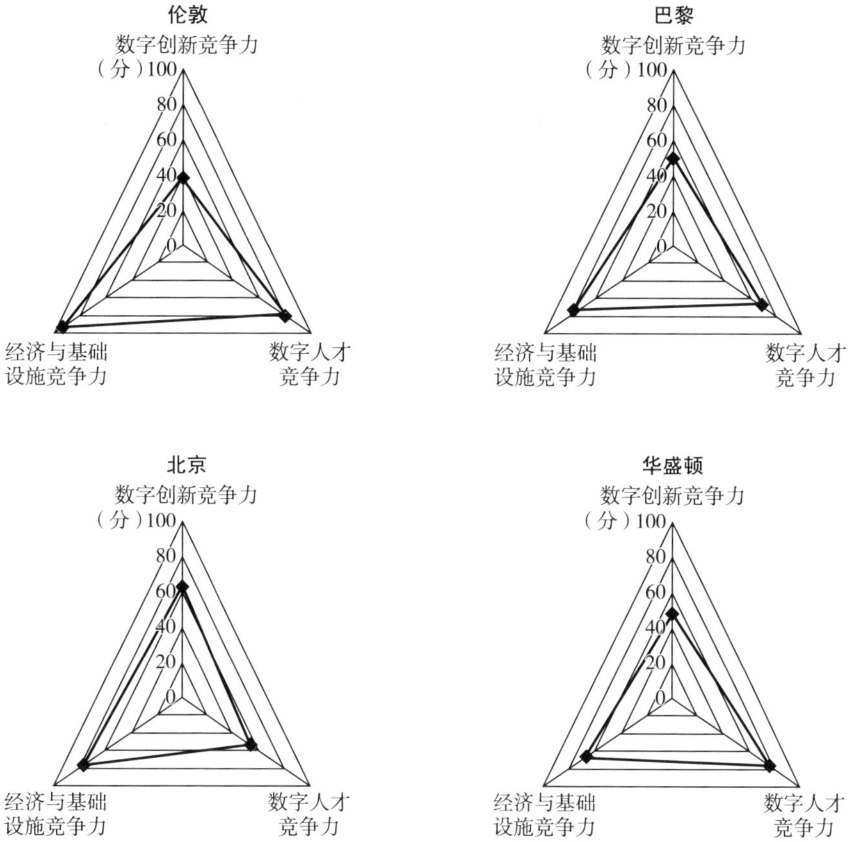

图1　城市数字经济竞争力排名前十位城市竞争力结构性指标得分情况

约、北京、大阪、华盛顿、巴黎、斯德哥尔摩、新加坡、维也纳、柏林、伦敦、上海和日内瓦处于第二阵营，这些城市的数字创新竞争力和数字人才竞争力较第一阵营稍弱，且各个城市两个指标的相对强弱有所不同。法兰克福、悉尼、多伦多、布鲁塞尔、马德里、阿姆斯特丹以及巴塞罗那属于第三阵营，这部分城市的数字创新竞争力水平偏低，但是数字人才竞争力与第二阵营相差不大。米兰、圣保罗、墨西哥城以及约翰内斯堡这四个城市属于第四阵营，也是数字人才竞争力和数字创新竞争力得分均十分低下的城市。综合来看，中国的两个城市——北京和上海在上述两个指标的坐标系当中基本处于第二阵营，其中北京数字创新竞争力较上海更强，数字人才竞争力较上海稍有优势。

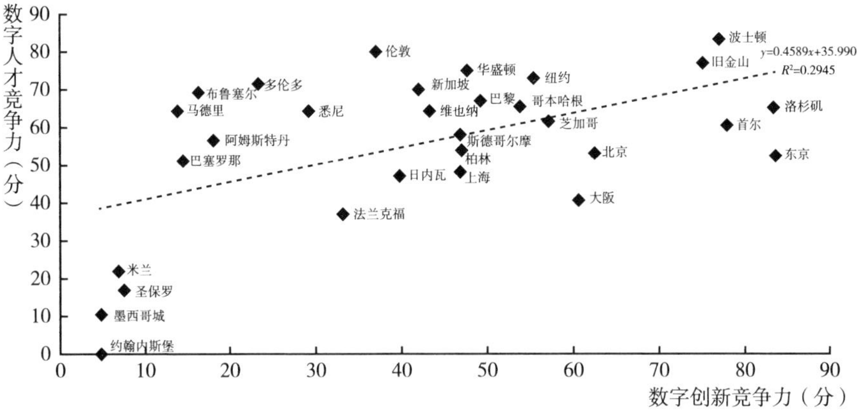

图 2　城市数字创新竞争力与数字人才竞争力关系

图 3 展示了各个城市的数字创新竞争力和经济与基础设施竞争力指标之间的关系以及各个城市的相对位置。由图 3 可知，两个指标之间同样呈显著的正相关关系，且其正相关关系更为显著，其回归的 R^2 达到 0.5222，再一次表明一个城市创新能力的提升与其经济和基础设施条件的完善程度息息相关。从各个城市的相对位置来看，其分布较图 2 更加分散和均匀，并未如图 2 那样呈显著的阵营式分布，但是首尔、洛杉矶、东京、波士顿和旧金山仍然处于右上角的优势位置，北京的位置已经十分靠近上述城市，上海较北京位置平行偏左，表明其在数字创新竞争力方面较北京仍有一些差距，但是在经济与基础设施竞争力方面与北京不相上下。处于左下角劣势位置的城市主要有墨西哥城、圣保罗和约翰内斯堡，这与图 2 的结果也较为一致。

图 4 展示了城市数字人才竞争力和经济与基础设施竞争力两个指标之间的关系以及各个城市在图中相对位置的分布情况。由图 4 可知，两个指标呈更为强烈的正相关关系，其回归的 R^2 为十分显著的 0.6330，显著高于图 2 和图 3 当中的 R^2。从各个城市在图中的相对位置分布来看，图 4 当中大部

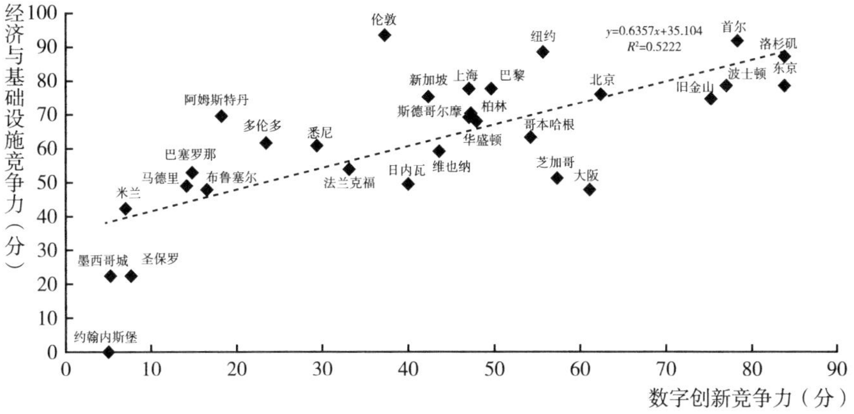

图 3　城市数字创新竞争力和经济与基础设施竞争力关系

分城市集中于图的右上角位置，仅有米兰、圣保罗、墨西哥城和约翰内斯堡这四个城市显著位于左下角的劣势位置。这表明就数字人才竞争力和经济与基础设施竞争力两个指标来看，城市之间在这两个指标得分上的差距相对数字创新竞争力而言更小。由此也可以推出一个结论，即全球主要城市之间的数字经济竞争力差距主要是由数字创新竞争力导致的。从三个指标的逻辑关系来看，城市的人才要素集聚以及经济活跃度、数字化基础设施条件，最终都是为转化为城市的创新能力来做准备，而从图 4 来看，各个城市之间的数字人才竞争力以及经济与基础设施竞争力之间的差距并不大，在这一前提条件下，各个城市的数字创新竞争力却呈现较大差异，这表明各个城市的基础条件在向创新能力转化过程中存在较大差异，有的城市转化机制较为顺畅，转化效率高，城市的经济要素与创新机制十分顺畅，这就导致这些城市在面临全新的数字经济形态时，能够以更为快速、高效和包容的姿态来迎接和拥抱数字经济，推动本城市数字经济的快速发展，掌握先发优势。而如果城市内部的创新机制运转不顺利，各类条件和要素无法有效转化为城市的创新能力，那么该城市的数字经济发展状况及其竞争力水平也将堪忧。

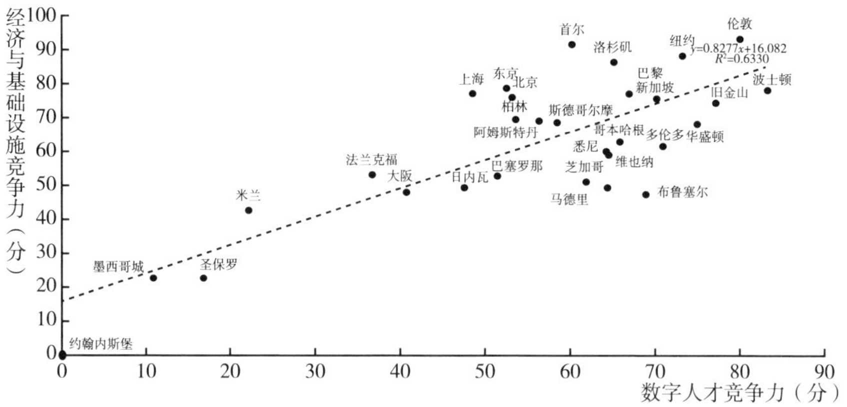

图 4　城市数字人才竞争力和经济与城市基础设施竞争力关系

3. 全球主要城市数字经济竞争力分项指标排名分析

接下来我们将继续分析全球主要城市的各个分项指标排名情况。首先来看城市数字创新竞争力排名情况，由表 4 可见，东京、洛杉矶和首尔位居城市数字创新竞争力得分前三位，其中东京和洛杉矶的得分差距不大，两者仅差 0.25 分，但首尔与上述两个城市已经存在较大差距。中国的城市当中仅有北京进入数字创新竞争力前十强，最终位列第六，尽管排名较为靠前，但正是从北京开始，其数字创新竞争力与前五名的城市相比，差距开始呈显著的拉大趋势，北京与第五位的旧金山得分差距达到 12.82 分，而旧金山与第一名的东京相比，其得分差距仅为 8.47 分。第一名的东京和第十名的丹麦之间的差距达到 29.67 分，这一差距与数字人才竞争力和经济与基础设施竞争力的第十名城市与第一名城市之间的差距相比，显著偏大。从前十名的国家分布来看，美国的城市占据了其中 5 席，处于绝对优势地位，中国的北京、日本的东京和大阪均跻身前十位，此外，还有韩国的首尔和丹麦的哥本哈根。其他国家的城市均未跻身前十位。

继续来看城市数字人才竞争力排名前十位的得分情况，由表 5 可知，美国的波士顿以 83.14 分居第一位，英国伦敦超越其他城市紧随其后，以 79.94 分位居第二。榜单第 3 ~5 位均为美国的城市，分别是旧金山、华盛顿以及

表 4　城市数字创新竞争力排名前十位城市

单位：分

排名	国家	城市	数字创新竞争力
1	日本	东京	83.65
2	美国	洛杉矶	83.40
3	韩国	首尔	77.95
4	美国	波士顿	76.93
5	美国	旧金山	75.18
6	中国	北京	62.36
7	日本	大阪	60.72
8	美国	芝加哥	57.27
9	美国	纽约	55.53
10	丹麦	哥本哈根	53.98

纽约，加拿大的多伦多居第六位，亚洲城市当中仅有新加坡跻身前十，以70.10分位居第七。第8～10位的城市分别为比利时的布鲁塞尔、法国首都巴黎以及丹麦首都哥本哈根。从总体来看，美国仍然占据其中4席，且均在前五名，表明从城市数字人才竞争力来看，美国的城市仍然处于绝对优势地位。中国的北京和上海均未跻身前十位，表明中国的城市在发展数字经济过程中仍需在人才集聚方面下功夫。

表 5　城市数字人才竞争力排名前十位城市

单位：分

排名	国家	城市	数字人才竞争力
1	美国	波士顿	83.14
2	英国	伦敦	79.94
3	美国	旧金山	77.12
4	美国	华盛顿	74.88
5	美国	纽约	73.19
6	加拿大	多伦多	70.82
7	新加坡	新加坡	70.10
8	比利时	布鲁塞尔	68.88
9	法国	巴黎	66.94
10	丹麦	哥本哈根	65.73

继续来看城市经济与基础设施竞争力排名情况，表6展示了城市经济与基础设施竞争力排名前十位城市，由表6可见，英国伦敦以93.18分居所有城市第一位，韩国首尔紧随其后，以微弱差距居第二位，美国的两个城市纽约和洛杉矶分列第三、第四位，日本的东京位居第五，但是其得分已经与第四位存在较大差距，美国的波士顿与日本的东京之间得分差距很小，最终波士顿位居东京之后，居第六位。中国的两个城市上海和北京分别居第七位和第九位，这也是中国的两个城市全部跻身前十位的分项指标。总体来看，美国跻身前十位的城市为3个，较其他指标有所减少，同时亚洲国家的城市占据了半壁江山，表明亚洲国家的城市作为新兴经济体，在数字化基础设施建设方面较发达国家的城市具有比较显著的后发优势。发达国家的城市在基础设施的更新方面往往存在较多体制性和经济性障碍，因此其数字化基础设施建设状况往往存在较为滞后的问题。

表6　城市经济与基础设施竞争力排名前十位城市

单位：分

排名	国家	城市	经济与基础设施竞争力
1	英国	伦敦	93.18
2	韩国	首尔	91.65
3	美国	纽约	88.4
4	美国	洛杉矶	86.42
5	日本	东京	78.71
6	美国	波士顿	78.18
7	中国	上海	77.12
8	法国	巴黎	77.03
9	中国	北京	76.07
10	新加坡	新加坡	75.68

三　主要结论

本文通过构建城市层面的数字经济竞争力评价指标体系，选取全球主要的30个城市作为分析对象，测算分析结果显示，美国的城市在数字经济竞争力方面具有显著优势，较其他国家的城市处于显著领先地位。城市层面数字经济竞争力的三个二级指标之间存在较强的正相关关系，表明城市数字经济竞争力的结构因素之间具有相辅相成、互相促进的紧密关系。美国的城市在数字人才竞争力和数字创新竞争力两个分项指标上占据绝对优势，但是在经济与基础设施竞争力方面。亚洲城市开始占据优势地位。同时，中国的两个主要城市——北京和上海均跻身经济与基础设施竞争力榜单前十名，但是北京和上海在数字人才竞争力以及数字创新竞争力方面较美国以及其他发达国家城市存在较大差距。当前全球城市层面的数字经济竞争力格局是以美国占据绝对优势地位，欧洲发达国家在城市数字创新竞争力与人才竞争力方面实力雄厚，亚洲新兴经济体国家的城市在经济与基础设施竞争力方面后来居上为主要特征。

参考文献

张伯超、沈开艳：《“一带一路”沿线国家数字经济发展就绪度定量评估与特征分析》，《上海经济研究》2018年第1期。

闫德利、高晓雨：《数字经济：全球新一轮产业竞争制高点》，《互联网天地》2017年第7期。

《全球人才竞争力指数报告》，2019。

《世界城市综合实力排名》，2016。

B.3

全球数字经济企业竞争力发展报告（2019）

徐丽梅*

摘　要： 在数字技术不断进步的驱使下，全球众多的数字企业也得到日新月异的发展，涌现出无论是规模、效率，还是创新性、成长性都非常突出的企业。本课题组继续关注全球数字经济企业的发展，延续往年对数字企业竞争力的研究和排名，对2018年全球数字企业进行了新的评价和排名。结果显示，从综合竞争力来看，苹果、亚马逊和三星位列前三；从规模竞争力来看，苹果、亚马逊和微软位列前三；从效率竞争力来看，VMWARE、MATCH GROUP、VERISIGN位列前三；从创新竞争力来看，三星、东京电子和亚马逊位列前三；从成长竞争力来看，拼多多、TENAGA NASIONAL BERHAD和SPLUNK位列前三。有很多数字企业竞争力很强，无论是其综合竞争力，还是规模竞争力、效率竞争力、创新竞争力和成长竞争力，都在世界上名列前茅；还有部分数字企业的较强竞争力更多体现在某一个或几个方面，比较典型的如中国的拼多多，成长非常快。美国、日本和中国，是数字企业的国家前三强，无论按照哪个方面来排名，这三个国家的企业都占到100强的70%～80%。尤其是美国，有着毋庸置疑的"老大"地位。而中国数字企业的蓬勃发展，预示着中国数字经济进入一个快速发展期。

* 徐丽梅，上海社会科学院应用经济研究所副研究员，主要研究方向为区域经济、数字经济。

关键词： 数字企业　竞争力　规模　效率　创新　成长

数字经济已经成为全球经济转型发展的重要驱动力。在数字技术不断进步的驱使和各国政府的大力支持下，世界上众多数字经济企业也得到日新月异的发展，涌现出无论是规模、效率，还是创新性、成长性都非常突出的企业。

评价企业竞争力有很多方法，目前已有相关机构对全球的数字经济企业进行过排名，如2018年9月21日《福布斯》发布的“全球数字经济百强企业”，分别从营业额、盈利、资产和股价走势四大维度，对《福布斯》全球企业2000强榜单中的科技、媒体、数字零售和电信企业进行了排名。

本课题组继续关注全球数字经济企业的发展，延续往年对数字经济企业竞争力的研究和排名，对2018年全球数字经济企业进行了新的评价和排名。评价方法和指标体系沿袭了上年的基本做法，但是在上年的基础上做了少许改进和完善，以便更客观地展示全球数字经济企业的发展状况。

一　全球数字经济企业竞争力评价方法

（一）数字经济企业的定义

数字经济企业简称“数字企业”，关于“数字企业”的定义，我们继续沿用本报告上年的界定：该企业处于与数字技术高度融合的行业，是能够把数字技术与企业生产经营融合在一起、创造竞争力的企业，它们构成当代数字经济发展的基础或主战场，能够反映出全球或一国的数字经济发展水平。数字企业遍布国民经济的多个行业，其所在行业的确定主要以OSIRIS（全球上市公司数据库）的全球行业分类标准（GICS）为主，并结合了《福布斯》和《财富》两个500强榜单，最后归纳为对以下几个行业的数字企业进行排名比较：①软件与服务；②技术硬件与设备；③半导体产品与设备；④消费电子产品；⑤互联网与直销零售；⑥电信业务；⑦公用事业（电力等）；⑧电气设备和机械制造。这些行业集中了大部分的数字企业，很典型地反映了数字技术的进步和产业的升级。

（二）企业竞争力的含义

哈佛大学教授、战略管理专家迈克尔·波特是企业竞争力理论的主要代表人物之一，它提出了著名的“钻石五力模型”[①]。基于他对“竞争战略”的理解，企业竞争力可以定义为“能让企业超越竞争对手、带来竞争优势的能力”。企业竞争力是企业生产和发展的长期决定因素，很大程度上决定了一个企业的经营实力和经营成败。我们对全球数字经济企业竞争力的评价，正是基于这个概念和含义。

企业竞争力可以通过数量化的方法，即用数字来反映其水平。例如，世界经济论坛（WEF）撰写的《全球竞争力报告》，其评价指标体系是由增长竞争力、当前竞争力、经济创造力、环境管理制度四个维度组成。由中国人民大学与国家发改委联合编制的《能源企业全球竞争力报告》，则从规模、效率、成长、安全和研发五个维度对能源企业的竞争力进行了评价。我们对全球数字经济企业竞争力的评价，是在前人理论研究的基础上，通过构建一个指标体系来反映，这个指标体系包括四个方面的内容，总共15项指标。

（三）数字企业竞争力评价指标体系

对数字企业的竞争力进行评价和排名，首先要构建一个指标体系，构建指标体系应遵循一定的原则。

---

① 企业相对于业内竞争对手、供应商、用户、替代品、潜在进入者五个方面的优势地位和讨价还价能力。

1. 指标体系构建原则

科学性，是指以科学的理论为指导，能够针对性地反映出被评价对象的本质。在这里是指该指标体系应从不同的方面来共同反映全球数字企业的竞争力。

系统性，是指各评价指标之间是相互联系和相互制约的，而且所有指标构成一个整体，能够全面反映被评价对象的特征。在这里我们选择的指标将从规模、效率、创新和成长四个方面来反映全球数字企业的竞争力。

可行性，是指具体指标的选择要考虑到实用性和可操作性，指标数据容易获取。如果数据无法取得，即使理论上是“很好”的指标，也不能够被应用。另外，数据的来源渠道要可靠，整体操作要规范。

2. 数字企业竞争力评价指标体系

根据数字企业的定义和特征，并考虑企业“竞争力”的内涵和本质，本课题从四个方面（即四个一级指标）构建了全球数字企业竞争力评价指标体系。

一是规模竞争力，主要从企业规模大小的角度来衡量一个企业的竞争能力。在规模竞争力之下又包含两个二级指标——市场规模和企业规模，前者是指上市公司在某一具体日期的市值规模，反映了市场对企业的认可程度；后者主要是通过主营业务收入、净利润、员工数量等财务指标来反映企业的客观规模。

二是效率竞争力，一个企业仅有较大的规模并不一定就有很强的竞争力，效率是企业竞争的另一个重要内容。效率竞争力主要通过企业效率和人员效率两个二级指标来衡量，前者我们选择了总资产回报率和净资产回报率两个指标；后者我们以销售利润率和劳动生产率两个指标来衡量。

三是创新竞争力，创新性是一个数字企业区别于传统企业的最重要的方面，只有不断地进行创新，企业才更具有生命力，也就更具有竞争力。这里我们以创新规模和创新强度两个二级指标来反映企业的创新竞争力，二级指标之下包括研发投入和专利情况，具体指标为：研发投入总量、专利总量和研发投入强度（研发费用/员工规模）、研发费用增长率。

四是成长竞争力，一个竞争力较强的企业必然有着潜在的发展空间，成长竞争力主要是从时间维度上来考察一个企业成长与发展的趋势。这里我们选择了三个二级指标——营收增长、资产增长和销售增长，具体指标就是营业收入增长率、总资产增长率和销售增长率。

指标体系如表 1 所示。

表 1　数字企业竞争力评价指标体系

一级指标	权重	二级指标	三级指标
规模竞争力	25%	市场规模	市值
		企业规模	主营业务收入
			净利润
			员工数量
效率竞争力	25%	企业效率	总资产回报率
			净资产回报率
		人员效率	销售利润率
			劳动生产率
创新竞争力	25%	创新规模	研发投入总量
			专利总量
		创新强度	研发投入强度
			研发费用增长率
成长竞争力	25%	营收增长	营业收入增长率
		资产增长	总资产增长率
		销售增长	销售增长率

这个指标体系在上年的基础上做了进一步的改进。考虑到数据的可获得性和可比较性，以及尽可能全面、系统，我们选择了这 15 个具体指标，构成我们评价全球数字企业竞争力的基本依据。

（四）数字企业竞争力评价方法

1. 评价方法

这里主要采用综合指数和专家咨询相结合的方法。在评价企业的最终竞争力水平时，我们首先将各个企业三级指标的具体数值进行标准化，消除量纲的影响；然后按照一定的权重进行加权综合；在此基础上，再按相应的权重对二级指标进行加权综合，最后得出各个数字企业竞争力的评价指数。考虑到竞争力数据的可比较性，我们将指数调整为 0 ~ 100 分的区间。

在权重设置上，我们采取了专家咨询法。专家们的一致意见是从“规模竞争力”“效率竞争力”“创新竞争力”“成长竞争力”四个方面平均分配权重，即各占 25%。每个二级指标内的权重分配，在考虑指标重要性的基础上，基本也按照平均的原则。

2. 资料来源

数字企业的样本库主要是基于《财富》500 强、《商业周刊》全球市值最高的 1000 家上市公司、《福布斯》2000 强以及欧盟世界研发投入 2500 强。企业的具体指标数据主要来源于全球上市公司数据库（OSIRIS）；非上市公司的数据则来源于其公司年度报告以及网站公开资料。

二 全球数字企业综合竞争力100强排名及分析

（一）全球数字企业综合竞争力排名

1. 综合排名情况①

按照前述方法，我们得到 2018 年全球数字经济企业竞争力排名前 100 位，如表 2 所示。

① 腾讯、小米、百度、京东、拼多多、唯品会、美团等公司的注册地是在开曼群岛（KY），但考虑到掌控权，它们都是中国的公司。

表 2　2018 年全球数字企业综合竞争力 100 强

单位：分

排名	公司名称	国家/地区	行业	综合竞争力	规模竞争力	效率竞争力	创新竞争力	成长竞争力
1	苹果公司	美国	技术硬件与设备	84.0	99.5	79.5	94.2	62.6
2	亚马逊	美国	互联网与直销零售	79.5	93.1	57.6	96.2	71.0
3	三星公司	韩国	技术硬件与设备	79.5	87.0	69.4	99.7	61.7
4	微软	美国	软件与服务	79.5	90.2	69.2	94.8	63.6
5	ALPHABET	美国	电信业务	78.0	78.1	70.5	95.1	68.4
6	脸书	美国	电信业务	77.3	65.4	79.0	94.5	70.2
7	华为	中国	技术硬件与设备	76.8	73.3	59.6	93.5	80.9
8	英特尔	美国	半导体产品与设备	72.6	63.7	68.1	95.2	63.5
9	AT&T	美国	电信业务	72.0	76.7	60.1	85.5	65.8
10	东京电力公司	日本	公用事业	65.0	41.0	62.9	95.6	60.4
11	腾讯	中国	电信业务	64.2	63.9	67.4	56.1	69.2
12	SK 海力士	韩国	半导体产品与设备	63.6	45.7	81.1	54.5	73.0
13	东京电子设备	日本	技术硬件与设备	63.4	33.5	62.7	97.1	60.4
14	博通	美国	半导体产品与设备	62.9	45.9	68.2	75.6	61.9
15	美光科技	美国	半导体产品与设备	62.9	46.7	76.6	54.2	74.0
16	IBERDROLA	西班牙	公用事业	62.8	41.9	65.0	83.2	60.9
17	康卡斯特	美国	电信业务	62.5	61.2	60.3	58.8	69.8
18	英伟达	美国	半导体产品与设备	61.7	41.2	73.2	64.6	68.0
19	NETFLIX	美国	电信业务	61.5	41.4	71.0	59.0	74.5
20	AMADEUS IT	西班牙	软件与服务	61.2	36.5	64.0	79.3	64.8
21	NTT	日本	电信业务	60.7	46.1	71.7	64.7	60.4
22	高通公司	美国	半导体产品与设备	60.3	39.7	60.0	91.5	49.8
23	台湾半导体公司	中国台湾	半导体产品与设备	60.2	52.8	69.1	57.4	61.2
24	联发科	中国台湾	半导体产品与设备	59.8	35.1	63.2	81.4	59.7
25	思科系统	美国	技术硬件与设备	59.6	50.3	65.3	65.4	57.3
26	VMWARE	美国	软件与服务	59.6	37.0	95.0	50.2	56.1
27	MATCH GROUP	美国	电信业务	59.0	33.9	93.1	44.2	64.9
28	ENEL	意大利	公用事业	59.0	48.4	64.1	63.4	60.1
29	佳能	日本	技术硬件与设备	58.8	46.6	56.4	72.8	59.3
30	索尼	日本	消费电子产品	58.2	49.5	59.4	63.6	60.4

续表

排名	公司名称	国家/地区	行业	综合竞争力	规模竞争力	效率竞争力	创新竞争力	成长竞争力
31	TWDC	美国	电信业务	58.1	60.5	63.1	46.7	62.4
32	CDW 公司	美国	技术硬件与设备	58.0	35.9	72.9	60.6	62.7
33	KDDI	日本	电信业务	57.8	44.5	68.2	58.2	60.4
34	INTUIT	美国	软件与服务	57.8	37.4	70.9	54.2	68.8
35	德州仪器	美国	半导体产品与设备	57.6	42.9	76.7	50.1	60.7
36	ARISTA NETWORKS	美国	技术硬件与设备	57.4	34.6	63.2	60.6	71.3
37	LAM RESEARCH	美国	半导体产品与设备	57.4	37.2	72.7	51.9	67.7
38	阿里巴巴集团	中国	互联网与直销零售	57.4	54.4	67.5	47.2	60.4
39	拼多多	中国	互联网与直销零售	57.3	33.0	36.5	60.5	99.2
40	TENAGA NASIONAL BERHAD	马来西亚	公用事业	57.2	37.1	56.5	36.7	98.8
41	DISCOVERY	美国	电信业务	57.2	35.0	62.6	51.7	79.4
42	日立	日本	技术硬件与设备	57.1	54.9	55.9	59.5	57.9
43	SQUARE 公司	美国	软件与服务	56.9	34.6	57.3	55.6	79.9
44	应用材料	美国	半导体产品与设备	56.8	38.7	72.5	54.3	61.7
45	小米	中国	技术硬件与设备	56.8	38.3	67.0	41.9	80.0
46	ADOBE	美国	软件与服务	56.7	42.3	65.1	48.4	70.9
47	霍尼韦尔	美国	电气设备与机械制造	56.1	49.2	62.5	52.6	60.3
48	KEYENCE	日本	技术硬件与设备	56.1	38.7	72.7	49.7	63.4
49	埃森哲公司	爱尔兰	软件与服务	55.8	62.0	63.2	33.7	64.4
50	SPOTIFY TECHNOLOGY	卢森堡	电信业务	55.7	35.3	60.7	55.4	71.6
51	SPLUNK	美国	软件与服务	55.5	34.5	48.6	48.0	91.0
52	AMD 半导体公司	美国	半导体产品与设备	55.5	35.4	59.8	56.3	70.6
53	思爱普	德国	软件与服务	55.5	47.7	61.0	49.4	63.9
54	推特	美国	电信业务	55.4	35.4	60.4	52.8	72.8
55	松下	日本	消费电子产品	55.3	52.7	56.4	51.8	60.4
56	LG 电子	韩国	消费电子产品	55.2	41.6	58.8	60.2	60.3
57	鸿海精密	中国台湾	技术硬件与设备	55.2	56.8	61.3	41.5	61.2
58	三菱电机	日本	电气设备与机械制造	54.6	44.4	56.7	57.6	59.5
59	南亚科技	中国台湾	半导体产品与设备	54.2	34.6	72.1	37.4	72.9
60	东京电子	日本	半导体产品与设备	54.2	37.1	69.6	49.6	60.4
61	SALESFORCE.COM	美国	软件与服务	54.1	42.2	56.1	44.6	73.6

续表

排名	公司名称	国家/地区	行业	综合竞争力	规模竞争力	效率竞争力	创新竞争力	成长竞争力
62	东芝	日本	电气设备与机械制造	53.7	46.2	54.0	54.1	60.4
63	ASML 控股	荷兰	半导体产品与设备	53.5	40.0	64.2	45.5	64.4
64	戴尔	美国	技术硬件与设备	53.0	46.0	54.0	51.4	60.8
65	EBAY	美国	互联网与直销零售	53.0	37.3	66.6	49.0	59.2
66	SLACK TECHNOLOGIES	美国	软件与服务	53.0	34.4	42.3	44.9	90.4
67	百度	中国	电信业务	52.9	40.2	61.5	44.4	65.6
68	派拓网络	美国	软件与服务	52.9	34.6	51.6	43.9	81.4
69	爱立信	瑞典	技术硬件与设备	52.8	39.9	52.2	61.0	58.2
70	富士通	日本	软件与服务	52.8	42.8	55.5	55.6	57.2
71	WORLDPAY	美国	软件与服务	52.7	35.2	54.2	38.0	83.5
72	VERISIGN	美国	软件与服务	52.5	34.7	81.4	40.4	53.5
73	惠普	美国	技术硬件与设备	52.4	40.1	61.7	44.0	63.7
74	中国电信	中国	电信业务	52.1	50.3	55.2	44.1	59.0
75	京东方	中国	技术硬件与设备	52.1	37.3	53.6	54.5	63.0
76	分众传媒	中国	技术硬件与设备	51.9	34.7	72.7	33.6	66.6
77	INFOSYS	印度	软件与服务	51.8	45.2	64.1	36.0	62.1
78	NETAPP	美国	技术硬件与设备	51.7	35.2	64.6	44.4	62.8
79	橙子电信	法国	电信业务	51.7	46.2	56.2	45.4	59.1
80	思佳讯	美国	半导体产品与设备	51.7	35.3	69.0	39.9	62.6
81	特许通信公司	美国	电信业务	51.7	44.4	55.3	45.8	61.2
82	ANALOG DEVICES	美国	半导体产品与设备	51.7	36.8	61.4	45.0	63.4
83	MURAT 制造	日本	技术硬件与设备	51.5	39.9	59.6	42.3	64.1
84	高知特	美国	软件与服务	51.5	48.3	60.3	34.4	62.9
85	海康威视	中国	技术硬件与设备	51.3	37.5	63.7	37.5	66.4
86	网易	中国	电信业务	51.3	37.8	64.6	42.4	60.4
87	DISH 网络公司	美国	电信业务	51.2	36.1	63.3	45.6	60.0
88	TELSTRA	澳大利亚	电信业务	51.2	38.6	63.9	42.9	59.4
89	NEC	日本	技术硬件与设备	51.2	40.3	54.1	50.2	60.1
90	NAVER 公司	韩国	电信业务	51.1	35.3	62.4	39.7	66.9
91	艾默生电气	美国	电气设备与机械制造	51.0	41.6	60.1	38.6	63.7
92	CHECK POINT SOFTWARE TECHNOLOGIES	以色列	软件与服务	50.8	34.9	68.8	37.0	62.4

续表

排名	公司名称	国家/地区	行业	综合竞争力	规模竞争力	效率竞争力	创新竞争力	成长竞争力
93	NEXON	日本	电信业务	50.7	34.8	68.0	33.3	66.8
94	LARGAN PRECISION COMPANY	中国台湾	技术硬件与设备	50.6	34.8	72.3	34.2	61.3
95	希捷科技	爱尔兰	技术硬件与设备	50.6	37.3	63.8	39.9	61.4
96	京东	中国	互联网与直销零售	50.5	46.7	53.0	36.6	65.8
97	捷普	美国	软件与服务	50.5	43.0	62.9	30.9	65.0
98	WORKDAY	美国	软件与服务	50.4	35.8	46.8	50.6	68.5
99	西部数据	美国	技术硬件与设备	50.4	39.2	57.6	43.4	61.3
100	SKY	英国	电信业务	50.4	38.1	58.9	43.3	61.3

注：这里的得分，是原始指标数据经过标准化后进行指数综合得出的，其测算区间分布在 0 ~ 100 分，以便于比较和衡量。

在这 100 强公司中，排名第一的是苹果公司，其规模竞争力和创新竞争力的表现都十分突出，这两项足以支持它在全球数字企业中排在最前面。2018 年的确也是苹果公司具有里程碑意义的一年，它的市值超过了 1 万亿美元。

排名第二的是亚马逊，它提供了全美最大的电子商务服务，同样以规模和创新见长，同时它的成长竞争力也比较突出，超过了苹果公司。2018 年，亚马逊的零售和公有云市场的规模化成效显著，可以与零售领域的沃尔玛、阿里巴巴以及云计算市场的微软、甲骨文等相媲美。

排名第三的是韩国的三星公司，它的创新竞争力最为突出，甚至超过了苹果公司和亚马逊，这从它的专利数量可以体现出来，2018 年三星公司的专利数量达到 5800 多项，远远超过苹果公司和微软的 2000 多项。

排名第四的是微软，与苹果公司类似，它的规模竞争力和创新竞争力表现都很突出，它的成长竞争力比苹果公司和三星公司还略高。纵观这几年的发展，可以说微软比较成功地实现了转型，它相继收购了 LinkedIn、Skype 以及 Github，都大获成功；它还快速向云业务挺进。数据显示，2018 年第三季度，微软在云基础设施服务市场新增的份额超过了亚马逊、IBM、谷歌和阿里巴巴。[①]

排名第五的是 ALPHABET，ALPHABET 是谷歌重组后的“伞形公司”的名字，2015 年谷歌对组织结构进行调整，成立控股母公司 ALPHABET，“谷歌”则成为其下属全资子公司。ALPHABET 取代谷歌成为上市实体公司。ALPHABET 表现最突出的是它的创新竞争力，甚至超过了苹果公司和微软。

脸书排在第六名，中国的华为排在第七名，英特尔、AT&T 和东京电力公司分别排在第八名、第九名和第十名。在前十名公司当中，有 7 家公司是美国公司，另外还有 1 家中国公司、1 家韩国公司和 1 家日本公司。美国公司不仅在 100 强中占绝对优势的份额，即使在前十名中它也占了绝大多数，因此美国数字企业的强大实力可见一斑。

2. 排名变动情况

相比于 2017 年，全球数字企业综合竞争力 100 强有了较大变化。在 2018 年内，有 20 家公司的排名上升，有 37 家公司的排名后退，还有 3 家公司排名不变，另有 40 家公司新晋 100 强，如表 3 所示。

表 3　全球数字企业百强变动情况

排名变动分类	公司名称
排名上升（20 家）	苹果公司、微软、腾讯、AT&T、亚马逊、东京电子设备、思科系统、AMADEUS IT、KDDI、VMWARE、高通公司、IBEDROLA、ENEL、富士通、爱立信、中国电信、东芝、东京电力公司、TENAFA NASIONAL、NEC
排名后退（37 家）	脸书、ALPHABET、英特尔、阿里巴巴集团、SK 海力士、英伟达、美光科技、德州仪器、百度、应用材料、ASML 控股、ADOBE SYSTEM、索尼、LAM RESEARCH、佳能、鸿海精密、INTUIT、松下、日立、霍尼韦尔、网易、三菱电机、KEYENCE、NETFLIX、LG 电子、TELSTRA、MURATA 制造、INFOSYS、软银、希捷科技、SALESFOECE.COM、ANALOG DEVICES、NUOJIYA、艾默生电气、西部数据、橙子电信、京东方
排名不变（3 家）	三星公司、华为、博通

① 余丰慧：《微软 2018 年为何能够独占鳌头》，金融界网站。

续表

排名变动分类	公司名称
新晋 100 强（40 家）	AMD 半导体公司、ARISTA NETWORKS、CDW 公司、CHECK POINT SOFTWARE TECHNOLOGIES、DISCOVERY、DISH 网络公司、EBAY 、LARGAN PRECISION COMPANY、MATCH GROUP、NAVER 公司、NETFLIX、NEXON、SKY、SLACK TECHNOLOGIES、SPLUNK、SPOTIFY TECHNOLOGY、SQUARE 公司、TWDC、VERISIGN、WORKDAY、WORLDPAY、埃森哲公司、博通、戴尔、分众传媒、高知特、海康威视、捷普、京东、康卡斯特、联发科、南亚科技、派拓网络、拼多多、思爱普、思佳讯、台湾半导体公司、特许通信公司、推特、小米

由于在 2018 年的数字企业评价中，我们调整了指标体系，这极有可能是导致其与 2017 年排名相比产生变化的原因之一，但我们也可看到，2017 年的很多百强公司仍然处于新的百强当中。苹果、微软、腾讯等公司的发展势头不减，在 100 强的排名中不断上升；脸书、ALPHABET、英特尔、阿里巴巴等企业的排名虽然有后退，但有些也只是后退 1 ~ 2 名，考虑到指标体系的调整，这些企业的发展势头仍然不错。在 2018 年还有 40 家新的企业进入前 100 强，这其中固然会有指标体系调整的原因，但更多是新上市或者发展迅猛的公司，例如，中国的小米和拼多多以及美国的 SLACK TECHNOLOGIES 等，它们都是新上市企业，发展势头非常迅猛。

3. 地域分布

2018 年数字企业综合竞争力 100 强分布在 18 个国家或地区，各个国家或地区所包含的企业数量如表 4 所示。

表 4　2018 年数字企业综合 100 强的地域分布

单位：家

国家/地区	企业数量	国家/地区	企业数量
美国	48	德国	1
日本	16	印度	1
中国	12	意大利	1
中国台湾	5	以色列	1
韩国	4	马来西亚	1

续表

国家/地区	企业数量	国家/地区	企业数量
西班牙	2	卢森堡	1
爱尔兰	2	法国	1
英国	1	瑞典	1
荷兰	1	澳大利亚	1

从表4中我们可以看到，百强企业中，美国的企业最多，达到48家，几乎占到100强的一半；其次是日本，有16家企业；中国有12家企业，中国台湾地区有5家，它们囊括了全球100强的80%还多。另外，韩国有4家；西班牙、爱尔兰分别有2家；其他如英国、荷兰、德国、印度、意大利、以色列、马来西亚、卢森堡、法国、瑞典和澳大利亚分别有1家。从数字企业百强的地域分布可以看出，美国的数字企业竞争力占绝对优势，远远超过第二名和第三名；排在美国后面的是日本和中国，但是与美国相比还有很大差距。

4. 行业分布

全球数字企业综合竞争力百强主要分布在八个行业当中，从图1中我们可以看出，技术硬件与设备、电信业务、软件与服务这三个行业的企业数量最多，都在20家及以上，这三个行业的企业数量共同占了全部企业的60%以上。其次是半导体产品与设备行业，有17家企业；另外四个行业的企业数量较少，包括互联网与直销零售、电气设备与机械制造、公用事业和消费电子产品行业，分别只有5家、4家、4家、3家。

三　全球数字企业分项竞争力排名及分析

（一）规模竞争力排名

1. 排名情况

规模竞争力代表了企业的规模效应，它通过市场规模和企业规模两个

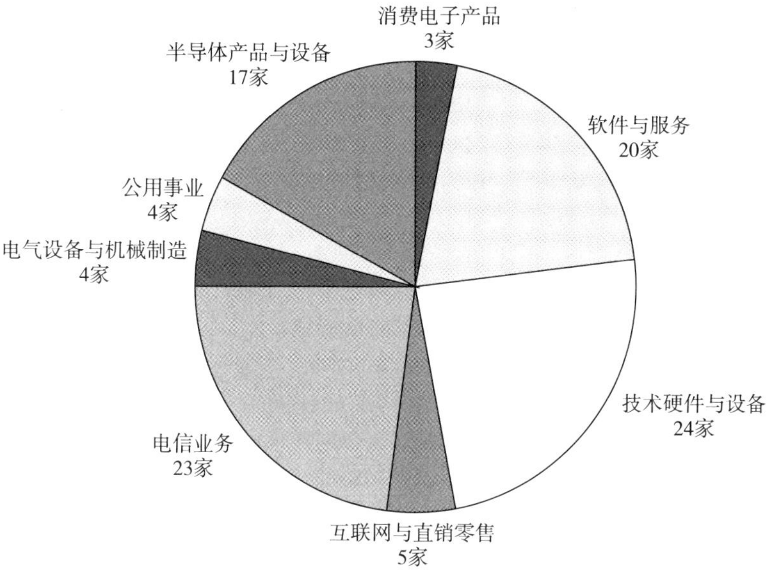

图 1　2018 年数字企业综合竞争力百强的行业分布

方面得以反映，前者主要是指企业的股票市值①，后者则通过主营业务收入、净利润和员工数量三个指标来反映。表 5 是 2018 年数字企业规模竞争力 100 强。

表 5　2018 年数字企业规模竞争力 100 强

单位：分

排名	公司名称	国家/地区	行业	规模竞争力	市场规模	企业规模
1	苹果公司	美国	技术硬件与设备	99.5	99.6	99.4
2	亚马逊	美国	互联网与直销零售	93.1	92.1	94.1
3	微软	美国	软件与服务	90.2	91.0	89.4
4	三星公司	韩国	技术硬件与设备	87.0	74.4	99.7

① 百强数字企业的排名中也有非上市公司。考虑到 95% 以上的公司都是上市公司，所以这里我们保留了“市值”这一指标，非上市公司的“市值”是通过与同类公司对比，然后通过市盈率等指标测算出来的。

续表

排名	公司名称	国家/地区	行业	规模竞争力	市场规模	企业规模
5	ALPHABET	美国	电信业务	78.1	62.2	93.9
6	AT&T	美国	电信业务	76.7	55.4	98.1
7	华为	中国	技术硬件与设备	73.3	71.3	75.4
8	脸书	美国	电信业务	65.4	62.5	68.3
9	腾讯	中国	电信业务	63.9	69.4	58.4
10	英特尔	美国	半导体产品与设备	63.7	52.1	75.3
11	埃森哲公司	爱尔兰	软件与服务	62.0	41.7	82.2
12	康卡斯特	美国	电信业务	61.2	45.9	76.5
13	TWDC	美国	电信业务	60.5	47.9	73.0
14	鸿海精密	中国台湾	技术硬件与设备	56.8	33.3	80.4
15	日立	日本	技术硬件与设备	54.9	33.2	76.6
16	阿里巴巴集团	中国	互联网与直销零售	54.4	51.5	57.3
17	德国电信	德国	电信业务	53.9	38.3	69.5
18	甲骨文	美国	软件与服务	53.3	49.7	56.9
19	台湾半导体公司	中国台湾	半导体产品与设备	52.8	49.6	56.1
20	松下	日本	消费电子产品	52.7	33.6	71.8
21	思科系统	美国	技术硬件与设备	50.3	50.5	50.2
22	中国电信	中国	电信业务	50.3	30.7	69.9
23	索尼	日本	消费电子产品	49.5	36.3	62.7
24	霍尼韦尔	美国	电气设备与机械制造	49.2	40.1	58.2
25	ENEL	意大利	公用事业	48.4	36.0	60.8
26	高知特	美国	软件与服务	48.3	33.8	62.8
27	思爱普	德国	软件与服务	47.7	42.6	52.8
28	三星 SDS	韩国	软件与服务	47.3	31.4	63.1
29	美光科技	美国	半导体产品与设备	46.7	36.3	57.2
30	京东	中国	互联网与直销零售	46.7	32.6	60.9
31	佳能	日本	技术硬件与设备	46.6	33.7	59.4
32	西班牙电信	西班牙	电信业务	46.5	34.5	58.6
33	橙子电信	法国	电信业务	46.2	34.4	58.0
34	东芝	日本	电气设备与机械制造	46.2	31.9	60.4
35	NTT	日本	电信业务	46.1	40.0	52.3
36	戴尔	美国	技术硬件与设备	46.0	30.9	61.1
37	博通	美国	半导体产品与设备	45.9	39.4	52.3
38	SK 海力士	韩国	半导体产品与设备	45.7	34.1	57.4

续表

排名	公司名称	国家/地区	行业	规模竞争力	市场规模	企业规模
39	INFOSYS	印度	软件与服务	45.2	34.8	55.5
40	施耐德电气	法国	电气设备与机械制造	44.9	34.1	55.8
41	和硕公司	中国台湾	技术硬件与设备	44.8	30.4	59.1
42	惠普	美国	技术硬件与设备	44.5	33.9	55.1
43	KDDI	日本	电信业务	44.5	36.8	52.1
44	特许通信公司	美国	电信业务	44.4	36.6	52.3
45	三菱电机	日本	电气设备与机械制造	44.4	32.8	56.0
46	法国威立雅	法国	公用事业	43.1	31.2	55.0
47	捷普	美国	技术硬件与设备	43.0	30.5	55.6
48	德州仪器	美国	半导体产品与设备	42.9	39.3	46.5
49	富士通	日本	软件与服务	42.8	31.5	54.0
50	ADOBE SYSTEM	美国	软件与服务	42.3	42.6	42.0
51	SALESFORCE. COM	美国	软件与服务	42.2	42.0	42.4
52	IBERDROLA	西班牙	公用事业	41.9	35.3	48.6
53	艾默生电气	美国	电气设备与机械制造	41.6	34.9	48.2
54	LG 电子	韩国	消费电子产品	41.6	30.9	52.2
55	NETFLIX	美国	电信业务	41.4	42.0	40.8
56	英伟达	美国	半导体产品与设备	41.2	39.0	43.3
57	东京电力公司	日本	公用事业	41.0	30.6	51.4
58	NIDEC	日本	电气设备与机械制造	41.0	33.9	48.0
59	诺基亚	芬兰	技术硬件与设备	40.9	33.3	48.4
60	WIPRO 公司	印度	软件与服务	40.9	32.0	49.7
61	广达电脑	中国台湾	技术硬件与设备	40.8	30.7	50.9
62	TE CONNECTIVITY	瑞士	技术硬件与设备	40.3	33.1	47.4
63	NEC	日本	技术硬件与设备	40.3	30.9	49.6
64	HCL 技术	印度	软件与服务	40.3	32.1	48.4
65	百度	中国	电信业务	40.2	34.5	46.0
66	惠普	美国	技术硬件与设备	40.1	32.3	48.0
67	ASML 控股	荷兰	半导体产品与设备	40.0	36.9	43.1
68	MURATA 制造	日本	技术硬件与设备	39.9	33.4	46.4
69	ATOS	法国	软件与服务	39.9	30.9	49.0
70	爱立信	瑞典	技术硬件与设备	39.9	32.7	47.1
71	富士胶片	日本	技术硬件与设备	39.8	32.1	47.5
72	高通公司	美国	半导体产品与设备	39.7	40.9	38.5

续表

排名	公司名称	国家/地区	行业	规模竞争力	市场规模	企业规模
73	联想集团	中国香港	技术硬件与设备	39.3	30.6	48.0
74	西部数据	美国	技术硬件与设备	39.2	32.4	46.1
75	TDK	日本	技术硬件与设备	39.1	31.2	47.1
76	纬创集团	中国台湾	技术硬件与设备	39.0	30.2	47.9
77	京瓷	日本	技术硬件与设备	39.0	32.3	45.7
78	应用材料	美国	半导体产品与设备	38.7	33.3	44.1
79	KEYENCE	日本	技术硬件与设备	38.7	37.5	39.9
80	AMPHENOL	美国	技术硬件与设备	38.6	32.5	44.8
81	TELSTRA	澳大利亚	电信业务	38.6	32.4	44.9
82	恩智浦半导体	荷兰	半导体产品与设备	38.6	34.2	43.0
83	TCL	中国	消费电子产品	38.6	30.4	46.8
84	小米	中国	技术硬件与设备	38.3	32.7	43.9
85	TECH MAHINDRA	印度	软件与服务	38.1	31.0	45.3
86	SKY	英国	电信业务	38.1	33.4	42.7
87	夏普	日本	消费电子产品	38.1	31.5	44.6
88	VIVENDI	法国	电信业务	37.9	33.3	42.6
89	网易	中国	电信业务	37.8	34.7	41.0
90	SK 电讯	韩国	电信业务	37.8	32.0	43.5
91	海康威视	中国	技术硬件与设备	37.5	33.0	42.1
92	英飞凌科技	德国	半导体产品与设备	37.5	32.6	42.4
93	TELENOR	挪威	电信业务	37.5	32.9	42.1
94	INTUIT	美国	软件与服务	37.4	35.4	39.4
95	京东方	中国	技术硬件与设备	37.3	30.0	44.6
96	STMICROELECTRONICS	荷兰	半导体产品与设备	37.3	31.3	43.3
97	EBAY	美国	互联网与直销零售	37.3	32.8	41.8
98	希捷科技	爱尔兰	技术硬件与设备	37.3	31.7	42.9
99	福禄克公司	美国	电气设备与机械制造	37.3	32.3	42.2
100	LAM RESEARCH	美国	半导体产品与设备	37.2	32.9	41.5

从表 5 中我们看到，在规模竞争力的排名中，苹果公司仍然排在第一位，无论是市场规模还是企业规模，苹果公司都是众多企业中的第一位。

2018 年，苹果公司的市值达到 10903 亿美元，成为第一家超过 10000 亿美元的美国公司。同年它的总收入达到 2656. 0 亿美元，净利润达到 595. 3 亿美元，员工数量达到 13. 2 万人。苹果公司以各项指标的强大规模优势，成为全球数字企业规模竞争力的第一名。

排在第二位的是亚马逊，其企业规模要略微超过市场规模。在 2018 年底，其市值达到 7344. 2 亿美元，总收入达到 2328. 9 亿美元，员工数量达到 64. 8 万人。可见亚马逊的总收入虽然与苹果公司处在同一层次上，即 2000 多亿元的规模，但是亚马逊的市值比苹果公司要小。

排在第三位的是微软，其市场规模超过企业规模。2018 年微软的市值达到 7576. 4 亿美元，总收入超过 1103. 6 亿美元，仅从总收入这一指标来看，微软的规模就比前两位小很多。

排在第四位的是韩国三星公司，2018 年底三星公司的市值达到 2070. 7 亿美元，总收入达到 2184. 9 亿美元。有数据显示，三星公司的销售额已经连续 17 年居韩国公司首位[①]，其实力从中可见。

排在第五位的是 ALPHABET，其企业规模比前两名企业要小一些，但是相对于自身的市场规模，则其企业规模较为突出。2018 年其市值达到 3124. 1 亿美元，总收入达到 1368. 2 亿美元，员工数量接近 1 万人，在规模竞争力上同样强大。

中国的华为和腾讯都进入了规模竞争力的前 10 名，分别位列第 7 和第 9。2018 年华为聚焦 ICT 基础设施和智能终端，实现销售收入 7212 亿元，同比增长 19. 5%。腾讯实现总收入 3126. 94 亿元，截至 2018 年底，腾讯的微信及 WeChat 的合并月活跃账户数增至约 10. 98 亿个。

在前 10 名公司中，美国仍然占了大多数，有 7 家公司；其次是中国，有 2 家公司；另外韩国有 1 家公司。

如果我们按照企业的市场规模得分和企业规模得分作图，可得图 2，从中可以看到，百强企业中有十几家公司的规模较为突出，位于坐标轴的右上

① 《三星 2018 年营收连续 17 年居韩国科技公司之首》，凤凰科技网，2019 年 1 月 14 日。

方；但是绝大多数企业则集中在偏左下方的区域，而且在这里企业重叠，数量众多，可见大部分数字企业之间的规模竞争力相差并不是很大，但同时与顶尖公司的差距却非常大。

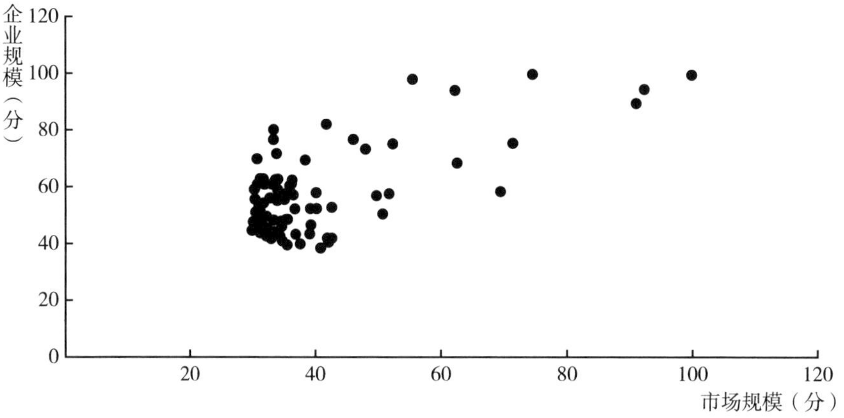

图 2　2018 年数字企业 100 强的规模分布

2. 地域分布

2018 年数字企业规模竞争力 100 强主要分布在 19 个国家或地区，其中美国占了大多数，有 34 家企业；其次是日本，有 18 家企业；中国有 11 家企业，排名第三；然后是中国台湾、韩国和法国各有 5 家企业；其余 13 个国家的企业就较少了，都在 5 家以下，而且有 8 个国家和地区仅有 1 家企业。在企业的规模分布上，仍然是美国、日本和中国占了前三强，这三个国家包含了大约 70% 的百强公司（见表 6）。

表 6　2018 年数字企业规模竞争力 100 强的地域分布

单位：家

国家/地区	企业数量	国家/地区	企业数量
美国	34	爱尔兰	2
日本	18	英国	1
中国	11	中国香港	1
中国台湾	5	瑞士	1

续表

国家/地区	企业数量	国家/地区	企业数量
韩国	5	瑞典	1
法国	5	挪威	1
印度	4	芬兰	1
荷兰	3	澳大利亚	1
德国	3	意大利	1
西班牙	2		

3. 行业分布

从 2018 年数字企业规模竞争力 100 强的行业分布看，技术硬件与设备行业占据了优势地位，总共有 30 家企业；其次是电信业务行业的数字企业，有 21 家；软件与服务行业有 15 家；半导体产品与设备行业有 14 家；另外，电气设备与机械制造、消费电子产品、互联网与直销零售、公用事业等行业的企业较少，均在 4 ~7 家（见图 3）。

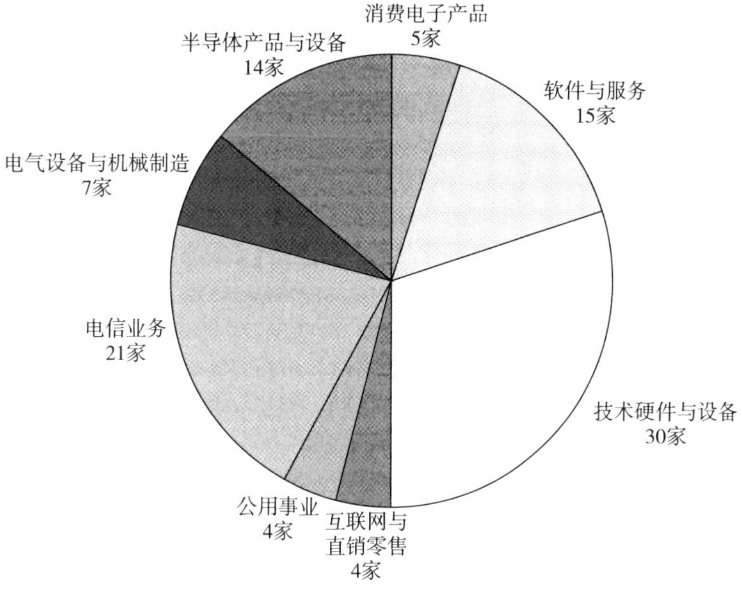

图 3　2018 年数字企业规模竞争力 100 强的行业分布

（二）效率竞争力排名

1. 排名情况

效率竞争力体现的是一个数字企业的经营效率和员工的劳动生产率等。它主要通过总资产回报率、净资产回报率、销售利润率、劳动生产率四个指标来体现。表7是2018年数字企业效率竞争力100强排名。

表7　2018年数字企业效率竞争力100强

单位：分

排名	公司名称	国家/地区	行业	效率竞争力	企业效率	人员效率
1	VMWARE	美国	软件与服务	95.0	95.0	95.0
2	MATCH GROUP	美国	电信业务	93.1	87.3	98.9
3	VERISIGN	美国	软件与服务	81.4	66.2	96.6
4	SK海力士	韩国	半导体产品与设备	81.1	67.9	94.3
5	苹果公司	美国	技术硬件与设备	79.5	65.5	93.5
6	脸书	美国	电信业务	79.0	64.8	93.2
7	德州仪器	美国	半导体产品与设备	76.7	71.3	82.1
8	美光科技	美国	半导体产品与设备	76.6	67.6	85.6
9	英伟达	美国	半导体产品与设备	73.2	66.4	80.0
10	CDW公司	美国	技术硬件与设备	72.9	64.4	81.4
11	KEYENCE	日本	技术硬件与设备	72.7	62.2	83.2
12	LAM RESEARCH	美国	半导体产品与设备	72.7	65.8	79.6
13	分众传媒	中国	技术硬件与设备	72.7	68.9	76.5
14	应用材料	美国	半导体产品与设备	72.5	67.4	77.6
15	LARGAN PRECISION COMPANY	中国台湾	技术硬件与设备	72.3	64.0	80.6
16	南亚科技	中国台湾	半导体产品与设备	72.1	63.5	80.7
17	NTT	日本	电信业务	71.7	60.7	82.7
18	NETFLIX	美国	电信业务	71.0	58.4	83.6
19	INTUIT	美国	软件与服务	70.9	67.2	74.6
20	ALPHABET	美国	电信业务	70.5	61.0	80.0
21	东京电子	日本	半导体产品与设备	69.6	64.2	75.0
22	三星公司	韩国	技术硬件与设备	69.4	62.2	76.6

续表

排名	公司名称	国家/地区	行业	效率竞争力	企业效率	人员效率
23	微软	美国	软件与服务	69. 2	62. 3	76. 1
24	台湾半导体公司	中国台湾	半导体产品与设备	69. 1	62. 4	75. 8
25	思佳讯	美国	半导体产品与设备	69. 0	65. 4	72. 6
26	CHECK POINT SOFTWARE TECHNOLOGIES	以色列	软件与服务	68. 8	61. 9	75. 7
27	博通	美国	半导体产品与设备	68. 2	59. 2	77. 2
28	KDDI	日本	电信业务	68. 2	61. 1	75. 3
29	英特尔	美国	半导体产品与设备	68. 1	62. 7	73. 5
30	NEXON	日本	电信业务	68. 0	61. 9	74. 1
31	阿里巴巴集团	中国	互联网与直销零售	67. 5	60. 9	74. 1
32	腾讯	中国	电信业务	67. 4	60. 9	73. 9
33	小米	中国	技术硬件与设备	67. 0	59. 5	74. 5
34	EBAY	美国	互联网与直销零售	66. 6	61. 7	71. 5
35	IPG 光电公司	美国	技术硬件与设备	65. 9	62. 9	68. 9
36	思科系统	美国	技术硬件与设备	65. 3	60. 8	69. 8
37	ADOBE SYSTEM	美国	软件与服务	65. 1	61. 6	68. 6
38	IBERDROLA	西班牙	公用事业	65. 0	57. 2	72. 8
39	网易	中国	电信业务	64. 6	62. 5	66. 7
40	NETAPP	美国	技术硬件与设备	64. 6	62. 1	67. 1
41	CATCHER TECHNOLOGY COMPANY	中国台湾	技术硬件与设备	64. 5	61. 8	67. 2
42	ASML 控股	荷兰	半导体产品与设备	64. 2	60. 6	67. 8
43	ENEL	意大利	公用事业	64. 1	58. 0	70. 2
44	INFOSYS	印度	软件与服务	64. 1	64. 6	63. 6
45	AMADEUS IT	西班牙	软件与服务	64. 0	61. 9	66. 1
46	TELSTRA	澳大利亚	电信业务	63. 9	61. 1	66. 7
47	希捷科技	爱尔兰	技术硬件与设备	63. 8	65. 3	62. 3
48	海康威视	中国	技术硬件与设备	63. 7	63. 1	64. 3
49	TELENOR	挪威	电信业务	63. 6	60. 9	66. 3
50	DISH 网络公司	美国	电信业务	63. 3	59. 2	67. 4
51	ARISTA NETWORKS	美国	技术硬件与设备	63. 2	59. 0	67. 4
52	埃森哲公司	爱尔兰	软件与服务	63. 2	65. 7	60. 7
53	联发科	中国台湾	半导体产品与设备	63. 2	57. 7	68. 7
54	SK 电讯	韩国	电信业务	63. 2	59. 3	67. 1

续表

排名	公司名称	国家/地区	行业	效率竞争力	企业效率	人员效率
55	TWDC	美国	电信业务	63.1	61.7	64.5
56	甲骨文	美国	软件与服务	62.9	59.9	65.9
57	东京电力公司	日本	公用事业	62.9	57.0	68.8
58	HCL 技术	印度	软件与服务	62.9	63.9	61.9
59	东京电子设备	日本	技术硬件与设备	62.7	57.0	68.4
60	DISCOVERY	美国	电信业务	62.6	57.2	68.0
61	霍尼韦尔	美国	电气设备与机械制造	62.5	61.8	63.2
62	NAVER 公司	韩国	电信业务	62.4	60.1	64.7
63	三安光电	中国	半导体产品与设备	62.0	59.5	64.5
64	瑞士电信	瑞士	电信业务	61.7	59.4	64.0
65	惠普	美国	技术硬件与设备	61.7	58.0	65.4
66	百度	中国	电信业务	61.5	59.1	63.9
67	AMPHENOL	美国	技术硬件与设备	61.5	62.5	60.5
68	FORTUM	芬兰	公用事业	61.5	57.4	65.6
69	ANALOG DEVICES	美国	半导体产品与设备	61.4	58.7	64.1
70	鸿海精密	中国台湾	技术硬件与设备	61.3	57.8	64.8
71	思爱普	德国	软件与服务	61.0	59.8	62.2
72	STMICROELECTRONICS	荷兰	半导体产品与设备	60.9	61.3	60.5
73	SPOTIFY TECHNOLOGY	卢森堡	电信业务	60.7	53.9	67.5
74	瑞声科技	中国	技术硬件与设备	60.7	61.0	60.4
75	ENBW ENERGIE BADEN	德国	公用事业	60.5	56.6	64.4
76	推特	美国	电信业务	60.4	57.1	63.7
77	英飞凌科技	德国	半导体产品与设备	60.3	60.6	60.0
78	康卡斯特	美国	电信业务	60.3	58.6	62.0
79	高知特	美国	软件与服务	60.3	62.0	58.6
80	DAST	法国	软件与服务	60.2	59.4	61.0
81	艾默生电气	美国	电气设备与机械制造	60.1	61.1	59.1
82	AT&T	美国	电信业务	60.1	57.7	62.5
83	高通公司	美国	半导体产品与设备	60.0	60.1	59.9
84	美国微芯	美国	半导体产品与设备	59.8	59.5	60.1
85	恩智浦半导体	荷兰	半导体产品与设备	59.8	58.7	60.9
86	AMD 半导体公司	美国	半导体产品与设备	59.8	59.2	60.4
87	红帽公司	美国	软件与服务	59.7	60.2	59.2
88	TECH MAHINDRA	印度	软件与服务	59.6	61.7	57.5

续表

排名	公司名称	国家/地区	行业	效率竞争力	企业效率	人员效率
89	华为	中国	技术硬件与设备	59.6	58.7	60.5
90	MURATA 制造	日本	技术硬件与设备	59.6	60.3	58.9
91	VESTAS WIND SYSTEMS	丹麦	电气设备与机械制造	59.5	59.6	59.4
92	舜宇光学科技	中国	技术硬件与设备	59.4	61.0	57.8
93	WIPRO 公司	印度	软件与服务	59.4	60.7	58.1
94	索尼	日本	消费电子产品	59.4	57.8	61.0
95	中华电信	中国台湾	电信业务	59.3	59.0	59.6
96	TE CONNECTIVITY	瑞士	技术硬件与设备	59.0	59.9	58.1
97	SKY	英国	电信业务	58.9	58.3	59.5
98	福禄克公司	美国	电气设备与机械制造	58.9	58.9	58.9
99	LG 电子	韩国	消费电子产品	58.8	57.7	59.9
100	西班牙电信	西班牙	电信业务	58.8	58.2	59.4

效率竞争力也是通过多项指标来反映的，这里我们分析前 5 名公司的总体情况以及它的总资产回报率和利润率情况。

位于第一的是 VMWARE，它是美国一家从事计算机编程、数据处理及其他计算机相关服务的公司，该公司是世界领先的虚拟计算软件解决方案的供应商，它提供范围广泛的虚拟化产品。VMWARE 有着较高的效率竞争力水平，在 2018 年它的总资产回报率为 19.7%，利润率达到 32.1%，可见它的盈利水平比较高。

位于第二的是 MATCH GROUP，它是世界领先的约会产品供应商，它的产品包含了 42 种语言，覆盖全球 190 多个国家和地区，占据了美国 20% 的市场份额。2018 年它的总资产回报率为 23.8%，利润率为 28.2%，都超过了 20%。

第三名是 VERISIGN，它是美国一家提供智能信息基础设施服务的上市公司。该公司成立于 1995 年 4 月，为各种域名提供互联网导航，并为世界各地的网站和企业提供保护。2018 年它的总资产回报率为 38.1%，利润率达到了 60%，这两项指标极为突出，但由于其他指标相对较低，使它仅排在效率竞争力的第三名。

第四名是SK海力士，它是韩国的芯片生产商。SK海力士是世界第三大DRAM制造商，也在整个半导体公司中居于前十位。2018年它的总资产回报率和利润率分别超过了30%和50%，可见它也有着较高的效率竞争力。

第五名是苹果公司，该公司无论是在综合竞争力还是规模竞争力以及效率竞争力方面都有着非常不错的业绩，2018年它的总资产回报率和利润率分别达到19.9%和27.5%。

在数字企业的效率竞争力前十名当中，美国占了9强，另外还有1家是韩国公司。在这100强的排名当中，美国有42家公司，因此美国的数字企业在效率竞争力方面仍然领先世界。

从效率竞争力100强的分布来看，如图4所示，除了两家企业的效率竞争力尤为突出外，其他大多数企业都集中在坐标系的中间部分，尤其集中分布在50~80分这一区间段，可见大部分企业的效率竞争力都还不错，它们之间的差距也并不是很大。

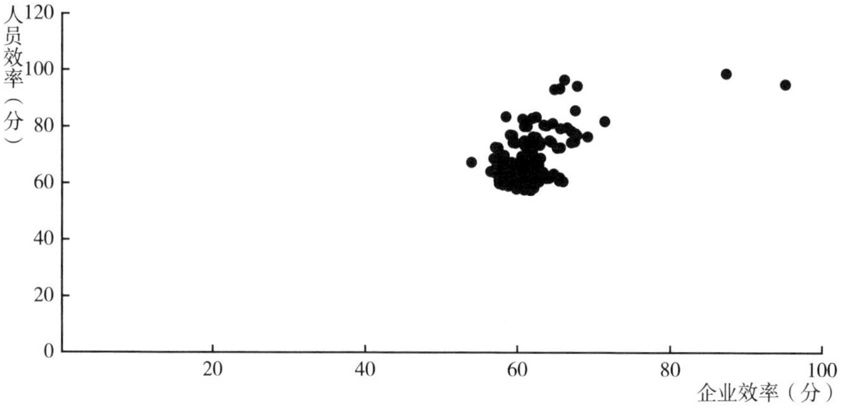

图4　2018年数字企业100强的效率分布

2. 地域分布

2018年数字企业效率竞争力前100强分布在20个国家或地区。企业数量最多的还是美国，有42家；其次是中国，有11家；排名第三的是日本，有9家；中国台湾、韩国、印度分别有7家、5家和4家；荷兰、德国和西班牙各有3家；瑞士和爱尔兰各有2家，另外还有9个国家都只有1家，它们是澳大利亚、英国、丹麦、以色列、法国、挪威、芬兰、卢森堡和意大利。如表8所示，接近70%的公司分布在美国、中国和日本。

表8　2018年数字企业效率竞争力百强的地域分布

单位：家

国家/地区	企业数量	国家/地区	企业数量
美国	42	瑞士	2
中国	11	澳大利亚	1
日本	9	英国	1
中国台湾	7	丹麦	1
韩国	5	以色列	1
印度	4	法国	1
荷兰	3	挪威	1
德国	3	芬兰	1
西班牙	3	卢森堡	1
爱尔兰	2	意大利	1

3. 行业分布

从效率竞争力的行业分布来看，电信业务行业的企业数量最多，有25家；其次是技术硬件与设备行业，有23家；然后是半导体产品与设备行业，有22家；软件与服务行业的企业数量为17家。企业数量最少的行业是消费电子产品行业和互联网与直销零售行业，各自只有2家企业（见图5）。

（三）创新竞争力排名

1. 排名情况

创新竞争力反映了数字企业的创新能力，从投入方面讲，主要体现在科研经费的投入上；从产出来看，则主要体现在专利的数量上。表9是2018年全球数字企业创新竞争力100强。

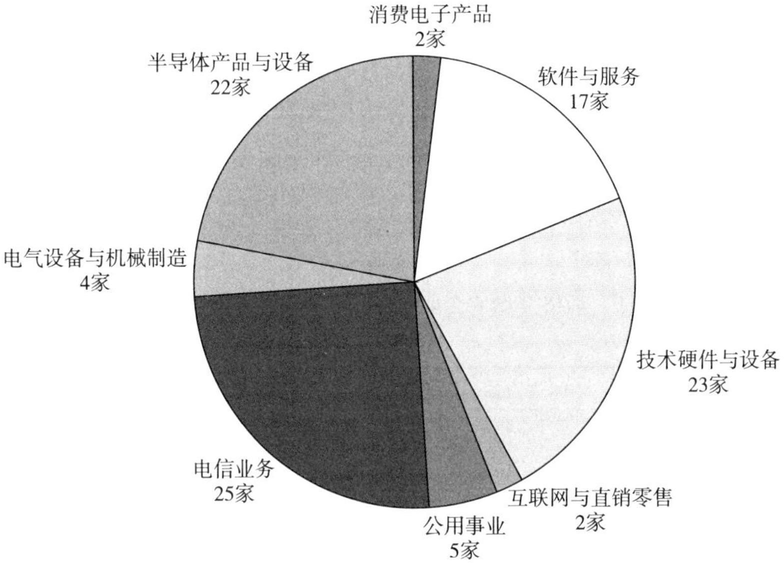

图 5　2018 年数字企业效率竞争力 100 强的行业分布

表 9　2018 年全球数字企业创新竞争力 100 强

单位：分

排名	公司名称	国家/地区	行业	创新竞争力	创新规模	创新强度
1	三星公司	韩国	技术硬件与设备	99.7	99.8	99.6
2	东京电子	日本	技术硬件与设备	97.1	96.1	98.1
3	亚马逊	美国	互联网与直销零售	96.2	98.6	93.8
4	东京电力公司	日本	公用事业	95.6	95.8	95.4
5	英特尔	美国	半导体产品与设备	95.2	95.9	94.5
6	ALPHABET	美国	电信业务	95.1	95.8	94.4
7	微软	美国	软件与服务	94.8	93.7	95.9
8	脸书	美国	电信业务	94.5	95.1	93.9
9	苹果公司	美国	技术硬件与设备	94.2	90.1	98.3
10	华为	中国	技术硬件与设备	93.5	87.1	99.9
11	高通公司	美国	半导体产品与设备	91.5	92.3	90.7
12	AT&T	美国	电信业务	85.5	81.5	89.5
13	IBERDROLA	西班牙	公用事业	83.2	86.1	80.3
14	联发科	中国台湾	半导体产品与设备	81.4	79.9	82.9

续表

排名	公司名称	国家/地区	行业	创新竞争力	创新规模	创新强度
15	AMADEUS IT	西班牙	软件与服务	79.3	81.1	77.5
16	博通	美国	半导体产品与设备	75.6	78.6	72.6
17	佳能	日本	技术硬件与设备	72.8	75.7	69.9
18	思科系统	美国	技术硬件与设备	65.4	55.3	75.5
19	NTT	日本	电信业务	64.7	40.2	89.2
20	英伟达	美国	半导体产品与设备	64.6	37.9	91.3
21	索尼	日本	消费电子产品	63.6	61.5	65.7
22	ENEL	意大利	公用事业	63.4	48.2	78.6
23	爱立信	瑞典	技术硬件与设备	61.0	57.2	64.8
24	ARISTA NETWORKS	美国	技术硬件与设备	60.6	31.3	89.9
25	CDW 公司	美国	技术硬件与设备	60.6	33.7	87.5
26	拼多多	中国	互联网与直销零售	60.5	30.4	90.6
27	LG 电子	韩国	消费电子产品	60.2	62.5	57.9
28	日立	日本	技术硬件与设备	59.5	54.7	64.3
29	NETFLIX	美国	电信业务	59.0	33.1	84.9
30	康卡斯特	美国	电信业务	58.8	53.4	64.2
31	KDDI	日本	电信业务	58.2	41.0	75.4
32	三菱电机	日本	电气设备与机械制造	57.6	53.5	61.7
33	台湾半导体公司	中国台湾	半导体产品与设备	57.4	62.1	52.7
34	甲骨文	美国	软件与服务	56.8	52.6	61.0
35	AMD 半导体公司	美国	半导体产品与设备	56.3	35.2	77.4
36	腾讯	中国	电信业务	56.1	44.6	67.6
37	SQUARE 公司	美国	软件与服务	55.6	32.5	78.7
38	富士通	日本	软件与服务	55.6	51.4	59.8
39	SPOTIFY TECHNOLOGY	卢森堡	电信业务	55.4	32.0	78.8
40	SK 海力士	韩国	半导体产品与设备	54.5	44.9	64.1
41	京东方	中国	技术硬件与设备	54.5	54.1	54.9
42	应用材料	美国	半导体产品与设备	54.3	40.7	67.9
43	INTUIT	美国	软件与服务	54.2	34.2	74.2
44	美光科技	美国	半导体产品与设备	54.2	46.7	61.7
45	东芝	日本	电气设备与机械制造	54.1	52.6	55.6
46	推特	美国	电信业务	52.8	31.7	73.9
47	霍尼韦尔	美国	电气设备与机械制造	52.6	49.1	56.1
48	LAM RESEARCH	美国	半导体产品与设备	51.9	35.8	68.0

续表

排名	公司名称	国家/地区	行业	创新竞争力	创新规模	创新强度
49	松下	日本	消费电子产品	51.8	48.5	55.1
50	DISCOVERY	美国	电信业务	51.7	33.4	70.0
51	戴尔	美国	技术硬件与设备	51.4	48.9	53.9
52	WORKDAY	美国	软件与服务	50.6	32.9	68.3
53	VMWARE	美国	软件与服务	50.2	38.6	61.8
54	NEC	日本	技术硬件与设备	50.2	45.1	55.3
55	德州仪器	美国	半导体产品与设备	50.1	43.6	56.6
56	KEYENCE	日本	技术硬件与设备	49.7	31.5	67.9
57	东京电子	日本	半导体产品与设备	49.6	37.2	62.0
58	思爱普	德国	软件与服务	49.4	44.4	54.4
59	EBAY	美国	互联网与直销零售	49.0	35.7	62.3
60	ADOBE SYSTEM	美国	软件与服务	48.4	37.9	58.9
61	诺基亚	芬兰	技术硬件与设备	48.3	42.0	54.6
62	SPLUNK	美国	软件与服务	48.0	32.3	63.7
63	阿里巴巴集团	中国	互联网与直销零售	47.2	40.0	54.4
64	TWDC	美国	电信业务	46.7	43.5	49.9
65	特许通信公司	美国	电信业务	45.8	40.0	51.6
66	DISH 网络公司	美国	电信业务	45.6	33.2	58.0
67	ASML 控股	荷兰	半导体产品与设备	45.5	36.0	55.0
68	橙子电信	法国	电信业务	45.4	42.0	48.8
69	ANALOG DEVICES	美国	半导体产品与设备	45.0	33.9	56.1
70	SLACK TECHNOLOGIES	美国	软件与服务	44.9	30.5	59.3
71	SALESFORCE. COM	美国	软件与服务	44.6	36.8	52.4
72	NETAPP	美国	技术硬件与设备	44.4	33.3	55.5
73	百度	中国	电信业务	44.4	36.5	52.3
74	MATCH GROUP	美国	电信业务	44.2	30.3	58.1
75	京瓷	日本	技术硬件与设备	44.1	39.0	49.2
76	中国电信	中国	电信业务	44.1	42.5	45.7
77	惠普	美国	技术硬件与设备	44.0	40.8	47.2
78	派拓网络	美国	软件与服务	43.9	32.5	55.3
79	富士胶片	日本	技术硬件与设备	43.8	42.0	45.6
80	西部数据	美国	技术硬件与设备	43.4	39.3	47.5
81	SKY	英国	电信业务	43.3	34.3	52.3
82	TELSTRA	澳大利亚	电信业务	42.9	34.4	51.4

续表

排名	公司名称	国家/地区	行业	创新竞争力	创新规模	创新强度
83	美国微芯	美国	半导体产品与设备	42.4	32.9	51.9
84	网易	中国	电信业务	42.4	32.6	52.2
85	夏普	日本	消费电子产品	42.3	40.4	44.2
86	MURATA 制造	日本	技术硬件与设备	42.3	41.6	43.0
87	SERVICENOW	美国	软件与服务	41.9	31.5	52.3
88	小米	中国	技术硬件与设备	41.9	34.1	49.7
89	瑞士电信	瑞士	电信业务	41.6	32.8	50.4
90	红帽公司	美国	软件与服务	41.5	34.1	48.9
91	鸿海精密	中国台湾	技术硬件与设备	41.5	39.9	43.1
92	意大利电信	意大利	电信业务	41.1	36.2	46.0
93	清华紫光	中国	技术硬件与设备	41.0	33.5	48.5
94	恩智浦半导体	荷兰	半导体产品与设备	40.9	36.1	45.7
95	中兴	中国	技术硬件与设备	40.9	38.6	43.2
96	VERISIGN	美国	软件与服务	40.4	30.5	50.3
97	希捷科技	爱尔兰	技术硬件与设备	39.9	37.4	42.4
98	思佳讯	美国	半导体产品与设备	39.9	33.4	46.4
99	NAVER 公司	韩国	电信业务	39.7	31.6	47.8
100	DAST	法国	软件与服务	39.0	32.4	45.6

排在创新竞争力 100 强首位的是韩国的三星公司，三星公司的发明专利非常多，2018 年有 5000 多项专利，仅此一项就超出其他公司很多。

排在第二位的是东京电子，以半导体设备制造为主业，它在 2018 年的创新强度达到 98.1 分，属于百强中的前 1/3 水平。2018 年全球半导体设备制造商排名中，东京电子排名第三，它的创新竞争力也不容忽视。

排在第三位的是亚马逊，截至 2018 年 1 月，亚马逊在全球范围成功注册约 10400 项专利技术，涵盖云计算、人工智能（AI）和机器人技术等多个新兴科技领域，仅 2018 年一年就有 2000 多项发明专利，并不断加快在全球的创新布局。

排在第四位的是东京电力公司，它在 2018 年的创新强度达 95.4 分。

东京电力公司是日本一家集发电、输电和配电于一体的大型电力企业，电网主要覆盖东京都及周边 8 个县，其电力事业总规模占日本电力行业的 1/3，位居日本十大电力公司之首。它不仅拥有诸多电站，还建立了庞大的企业联合体，旗下有东电工业、东电物流、东电设计等与电力行业相关的子公司。

排在第五位的是英特尔，2018 年它有 2700 多项发明专利，其创新产品与技术集中在计算、存储、网络以及 5G、AI、边缘计算等领域。2019 年初，英特尔宣布了“英特尔人工智能合作伙伴创新激励计划”，推动人工智能的应用突破与落地。因此，英特尔也有着良好的创新竞争力。

ALPHABET、微软、脸书、苹果公司分别处于创新竞争力的第六位、第七位、第八位和第九位，这几家公司在世界上享有很高的知名度，处于技术创新发展的前沿。

中国的华为也进入了前 10 名，在创新竞争力中排名第十。华为高度重视技术创新与研究，坚持将每年收入的 10% 以上投入研发，2018 年华为在研发方面的投入超过了 1000 亿元，在《2018 年欧盟工业研发投资排名》中位列全球第五。①

从数字企业 100 强的创新分布来看，它们在坐标轴上的分布较为分散，如图 6 所示，有相当多的公司分布在坐标轴的上方和右方，反映出这些公司的创新能力较强；它们与处于坐标轴左下方的公司之间在创新能力和创新水平方面则有较大的差距。处于左下方区域的公司，其创新竞争力在未来有待进一步提高。

2. 地域分布

2018 年数字企业创新竞争力 100 强主要分布在 17 个国家或地区。美国有着数量最多的公司，包括了 48 家，几乎占到 100 强的一半，反映了美国公司更强的创新能力；其次是日本，有 18 家公司；排名第三的是中国，有 11 家公司；另外，韩国有 4 家公司，中国台湾有 3 家公司；法国、荷兰、

① 资料来源：华为投资控股有限公司 2018 年度报告。

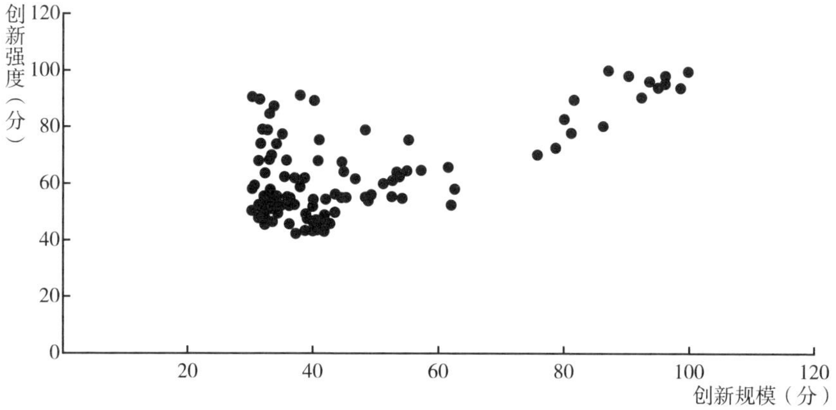

图 6　2018 年数字企业 100 强的创新分布

意大利和西班牙各有 2 家公司；德国、澳大利亚、英国、瑞士、爱尔兰、瑞典、卢森堡和芬兰各有 1 家公司。综合来看，近 80% 的公司分布在美国、日本和中国三个国家（见表 10）。

表 10　2018 年数字企业创新竞争力 100 强的地域分布

单位：家

国家/地区	企业数量	国家/地区	企业数量
美国	48	德国	1
日本	18	澳大利亚	1
中国	11	英国	1
韩国	4	瑞士	1
中国台湾	3	爱尔兰	1
法国	2	瑞典	1
荷兰	2	卢森堡	1
意大利	2	芬兰	1
西班牙	2		

3. 行业分布

从创新竞争力的行业分布看，2018 年技术硬件与设备行业的公司最多，达26家；其次是电信业务行业的公司，有24家；半导体产品与设备、软件与服务这两个行业各有18家公司；另外四个行业，包括消费电子产品、互联网与直销零售、电气设备与机械制造、公用事业的公司较少，各自只有4家或3家（见图7）。可见数字技术的创新主要还是集中在硬件、半导体、软件服务以及电信业务等领域。

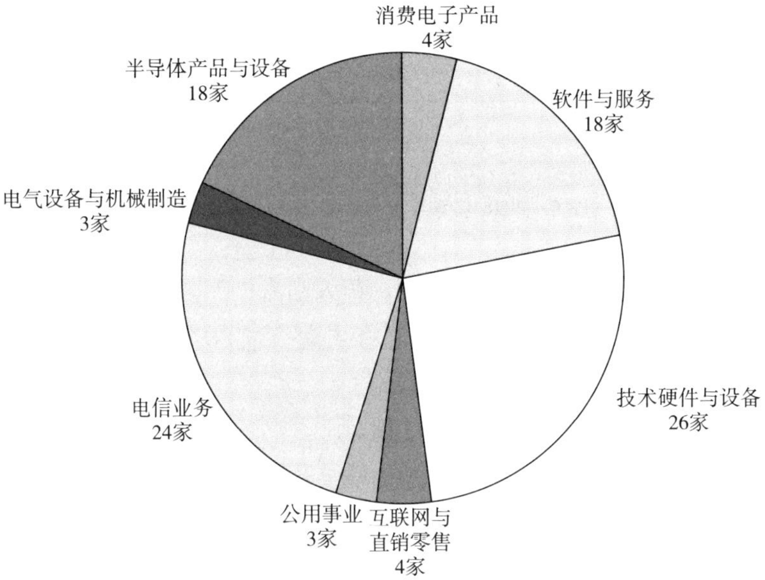

图7　2018年数字企业创新竞争力100强的行业分布

（四）成长竞争力排名

1. 排名情况

所谓成长竞争力主要是从时间维度来考察企业的发展前景，这里我们选择了企业在2017年度和2018年度的财务数据，评估相关指标的增长情况。尽管只有两年数据的评价可能存在一定局限性，但这只是总评价的一个组成部分，我们希望通过短期趋势的评估，能大致看到企业在未来的成长性。表11是数字企业成长竞争力100强。

表 11　2018 年数字企业成长竞争力 100 强

单位：分

排名	公司名称	国家/地区	行业	成长竞争力	营收成长	资产成长	销售成长
1	拼多多	中国	互联网与直销零售	99.2	99.3	98.8	99.5
2	TENAGA NASIONAL BERHAD	马来西亚	公用事业	98.8	99.3	97.5	99.6
3	SPLUNK	美国	软件与服务	91.0	84.6	98.6	89.9
4	SLACK TECHNOLOGIES	美国	软件与服务	90.4	87.1	98.6	85.5
5	WORLDPAY	美国	软件与服务	83.5	86.9	98.9	64.8
6	美团	中国	互联网与直销零售	83.0	70.6	99.5	78.9
7	派拓网络	美国	软件与服务	81.4	75.7	90.5	77.9
8	华为	中国	技术硬件与设备	80.9	75.2	96.5	71.1
9	小米	中国	技术硬件与设备	80.0	78.6	95.2	66.1
10	SQUARE 公司	美国	软件与服务	79.9	72.5	95.3	71.8
11	DISCOVERY	美国	电信业务	79.4	65.8	97.2	75.3
12	NETFLIX	美国	电信业务	74.5	61.0	85.9	76.7
13	美光科技	美国	半导体产品与设备	74.0	64.8	92.6	64.7
14	SALESFORCE. COM	美国	软件与服务	73.6	99.7	95.8	25.4
15	SK 海力士	韩国	半导体产品与设备	73.0	97.2	94.7	26.9
16	南亚科技	中国台湾	半导体产品与设备	72.9	64.6	89.2	64.8
17	推特	美国	电信业务	72.8	58.2	76.8	83.3
18	SPOTIFY TECHNOLOGY	卢森堡	电信业务	71.6	57.9	79.4	77.5
19	ATOS	法国	软件与服务	71.4	51.1	87.6	75.6
20	ARISTA NETWORKS	美国	技术硬件与设备	71.3	59.8	94.2	59.8
21	亚马逊	美国	互联网与直销零售	71.0	59.9	93.3	59.8
22	ADOBE	美国	软件与服务	70.9	58.0	96.7	57.9
23	AMD 半导体公司	美国	半导体产品与设备	70.6	57.9	96.2	57.8
24	舜宇光学科技	中国	技术硬件与设备	70.5	54.5	95.4	61.5
25	脸书	美国	电信业务	70.2	61.6	87.6	61.5
26	康卡斯特	美国	电信业务	69.8	55.9	95.7	57.8
27	腾讯	中国	电信业务	69.2	56.1	93.4	58.3
28	INTUIT	美国	软件与服务	68.8	55.7	94.8	55.7
29	SERVICENOW	美国	软件与服务	68.7	61.2	83.8	61.2
30	WORKDAY	美国	软件与服务	68.5	60.1	85.3	60.0
31	ALPHABET	美国	电信业务	68.4	57.9	89.5	57.9

续表

排名	公司名称	国家/地区	行业	成长竞争力	营收成长	资产成长	销售成长
32	英伟达	美国	半导体产品与设备	68.0	57.2	89.6	57.1
33	LAM RESEARCH	美国	半导体产品与设备	67.7	61.8	79.6	61.8
34	福禄克公司	美国	电气设备与机械制造	67.5	54.9	92.7	54.9
35	NAVER 公司	韩国	电信业务	66.9	55.6	89.6	55.5
36	NEXON	日本	电信业务	66.8	54.4	91.6	54.3
37	分众传媒	中国	技术硬件与设备	66.6	55.8	88.3	55.8
38	海康威视	中国	技术硬件与设备	66.4	55.2	88.8	55.1
39	京东	中国	互联网与直销零售	65.8	57.3	82.9	57.3
40	AT&T	美国	电信业务	65.8	53.4	90.6	53.4
41	百度	中国	电信业务	65.6	55.6	85.8	55.5
42	和硕公司	中国台湾	技术硬件与设备	65.5	54.1	88.3	54.1
43	捷普	美国	技术硬件与设备	65.0	55.9	83.3	55.9
44	STMICROELECTRONICS	荷兰	半导体产品与设备	65.0	55.9	83.2	55.8
45	清华紫光	中国	技术硬件与设备	64.9	56.0	83.1	55.7
46	MATCH GROUP	美国	电信业务	64.9	59.6	75.3	59.6
47	AMADEUS IT	西班牙	软件与服务	64.8	51.0	92.5	50.9
48	ASML 控股	荷兰	半导体产品与设备	64.4	55.8	81.4	56.0
49	埃森哲公司	爱尔兰	软件与服务	64.4	55.2	82.8	55.1
50	MURAT 制造	日本	技术硬件与设备	64.1	54.3	83.7	54.3
51	CATCHER TECHNOLOGY COMPANY	中国台湾	技术硬件与设备	64.0	51.7	88.7	51.5
52	唯品会	中国	互联网与直销零售	63.9	54.3	83.3	54.2
53	思爱普	德国	软件与服务	63.9	51.9	87.9	51.8
54	SK 电讯	韩国	电信业务	63.7	49.7	91.8	49.7
55	艾默生电气	美国	电气设备与机械制造	63.7	55.4	80.4	55.4
56	ZALANDO	德国	互联网与直销零售	63.7	55.6	80.0	55.5
57	惠普	美国	技术硬件与设备	63.7	55.0	81.1	54.9
58	微软	美国	软件与服务	63.6	55.5	79.9	55.4
59	红帽公司	美国	软件与服务	63.5	55.7	79.1	55.7
60	英特尔	美国	半导体产品与设备	63.5	55.1	80.2	55.1
61	AMPHENOL	美国	技术硬件与设备	63.4	56.2	78.0	56.2
62	ANALOG DEVICES	美国	半导体产品与设备	63.4	57.4	75.5	57.3
63	KEYENCE	日本	技术硬件与设备	63.4	53.5	83.2	53.4

续表

排名	公司名称	国家/地区	行业	成长竞争力	营收成长	资产成长	销售成长
64	英飞凌科技	德国	半导体产品与设备	63.3	54.3	82.4	53.1
65	三安光电	中国	半导体产品与设备	63.2	52.2	88.1	49.3
66	京东方	中国	技术硬件与设备	63.0	51.6	86.1	51.2
67	TCL	中国	消费电子产品	62.9	51.0	87.0	50.8
68	高知特	美国	软件与服务	62.9	54.1	80.7	54.0
69	IPG 光电公司	美国	技术硬件与设备	62.9	52.7	83.4	52.6
70	NETAPP	美国	技术硬件与设备	62.8	53.6	81.1	53.5
71	DAST	法国	软件与服务	62.7	52.5	83.1	52.4
72	CDW 公司	美国	技术硬件与设备	62.7	54.2	79.6	54.2
73	TE CONNECTIVITY	瑞士	技术硬件与设备	62.7	53.5	81.0	53.4
74	思佳讯	美国	半导体产品与设备	62.6	53.3	81.4	53.2
75	安森美半导体	美国	半导体产品与设备	62.6	53.3	81.3	53.3
76	苹果公司	美国	技术硬件与设备	62.6	55.9	76.0	55.9
77	CHECK POINT SOFTWARE TECHNOLOGIES	以色列	软件与服务	62.4	52.6	82.1	52.6
78	TWDC	美国	电信业务	62.4	53.8	79.6	53.7
79	三星 SDS	韩国	软件与服务	62.2	52.7	81.4	52.6
80	FORTUM	芬兰	公用事业	62.2	55.5	76.6	54.5
81	INFOSYS	印度	软件与服务	62.1	54.3	77.5	54.4
82	博通	美国	半导体产品与设备	61.9	56.5	72.5	56.5
83	甲骨文	美国	软件与服务	61.8	53.2	79.1	53.1
84	三星公司	韩国	技术硬件与设备	61.7	51.1	82.9	51.1
85	应用材料	美国	半导体产品与设备	61.7	56.7	71.7	56.6
86	希捷科技	爱尔兰	技术硬件与设备	61.4	52.8	78.7	52.7
87	西部数据	美国	技术硬件与设备	61.3	53.9	76.3	53.8
88	LARGAN PRECISION COMPANY	中国台湾	技术硬件与设备	61.3	49.4	85.0	49.4
89	SKY	英国	电信业务	61.3	53.4	76.9	53.4
90	台湾半导体公司	中国台湾	半导体产品与设备	61.2	52.4	79.0	52.3
91	鸿海精密	中国台湾	技术硬件与设备	61.2	54.2	75.3	54.1
92	特许通信公司	美国	电信业务	61.2	53.0	77.5	53.0
93	纬创集团	中国台湾	技术硬件与设备	61.1	52.6	78.2	52.6
94	广达电脑	中国台湾	技术硬件与设备	60.9	51.1	80.6	51.1

续表

排名	公司名称	国家/地区	行业	成长竞争力	营收成长	资产成长	销售成长
95	IBERDROLA	西班牙	公用事业	60.9	53.4	76.1	53.3
96	VESTAS WIND SYSTEMS	丹麦	电气设备与机械制造	60.9	51.0	80.6	50.9
97	戴尔	美国	技术硬件与设备	60.8	55.6	71.2	55.5
98	德州仪器	美国	半导体产品与设备	60.7	53.2	75.8	53.1
99	VIVENDI	法国	电信业务	60.6	53.4	75.0	53.3
100	瑞士电信	瑞士	电信业务	60.6	51.5	78.6	51.5

从数字企业的成长竞争力来看，中国的企业表现突出，拼多多排在了100强的第一位。拼多多的诞生当然有其特殊的经济背景，但它的高速成长也是有目共睹的。2015年9月，拼多多正式上线，在随后的三年间发展迅猛；2017年12月，用户数量突破3亿人次，在中国成为仅次于淘宝和京东的第三大电商平台。2018年7月27日，拼多多正式在美国纳斯达克挂牌上市。拼多多以极快速的成长性名列数字企业成长竞争力第一。

排在第二名的是马来西亚的TENAGA NASIONAL BERHAD，这是一家从事发电、输电和配电业务的公司，被公认为马来西亚和东南亚最大的电力公司，它还提供专业的咨询服务，建筑、土木和电气工程及服务，燃料研发、物业开发和项目管理服务，增长势头也很显著。

排在第三名的是SPLUNK，是一家IT搜索公司，对IT基础架构进行大规模、高速的索引。它在2018年实现营业收入增长37.8%，总资产增长110.3%，成长性非常不错。

排在第四名的是SLACK TECHNOLOGIES，这是一家新上市公司，致力于提供团队沟通工具，被称为“科技独角兽”，2018年仅它的营业收入和销售额增长率就都超过了80%，发展势头迅猛。

排在第五名的是WORLDPAY，是一家全球领先的支付服务提供商，通过WORLDPAY的网络和技术，可以在全球GDP占比99%的146个国家和地区提供120多种货币的支付处理服务，并帮助客户受理300多种不同的支付方式。2018 年，它的总资产增长率超过了 100%。

排名第六位到第十位的有 3 家中国公司，它们是美团、华为和小米，这两年它们有着突出的业绩增长，其卓越的增长势头超过很多同类公司。

前十名公司中有一半是美国公司，可见，美国公司除了在规模、创新等方面独占鳌头外，在成长性方面也不甘落后。

2. 地域分布

数字企业成长竞争力 100 强主要分布在 18 个国家或地区。其中美国有 48 家企业，几乎占了全部 100 强的 50%；其次是中国，有 15 家公司，中国台湾地区有 8 家企业。可见除了美国之外，中国大陆以及台湾地区的数字企业成长潜力不容小觑。韩国有 5 家企业；日本、法国和德国各有 3 家；荷兰、西班牙、爱尔兰和瑞士各有 2 家；英国、马来西亚、丹麦、以色列等国各有 1 家（见表 12）。

表 12　2018 年数字企业成长竞争力 100 强的地域分布

单位：家

国家/地区	企业数量	国家/地区	企业数量
美国	48	爱尔兰	2
中国	15	瑞士	2
中国台湾	8	英国	1
韩国	5	马来西亚	1
日本	3	丹麦	1
法国	3	以色列	1
德国	3	卢森堡	1
荷兰	2	芬兰	1
西班牙	2	印度	1

3. 行业分布

从成长竞争力 100 强的行业分布看，企业数量最多的是技术硬件与设备行业，有 28 家；其次是软件与服务行业，有 22 家企业；电信业务有 19 家企业；半导体产品与设备行业有 18 家企业；互联网与直销零售有 6 家企业；电气设备与机械制造行有 3 家企业；公用事业有 3 家企业；消费电子产品只有 1 家企业（见图 8）。由此看来，成长性最好的还是技术硬件与设备行业和软件与服务行业。

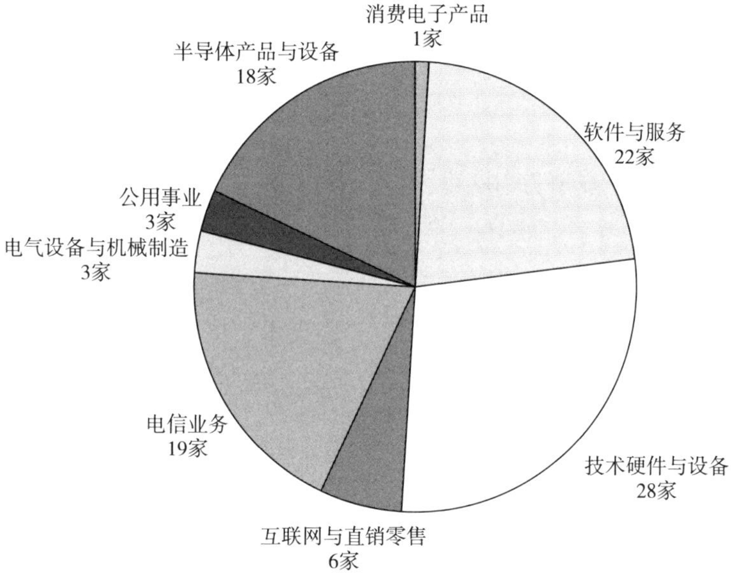

图 8　2018 年数字企业成长竞争力 100 强的行业分布

（五）分项竞争力比较

通过前面的分析我们知道，美国、中国和日本的数字企业发展得很快，涌现出很多全球 100 强；中国台湾和韩国的数字企业也不甘落后，很多也在百强榜上崭露头角。由于篇幅所限，这里我们只选择了美国、中国等五个国家和地区的数字企业，对其分项竞争力进行比较，而且这种比较是基于 100 强榜单进行的分析。

从图 9 中可以看出，美国数字企业四个方面的竞争力在所有国家中都名列前茅，其成长性、创新性和效率性似乎更好一些。日本数字企业的规模竞争力和创新竞争力都在世界排名第二，而其成长性似乎更薄弱一些。中国数字企业的效率竞争力和成长竞争力在世界排第二位，规模竞争力和创新竞争力在世界排第三，就中国内部来看，其数字企业的成长性似乎更突出。中国台湾作为一个地区，数字企业的发展也不甘落后，在效率竞争力和成长竞争力方面都超过了韩国，企业的成长性非常好。韩国的数字企业发展势头也不错，在世界排名第4～5位。

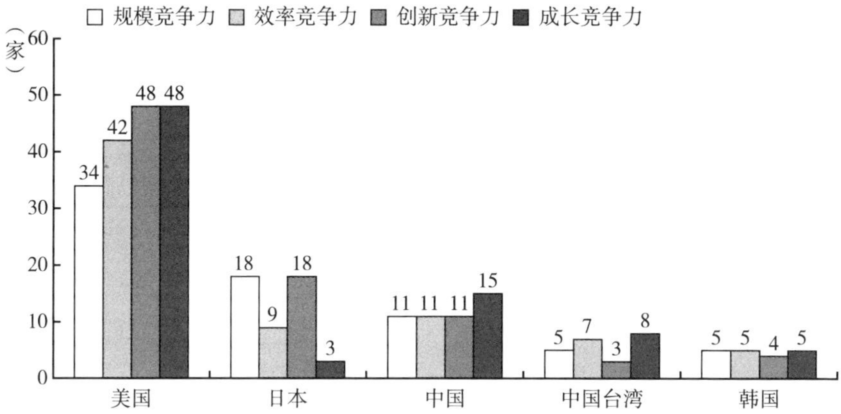

图9　2018年主要国家和地区的数字企业分项竞争力比较

从数字企业的行业分布看，技术硬件与设备、软件与服务、半导体产品与设备以及电信业务四个行业的数字企业分布较多。其中，技术硬件与设备作为一个传统行业，发展历史悠久，其企业的规模竞争力更高一些；软件与服务行业近几年的发展速度在很多方面都超过了硬件行业，因此其成长竞争力更高一些；半导体产品与设备行业的效率竞争力似乎更突出一些；电信业务是一个传统行业，除了其成长性较弱以外，其他三个方面的发展基本都比较平衡。另外四个行业的数字企业分布较少，我们不做具体分析（见图10）。

四　结论

数字企业的成长关系到一个国家数字经济的发展。近几年，在世界数字技术的推动下，各个国家、各个领域都涌现出很多超大超强的数字企业，给

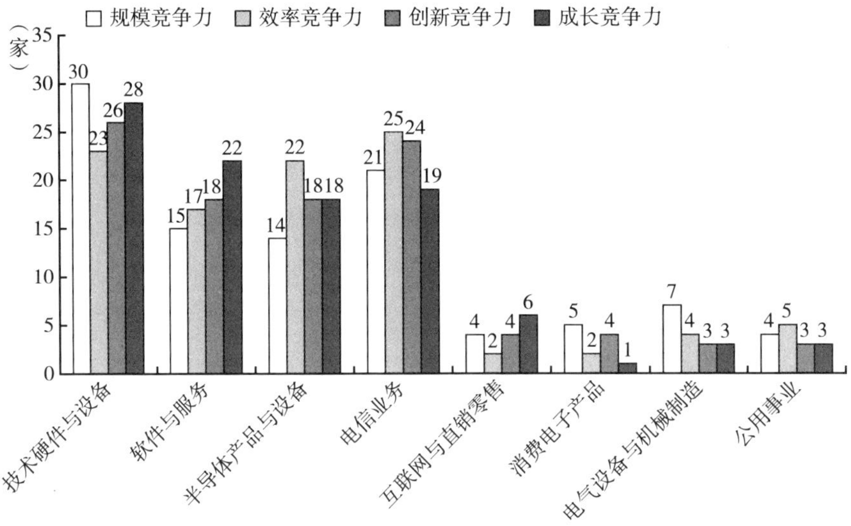

图 10　2018 年数字企业行业分布比较

人们的生活和工作带来极大的改变。我们通过设计一定的指标体系，对世界各国和地区的数字企业进行了评价与排名，并选择了 100 强列示于文中。这些企业都是世界上极其优秀的企业，它们的成长和发展在一定程度上也是全球数字经济发展的风向标。通过前述的研究与分析，我们可以得出一些结论。

第一，有一部分数字企业竞争力很强，无论是其综合竞争力，还是规模竞争力、效率竞争力、创新竞争力和成长竞争力，都在世界上名列前茅，如苹果公司、脸书、微软、三星公司、SK 海力士以及中国的华为、小米等。这些数字企业对世界的影响是巨大的，它们不仅推动了技术的进步，也带动了人们生活方式的巨大改变。

第二，有部分数字企业的较强竞争力更多体现在某一个或某几个方面，比较典型的如中国的拼多多，成立仅 3 ~4 年，其成长性在所有数字企业中居于首位，但是拼多多在规模竞争力和效率竞争力方面明显不足，没有排进 100 强。这样的企业如果能够保持目前的发展势头，其规模竞争力将越来越强，但是其创新能力也必须跟上，唯此才能保持良好的可持续发展能力。

第三，美国、日本和中国，是数字企业的国家前三强，无论按照哪个方面来排名，这三个国家都是诸国当中当之无愧的“领头人”，这三个国家的企业总和占到100强的70%～80%。尤其是美国，有着毋庸置疑的“老大”地位，其数字企业数量众多，创新能力强大，竞争力非常强悍，短期内是其他任何国家都难以超越的。

第四，中国数字企业的蓬勃发展，预示着中国数字经济的发展进入一个快速期。前面有华为、阿里巴巴、京东、腾讯等，后面有拼多多、小米、美团等奋起追赶，各种经济模式得到不断创新，吸引了数亿的用户，市场规模迅速扩大。未来随着更多数字企业的崛起和竞争力的不断提高，中国的数字经济发展值得期待。

最后需要说明的是，由于我们的排名依据的是一定的指标体系，而指标体系设计时的考虑不同，就有可能带来不一样的排名。我们的研究仅是基于我们对数字企业的认识和对指标体系的认真选择。今后随着工作的深入开展，我们也将进一步完善指标体系和评价方法，针对全球数字企业的排名做到尽可能科学和客观，以更好地反映世界数字企业与数字经济的发展趋势。

区域国别篇

Regional Reports

B.4

美国数字经济发展报告（2019）

王滢波*

摘　要： 数字经济已经成为美国经济最重要的驱动因素。1998～2017年，美国数字经济的年均增速是GDP的平均增速4倍以上。在对外贸易领域，芯片是美国出口规模最大的ICT产品，占据了全球45%的市场份额。欧盟和中国是美国数字经济领域最重要的合作伙伴。美国拥有无可匹敌的完整数字经济产业链条，强者恒强的马太效应日益明显。

关键词： 美国　数字经济　马太效应

* 王滢波，上海社会科学院信息研究所助理研究员（感谢上海外国语大学附属外国语学校高家琪参与部分资料收集）。

一　美国数字经济概括

2018 年，美国商务部下属的经济分析局首次发布报告，对美国的数字经济进行了定义和测度。2019 年，沿用上年的方法和分类标准，在产业经济账户下对美国数字经济的数据进行了更新。美国商务部下属的经济分析局对于数字经济规模的预测仍然只包括那些其认为主要为数字成分的经济门类。目前的数据涉及时间范围为 1997 ~ 2017 年。经济分析局进行的最新预测显示，数字经济仍然是美国经济中的最大亮点，1998 ~ 2017 年年均复合增长率高达 9.9%，而同期整体经济增长的速度只有 2.3%。2017 年美国数字经济的规模约为 1.35 万亿美元，占同期美国 GDP 19.5 万亿美元的 6.9%，1997 年这一比例仅为 5.9%。和传统行业相比，美国的数字经济产业规模仅次于职业、科学和技术服务业，其规模约为 1.45 万亿美元，占 GDP 的 7.4%，排名在数字经济后面的是大宗贸易行业，规模约为 1.17 万亿美元，占 GDP 的 6.0%（见图 1）。

2017 年，美国数字经济提供了 510 万个工作岗位，约占美国 1.5 亿个总就业岗位的 3.4%，与交通和仓储行业相当（见图 2）。数字经济行业员工的年平均收入为 13.22 万美元，远高于美国平均 6.85 万美元的年收入。

1. 美国商务部经济分析局对于数字经济的定义和范围

2018 年 3 月，美国商务部经济分析局将数字经济定义为包括 ICT 行业、计算机网络存在和运行所需的数字使能基础设施、通过计算机系统产生的数字交易（电子商务）以及数字经济用户创造和访问的数字内容（数字媒体）。2018 年 3 月公布的初步预测数据仅包括主要为数字内容的产品和服务。基于北美工业分类系统（NAICS）的商品和服务类别，既包括数字商品和服务，又包括非数字商品和服务。尽管美国商务部经济分析局对数字经济的定义包括所有的数字产品和服务，但并不包括那些只有部分为数字内容的产品和服务。这意味着数字经济的部分门类，例如，P2P 电子商务，也就是所谓的共享经济并不包括在其统计的数字经济范围中。如共享出行等 P2P

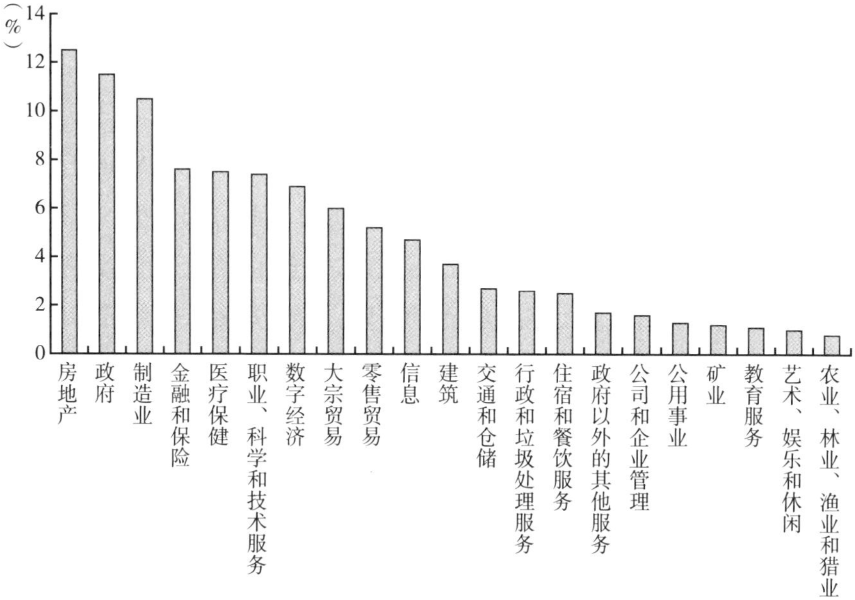

图1　2017年美国各行业GDP占比

资料来源：美国商务部经济分析局。

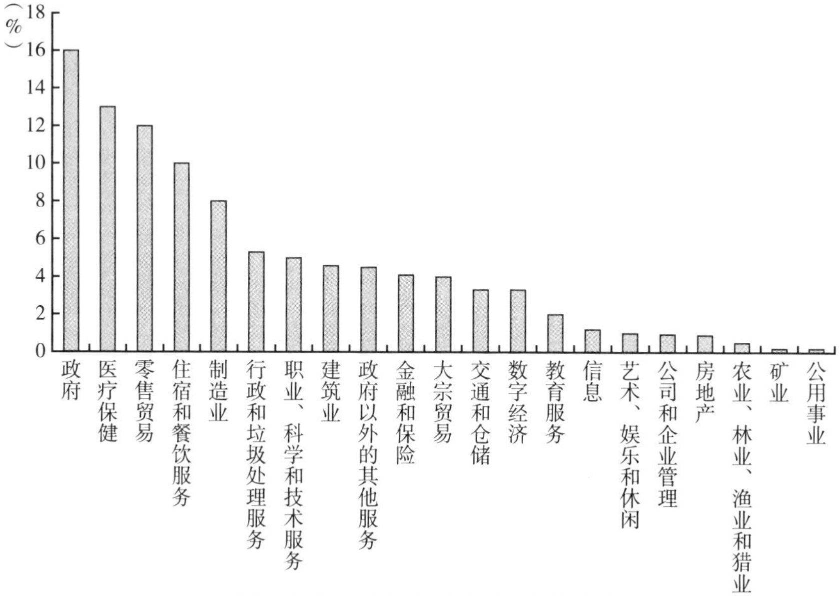

图2　2017年美国各行业就业人数占比

资料来源：美国商务部经济分析局。

交易依靠互联网匹配供给和需求，但同时也包括个人提供服务的非数字经济内容。将这种混合交易区分为数字和非数字部分需要更多的数据和资源，这一工作目前正在进行中。

2018 年美国对于产业经济账户进行全面升级。每 5 年，美国商务部下属的经济分析局都会对产业经济账户进行全面的更新，主要包括两方面的改进：定义和分类的变化，更新账户门类，以便更准确地描述美国经济的动态发展，同时方便与其他国家的经济数据进行比较；统计变动，使用新的、更优的预测方式对账户数据进行更新。2018 年，美国商务部下属的经济分析局对产业经济账户进行了以下改动：更新了 2012 年以来来自人口普查局的详细基准供给侧（SUT）数据；采用了来自全时间系列年度 SUT 的最新数据；从 2007NAICS 转换到 2012NAICS；采用了 2018 年综合国民收入和产品账户（NIPA）的统计方法。

数字经济的快速创新使价格的测度充满了挑战，因为价格测度的目标是确定固定品质商品和服务价格的变动，而数字产品和服务质量的快速迭代使这一目标很难实现。例如，20 世纪 80 年代的计算机庞大且昂贵，功能较少，而今天的计算机小型又便宜，功能丰富。正因为如此，用于衡量电子计算机和计算机设备的生产者价格指数（PPI）从 1991 年的大约 300 下降到 2018 年的 27，反映出计算机价格的下降及其功能的增加。

美国商务部经济分析局努力改进高科技产品和服务的价格测度方法。2018 年，随着 NIPA 的更新，BEA 也引入了新的软件和手机价格指数。

2. 数字经济是美国经济的重要引擎

根据 BEA 的初步预测，在整个统计周期内，数字经济都是美国 GDP 增长的重要引擎。2017 年，数字经济经通胀调整后的增加值为 1.48 万亿美元。从 1998 年到 2017 年的每一年，数字经济的实际增加值增速都超出美国经济的整体增速，大大缓解了 2008 ~2008 年国际金融危机对于经济的不利影响。如果排除 2008 年和 2009 年的衰退期，数字经济实际增加值每年的平均增速都是美国 GDP 整体增速的 4 倍以上（见图 3）。

数字经济的快速增长使其对于 GDP 的贡献度远高于其所占的比例。例

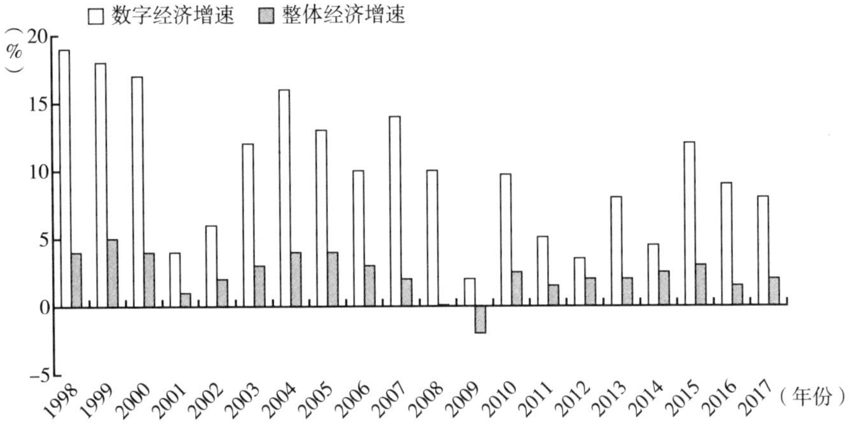

图3　1998～2017 年美国数字经济增速与整体经济增速

如，2017 年，数字经济规模仅占美国经济总量的 6.9%，但是数字经济的实际增加值增速为 8.3%，对实际 GDP 增速 2.2% 的贡献率为 25.0%，提高了 GDP 0.55 个百分点。

在整个统计期间，数字经济的平均年增速为 9.9%，而美国整体 GDP 的增速为 2.3%（见图 4）。在数字经济中，硬件增速最快，统计期间的平均增速为 18.4%，但是前十年和后十年的增速变动剧烈，初期增速飞快，后期则不断趋缓。1998～2007 年硬件的平均增速为 33.6%，2008～2017 年的平均增速则只有 5.0%。

近年来，软件和通信行业的年均增速也在不断下滑，但下滑幅度小于硬件行业，第二个十年周期的增速较第一个十年周期的增速下降了约 4 个百分点。软件行业的增速从 1998～2007 年的年均 9.9% 下降到 2008～2017 年的 5.8%，而通信行业的年均增速从 9.4% 下降到 5.2%。电子商务和数字媒体的增长率则保持稳定，1998～2007 年的平均增速为 12.2%，2008～2017 年的平均增速为 11.1%。支持服务是唯一后十年增速高于前十年的行业，1998～2007 年的平均增速为 7.0%，2008～2017 年的平均增速为 8.8%。

整体而言，数字产品的平均年增速为 18.9%，高于数字服务 7.7% 的年均增速。最近十年，数字产品和数字服务的年均增速差距缩小，分别为

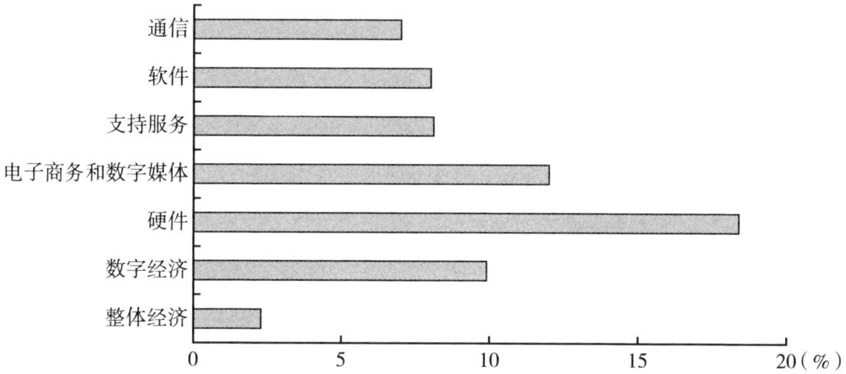

图 4　1998～2017 年数字经济各细分行业的年均增速

8.0% 和 6.9%。

此前，BEA 公布的 2006～2016 年数字经济和整体经济的年均增速分别为 5.6% 和 1.5%。修订后，BEA 预测同期数字经济的实际增速为 7.8%，GDP 的平均增速仍为 1.5%。

1997～2017 年，以现价衡量的数字经济增加值平均占美国 GDP 的 6.1%。数字经济在美国 GDP 中的占比持续上升，2017 年的占比达到 6.9%（见图 5），增加值为 1.35 万亿美元。1998～2001 年，数字经济的价格指数快速下降。2000～2001 年，增加值价格指数下降了 7.3%，其中硬件指数下降了 33.9%，主要原因是计算机硬件的质量快速提升。

1997 年，数字使能基础设施，即数字经济存在所依托的硬件、软件、通信和支持服务的总增加值约为 4801 亿美元，约占数字经济整体增加值 5053 亿美元的 95.0%。2017 年，数字使能基础设施的增加值为 1.14 万亿美元，占数字经济总增加值 1.35 万亿美元的 84.4%。20 年间，电子商务和数字媒体在数字经济中的占比从 5.0% 提高到 15.4%，增加值从 252 亿美元增加到 2078 亿美元。

随着电子商务和数字媒体的占比逐渐提高，数字使能基础设施中不同细分行业的比例也在发生变化。1997 年，通信行业的增加值占数字经济行业总增加值的 40.7%，约为 2055 亿美元；2017 年，通信行业的增

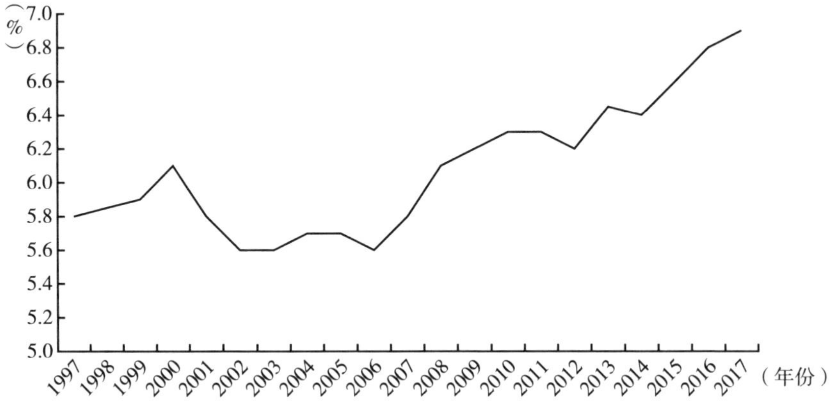

图 5　1997 ~ 2017 年美国数字经济占 GDP 的份额

加值为 3396 亿美元，但占比已经下降到 25.1%。以当前货币计，硬件的总价值和对数字经济的贡献度都在下降。1997 年其产值为 1003 亿美元，占到数字经济总产值的 19.8%；2017 年其产值下降到 963 亿美元，占比下降到 7.1%。相较于 1997 年，以现价衡量的支持服务和软件对于数字经济的贡献度更高，分别从 23.1% 提高到 34.7%，从 11.4% 提高到 17.7%（见图 6）。

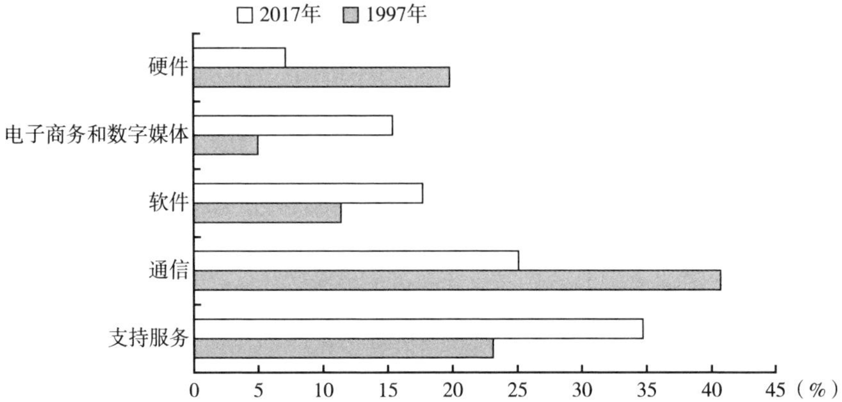

图 6　数字经济细分行业的占比变化（1997 年和 2017 年）

3. 美国数字经济的总产出

总产出用于衡量行业的销售或收入。1998～2017 年数字经济的实际总产出年均复合增速为 6.3%，高于整体经济 2.1% 的成长速度。对数据进行标准化处理后，从图 7 中可以清楚地看出相对于整体经济，数字经济持续更快增长的复合效应。即使经历了近期的衰退，数字经济的产出增长率仍然远高于整体经济。

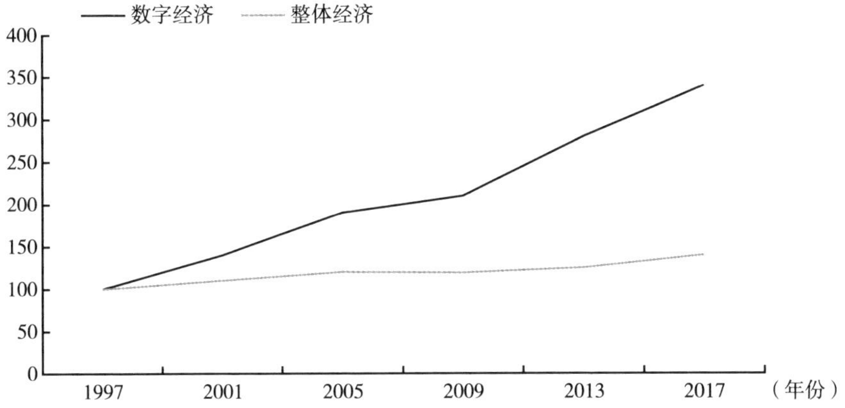

图 7　1997～2017 年数字经济与整体经济的实际总产出指数对比

在此期间，数字经济商品和服务的价格年均下降 1%，全部商品和服务的价格指数则年均上涨 1.6%。

尽管数字经济的实际总产出高于整体经济的实际产出，但是数字产品和服务的通缩效应使数字经济以当前价格衡量的名义总产出的增长率与整体经济的增长率趋同。2017 年数字经济的名义总产出为 2.05 万亿美元，占美国名义总产出的 6.0%。相关数据如图 8、图 9 所示。

二　美国数字贸易

联合国统计，2017 年全球 ICT 实物商品贸易额增长至 2 万亿美元，其

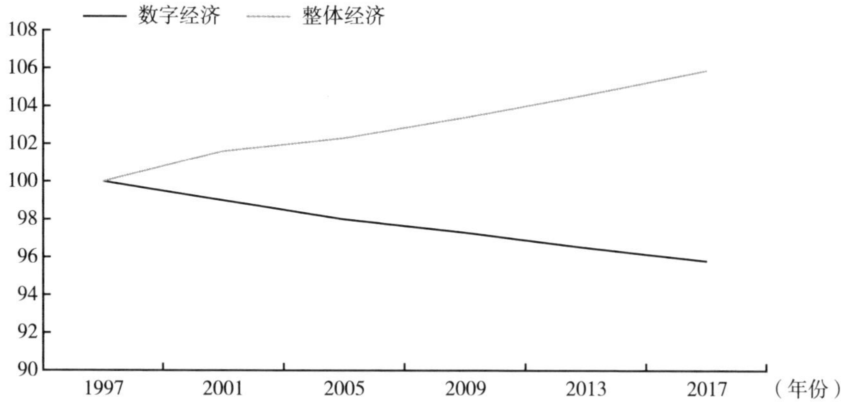

图 8　1997～2017 年数字经济和整体经济的总产出价格指数对比

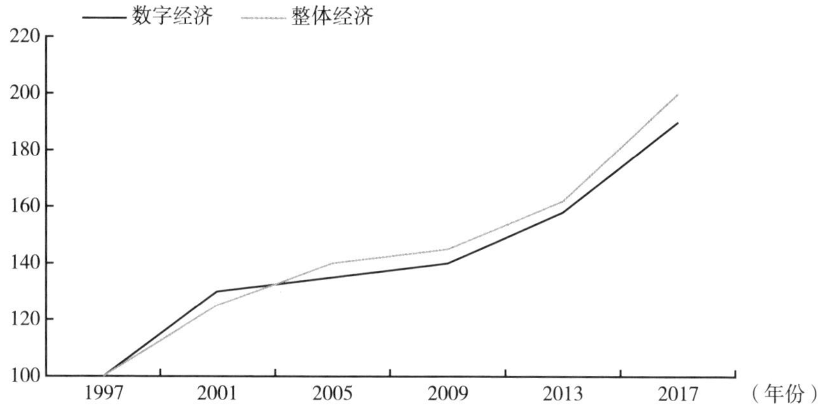

图 9　1997～2017 年美国数字经济和整体经济的名义总产出对比

中美国 ICT 商品出口额超过 1460 亿美元。[①] 半导体是许多电子设备的关键组成部分，也是美国出口规模最大的 ICT 产品。2018 年全球半导体销售额为 4688 亿美元，比上年增长 6.81%，其中美国公司的全球市场份额最大，占比为 45%，在中国市场占据了 47.5% 的市场份额。[②] 鉴于半导体对数字经

① https://unctadstat.unctad.org/wds/TableViewer/tableView.aspx? ReportId = 15850.

② Semiconductor Industry Association, 2019 SIA Factbook, 2019.

济的重要性以及创新的持续进步，中国等国家正在寻求发展自己的半导体产业，以减少对美国产品的依赖。ICT 服务市场国际贸易额的增长速度正在超过 ICT 产品。经合组织估计，2010～2016 年，ICT 服务贸易额增长了 40%。美国是仅次于爱尔兰、印度和荷兰的经合组织中第四大 ICT 服务出口国。[①] ICT 服务包括电信和计算机服务，以及知识产权使用费用（例如，许可和权利）。信息技术服务是指通过信息技术网络提供的远程服务，如网上银行或教育。2017 年，美国信息技术服务出口额增长至 710 亿美元。2016 年软件对美国 GDP 增加值的贡献超过 1.14 万亿美元，比 2014 年增长 6.4%。美国软件业在 2016 年直接贡献了 290 万个就业岗位。互联网广告另外创造了 1040 万个美国就业机会。

1. 美国的数字贸易政策

任何一个国家的数字化政策都可能会产生跨国影响。互联网是一个全球性的网络，任何一个国家的数字经济状况都可能会产生全球性的影响。保护主义政策可能会阻碍数字贸易，破坏对数字经济的信任，并可能导致互联网的碎片化，即所谓的巴尔干化，从而降低整体收益。然而，一些政策制定者认为有必要通过制定保护政策来维护本国利益。尽管保护公民隐私和促进经济增长是各国政府共同的核心目标，但政府在制定数字贸易政策时仍面临着多重挑战。经合组织指出了互联网经济中三个可能相互冲突的政策目标：①促进互联网发展；②促进或保持互联网内外的竞争；③更普遍地保护隐私和消费者。美国政府明确指出，确保一个自由开放的互联网是美国的优先政策。在网络安全或隐私领域，任何一个联邦实体都不具有政策优先权。美国采取了跨部门协作方式来规范数字化进程。经合组织的一项研究发现，美国是唯一使用去中心化，以市场为导向的数字战略的经合组织国家。美国并未制定一个总体的国家数字战略、议程或计划。

美国商务部致力于在国内外推广美国的数字贸易政策。2015 年，美国

---

① OECD（2017），*OECD Digital Economy Outlook 2017*，OECD Publishing，Paris，http：//dx.doi.org/10.1787/9789264276284－en.

商务部制定了一项数字经济议程，确定了数字经济的四大原则[①]：①在全球范围内促进互联网的自由开放，因为当数据和服务可以畅通无阻地跨越国界时，互联网最有利于我们的企业和员工；②发展在线信任，因为要促进电子商务蓬勃发展，安全和隐私是必不可少的；③确保员工、家庭和公司接入互联网，因为高速宽带网络对于21世纪的经济成功至关重要；④通过制定智能知识产权规则和推进下一代技术促进创新。美国商务部的数字附加计划可以帮助美国企业解决主要市场的监管问题并克服电子商务出口的贸易壁垒。[②] 美国政府还致力于通过识别和挑战外贸壁垒以及贸易谈判来促进美国数字优先政策的实施。与传统贸易壁垒一样，数字贸易壁垒可分为关税或非关税壁垒。关税壁垒通常应用于ICT基础设施产品，而歧视性法规或当地内容规则等非关税壁垒可能会阻碍或限制不同领域的数字贸易。通常，此类措施旨在保护国内生产商和供应商。数据表明，消除境外的数字贸易壁垒可能使美国的年度实际国内生产总值增加0.1%～0.3%（167亿～414亿美元），提高美国工资水平1.4%，并在某些数字密集型行业增加40万个就业岗位。[③]

2. 美国和主要贸易伙伴的数字贸易

欧盟和中国是美国最主要的数字贸易伙伴。

（1）欧盟

美国和欧盟在数字政策领域的差异影响了数字流量和数字国际贸易。跨大西洋经济联盟是世界上最大的经济体，美国和欧盟之间拥有全球最高的跨境数据流量。2003～2017年，美国－欧盟商品和服务贸易总额（出口加进

① Alan B. Davidson, "The Commerce Department's Digital Economy Agenda," November 9, 2015, https://www.commerce.gov/news/blog/2015/11/commerce-departments-digital-economy-agenda.

② https://www.export.gov/digital-attache.

③ Digitally Intensive Industries Include Sectors in Communications, Finance, Trade, Other Services, and Manufacturing. U.S. International Trade Commission, Digital Trade in the U.S. and Global Economies, Part 2, Publication No: 4485, Investigation No: 332-540, August 2014, pp. 106-108, https://www.usitc.gov/publications/332/pub4485.pdf.

口）几乎翻了一番，从 5940 亿美元增加到 1.2 万亿美元。[1] 2017 年，美国向欧盟出口的 ICT 及相关服务金额达到约 1900 亿美元。双方也是电子商务贸易的重要合作伙伴。

尽管美国和欧盟经济关系密切，但在数据流和数字贸易政策方面存在差异，这些差异已经导致美欧经济和安全关系产生摩擦。为了解决这些差异，2013 年，美国和欧盟开始就一揽子自由贸易协定展开谈判，并一直延续至今。谈判包括一些数字贸易问题，如数字产品的市场准入、知识产权保护和执法、网络安全和监管合作等。2018 年 10 月 16 日，特朗普政府通知国会将根据贸易促进局（TPA）的提议与欧盟进行谈判。美国希望设置广泛的谈判议题，包括数字贸易、货物贸易、服务贸易、农业、政府采购以及知识产权和投资等一系列事项。[2] 但是，双方尚未就谈判范围达成一致。欧盟希望谈判的范围较窄，它们希望解决工业关税（不包括农产品）和非关税监管壁垒，使公司更容易证明其产品符合美国和欧盟的技术要求。

美国和欧盟对信息隐私采取了不同的法律处理方式，这些方式也延伸到数字世界中。经过广泛谈判，欧盟 - 美国间的隐私盾协议于 2016 年 7 月 12 日生效。该协议为美国和欧盟公司提供了一个在欧盟和美国之间传输个人数据时应遵守的数据保护要求机制。[3] 根据隐私盾协议，美国公司可以自愿对遵守如数据处理义务等要求进行自我认证。根据该协议，美国政府有义务主动监督和强制美国公司执行相关合规条款，在美国国务院设立监察员，并制定具体的监督保障和限制措施。美国和瑞士之间也执行类似于隐私盾的协议。隐私盾还包括美国和欧盟的年度联合审查，其中第二次审查于 2018 年 10 月完成。审查结果显示，隐私盾带来了卓有成效的变化，特别是在美国方面。

欧盟通用数据保护条例（GDPR）于 2018 年 5 月生效，为欧盟成员国制定了个人数据保护规则。GDPR 是一种基于此前欧盟数据保护规则之上的

---

① CRS in Focus IF10930, U. S. - EU Trade and Investment Ties: Magnitude and Scope, by Shayerah Ilias Akhtar.

② CRS in Focus IF10931, U. S. - EU Trade and Economic Issues, by Shayerah Ilias Akhtar.

③ https://www. privacyshield. gov/Program - Overview.

全面隐私保护制度。它授予个人控制个人数据的新权利，并规定了新的数据保护要求。GDPR 适用于：①所有在欧盟拥有分支机构并需处理欧盟境内个人数据的企业和组织，无论数据的实际处理发生在何处；②欧盟以外向欧盟个人提供商品或服务（支付或免费）或监督欧盟个人行为的实体。这些措施引起了对 GDPR 域外影响的担忧。虽然 GDPR 可直接适用于欧盟成员国一级，但各个国家有责任制定一些国家级规则和政策，并确定对应的执法机构。因此，美国的一些利益相关者对缺乏明确性和不充分的国家合规指南，以及合规所需的数据存储和处理的潜在高成本表示担忧。尽管缺乏明确的规则指引，但许多公司已采取措施来满足 GDPR 的要求。例如，亚马逊宣称其遵守 GDPR 要求，并努力帮助亚马逊网络服务（AWS）的诸多企业客户（其中许多是中小型企业）满足相关要求。GDPR 也导致一些美国企业选择退出欧盟市场。GDPR 正在重新定义全球数据隐私标准，许多公司和组织正在努力遵守 GDPR，以避免被排除在欧盟市场之外，遭受罚款或其他处罚。

（2）中国

对于美国而言，中国既是机遇，也是挑战。中国经济的现代化，加上庞大和日益富裕的人口导致中国互联网用户数量激增，使中国成为全球电子商务的主要市场。中国的互联网用户从 2000 年的 2150 万户增长到 2019 年 3 月的 8.29 亿户，而且预计还将继续保持增长。中国 2018 年的在线零售总额达到 1.1 万亿美元（比美国的 5050 亿美元翻了一番），在全球居首位。2019 年中国的电子商务零售额预计将达到 1.99 万亿美元，占总销售额的 35.3% 和全球在线销售额的 55.8%。

美国看好中国的数字市场，但同时也承认双方在多个方面存在差异。美国对中国的三项数字政策提出了异议，包括对数据跨境流动的限制、数据本地化要求以及对合法网站的过滤和封锁。美国认为这些政策使美国公司损失了数十亿美元的利益。

美国在华商会 2019 年的一项调查显示，科技相关行业的受访者中有 73% 表示在中国遭遇到不同程度的市场壁垒，其中最大的两个因素是知识产权保护力度不足和限制性的网络安全政策。

三 美国数字经济企业

1. 美国拥有完整的数字经济产业链条

美国数字经济在全球雄踞榜首，拥有完整的产业链，其他国家短期内难以匹敌。数字经济的核心是芯片和操作系统，在这方面几乎被美国垄断。从早期在台式机市场占据绝对垄断地位的英特尔，到移动时代一枝独秀的高通以及人工智能领域的英伟达。美国一旦停止芯片供应，全球数字经济都可能陷入困境。在核心操作系统方面，台式机中微软占据了90%以上的市场份额，移动端则由谷歌的Android和苹果的IOS系统统治。网络搜索领域，谷歌占据了90%以上的市场份额，百度的市场份额几乎可以忽略不计。电子商务领域，亚马逊是全球最大的电子商务平台。云业务方面，亚马逊也是一枝独秀。脸书是全球最大的社交网络，特斯拉是全球销量最高的新能源汽车公司（见表1）。

表1 美国数字经济细分产业代表公司（数据截至2019年9月4日）

单位：亿美元

公司名称	所属行业	市值	备注
微软	云和操作系统	10000	全球第二大云服务商
苹果	智能手机	9296	全球利润最高的数字经济公司
亚马逊	云和电子商务	8853	全球最大云服务商
谷歌	网络搜索	8101	全球最大的网络搜索引擎
脸书	在线社交	5203	全球最大社交网络
英特尔	CPU	2081	全球最大的电脑芯片生产商
思科	网络设备	1990	全球第二大网络设备生产商
甲骨文	企业软件	1730	全球最大的企业软件公司
SAP	企业软件	1453	全球第二大企业软件公司
赛富时	云计算	1339	全球最大的客户管理软件公司
Netflix	在线影音	1266	全球最大的在线影片租赁提供商
IBM	云计算和大数据	1188	全球IT巨头
NVIDIA	GPU	1000	全球最大的人工智能芯片生产商

续表

公司名称	所属行业	市值	备注
高通	无线通信	913	全球领先的无线通信技术提供商
特斯拉	电动汽车	403	全球市值最高的电动汽车生产商
Salesforce	客户关系管理软件	645	全球最大的客户关系管理软件提供商
Youtube	视频分享	未上市	全球排名第一的视频分享社交平台

资料来源：http：//stockapp. finance. qq. com/mstats/? pgv_ ref = fi_ quote_ navi_ bar#mod = list&id = us_ tec&module = US&type = TEC。

2. 美国数字经济企业强者恒强的态势日益明显

技术进步打破了增长的极限，收益递增越来越明显，也使马太效应日益突出。过去两年，美国排名前 14 位的数字经济上市公司的总市值从 40453 亿美元增长到 53363 亿美元，增幅高达约 32%（见表 2），同期标普指数从 2457 上升到 2937，增幅只有约 20%。如果把时间拉长，这一趋势会更加明显。

表 2　美国前 14 位数字经济上市公司市值（2017 年 7 月至 2019 年 9 月）

单位：亿美元，%

序号	公司	市值		增幅
		2017 年 7 月	2019 年 9 月	
1	苹果	7838	9296	18. 60
2	谷歌	6697	8101	20. 96
3	微软	5730	10000	74. 52
4	亚马逊	4916	8853	80. 09
5	脸书	4768	5203	9. 12
6	甲骨文	2115	1730	-18. 20
7	英特尔	1636	2081	27. 20
8	思科	1593	1990	24. 92
9	IBM	1387	1188	-14. 35
10	NVIDIA	997	1000	0. 30
11	高通	797	913	14. 55
12	Netflix	792	1266	59. 85
13	Salesforce	645	1339	107. 60
14	特斯拉	542	403	-25. 65
总和		40453	53363	31. 91

B.5

中国数字经济发展报告（2019）

胡　雯*

摘　要： 中国数字经济在2019年继续保持扩张态势，增速显著高于上一年度数字产业增速和当年GDP增速，数字经济与实体经济的融合不断加深，二、三线城市数字经济基础设施与一线和新一线城市间的差距不断缩小，企业创新投入和PCT专利申请量持续增长，为就业岗位创造做出突出贡献。未来中国数字经济发展仍面临国际科技竞争格局变化所带来的不确定因素影响，同时新一轮科技革命将助推工业互联网、人工智能快速发展，为数字经济提供新动能。

关键词： 数字经济　数字基础设施　数字创新　数字治理

一　概况

伴随新一轮科技革命和产业变革的日益深入，世界正处于百年未有之大变局，全球宏观经济环境发生重大变化的背景下，发达国家和国际组织高度关注数字经济相关议题，欧盟、美国等国家与地区重视数字经济测度和发展战略，研究机构和相关企业频繁举办各类数字经济论坛、发布数字经济研究报告。目前，我国数字经济发展已经进入虚拟经济与实体经济切实融合的务

---

* 胡雯，上海社会科学院信息研究所助理研究员，上海社会科学院应用经济学博士后流动站博士后，研究方向为科技发展与管理、国际人力资本流动。

实阶段，更有力地助推了传统产业的数字化转型，成为产业转型升级助力经济高质量发展的新引擎。因此，中国数字经济发展不仅处于国际竞争格局快速变化的大背景下，同时高质量发展阶段也对基础研究和关键核心技术突破提出更多要求。

自2018年中美贸易摩擦开端以来，国际竞争格局持续快速变化，特别是2019年5月美国将华为列入出口管制“实体名单”，威胁切断华为供应链，试图以举国之力阻碍其发展的一系列举动，表明全球科技竞争态势已十分严峻。值得注意的是，美国、欧盟、英国、德国等发达国家和地区先后密集出台数字经济相关战略，意图增强本国科技和经济竞争力，保持自身在科技创新领域的优势地位，表1总结了2018年全球主要国家和地区的数字经济发展战略与政策，其中美国和欧盟国家出台的相关计划数量尤其丰富，表现出对数字经济领域发展的高度重视。此外，人工智能领域是各国普遍关注的重点领域，在制定发展战略的同时还相继出台了技术发展和道德准则规范，以防范人工智能技术野蛮发展带来的安全隐患。在国家战略层面，大数据、先进制造、智慧城市、5G技术都是发达国家和地区关注的热点，特别是法国专门制定了《5G发展路线图》，充分表明了对通信产业前沿技术应用领域的重视程度。

表1　2018年全球主要国家和地区数字经济发展战略与政策

国家/地区	数字发展战略/政策	涉及领域
美国	《数据科学战略计划》	生物医学 大数据
	《美国国家网络战略》	网络安全
	《美国先进制造业领导力战略》	先进制造
欧盟	《欧盟人工智能战略》	人工智能
	《通用数据保护条例》	数据保护
	《非个人数据在欧盟境内自由流动框架条例》	数据保护
	《促进人工智能在欧洲发展和应用的协调行动化》	人工智能
	《可信赖的人工智能道德准则草案》	人工智能

续表

国家/地区	数字战略/政策	涉及领域
英国	《数字宪章》	网络安全
	《产业战略:人工智能领域行动》	人工智能
	《国家计量战略实施计划》	大数据
德国	《联邦政府人工智能战略要点》	人工智能
	《人工智能德国制造》	人工智能 先进制造
法国	《法国人工智能发展战略》	人工智能
	《5G 发展路线图》	5G
	《利用数字技术促进工业转型的方案》	制造业
日本	《日本制造业白皮书》	制造业
	《集成创新战略》	人工智能 网络安全 物理空间
	《第 2 期战略性创新推进技术(SIP)》	人工智能 大数据 智慧城市
韩国	《人工智能研发战略》	人工智能

资料来源：根据姚瀚飞《2018 年全球主要国家和地区数字经济战略及政策梳理》整理。

在国际形势不断变化的背景下，中国数字经济发展在内部调整的过程中，数字技术与实体经济正在加速融合，新兴业态度过“洗牌”期进入规范发展阶段，对数字经济各领域内的应用基础研究和关键核心技术需求急剧增长。2018 年 5 月，习近平总书记在院士大会上提出要努力实现核心技术自主可控，改变当前部分核心部件、系统软件依赖进口、受制于人的局面。特别是在芯片领域，各界对缺“芯”之痛的热烈讨论仍历历在目，目前我国仍是世界最大的芯片进口国，芯片设计和制造的核心技术自主研发任重道远，尤其是在逆全球化思潮和单边主义影响下，加强基础科学前瞻布局、提升原始创新能力刻不容缓。2018 年国务院先后发布《关于全面加强基础科学研究的若干意见》《关于印发积极牵头组织国际大科学计划和大科学工程方案的通知》《关于优化科研管理提升科研绩效若干措施的通知》《关于深化项目评审、人才评价、机构评估改革的意见》等，从体制机制层面为数字经济核心技术研究与发展提供了更好的创新环境。

由此可见，中国数字经济在2019年宏观环境不确定性持续增加的背景下，内部行业逐步进入规范发展阶段，数字技术与实体经济加速融合，行业转型升级将提速，人工智能、5G技术商用、先进制造业发展将为中国数字经济发展提供新动能，同时应用基础研究和关键核心技术研发受到广泛关注，未来一个阶段内补齐技术短板将成为科技创新的一项重要任务。本报告将从数字基础设施、数字产业、数字创新、数字治理四个方面对中国数字经济发展情况进行总结。

二　中国数字基础设施的发展

本部分将从云计算和移动互联网两个维度出发，对中国数字基础设施发展情况进行考察。从基础设施总体发展情况来看，二、三线城市与一线和新一线城市间的差距不断缩小；从云计算发展情况来看，公有云市场规模增速显著高于私有云市场规模增速；从移动互联网发展情况来看，移动互联网的智能移动终端规模和月度活跃智能设备规模呈现增速放缓态势，移动互联网人口红利正在持续衰减。

新华三集团发布的《中国城市数字经济指数白皮书2019》指出，在数字经济基础设施发展方面，由于一线和新一线城市具备良好基础，因此2018年度继续保持引领地位，但二、三线城市与之的差距正在不断缩小，特别是在云计算、5G等前沿技术应用方面，在现代化和智能化城市建设需求的推动下，超过90%的二、三线城市已有相关的探索和实践性工作部署。

云计算作为在线数据存储、处理、分析的主要技术，是数字经济发展的基石之一。从中国公有云和私有云的市场规模来看，2018年公有云市场规模增速显著高于私有云市场规模增速。根据中国信息通信研究院（以下简称中国信通院）发布的《云计算发展白皮书2019》，2018年中国公有云市场规模达到437.4亿元，同比增长65.18%，私有云市场规模达到525.4亿元，同比增长23.10%，如图1所示，预计2019年公有云市场规模将超过私有云市场规模。互联网企业需求的高速增长以及传统企业上云进程的持续加快，拉动了公有云市场的快速扩张。

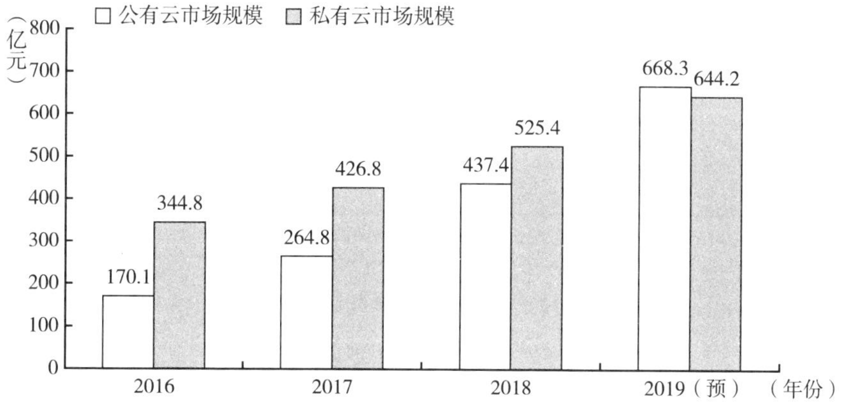

图1　2016～2019年中国公有云和私有云市场规模

资料来源：中国信通院，《云计算发展白皮书2019》。

相较于云计算市场的快速发展，中国移动互联网用户规模和接入流量虽然仍保持较快增长，但移动互联网的智能移动终端规模和月度活跃智能设备规模都呈现增速放缓态势，提示移动互联网人口红利正在持续衰减，互联网产业将迎来新的发展阶段。自2012年手机上网网民首次超过台式计算机以来，移动互联网用户规模一直保持两位数增长，根据2018年中国统计年鉴，2017年中国移动互联网用户数量约为12.72亿户，较上年增长16.23%；2017年移动互联网接入流量约为245.94亿GGB，较上年增长162.23%，与2016年相比，快速增长势头有增无减。

而在移动互联网智能终端领域，行业增长已经呈现平缓发展状态，在很大程度上体现出人口红利枯竭所带来的显著影响。Talking Data统计，2018年中国智能移动终端（包括智能手机、平板电脑、可穿戴等设备）的市场规模达到15.6亿台，同比增长9.4%，如图2所示，目前智能移动终端市场增长动力主要依靠设备迭代换新。

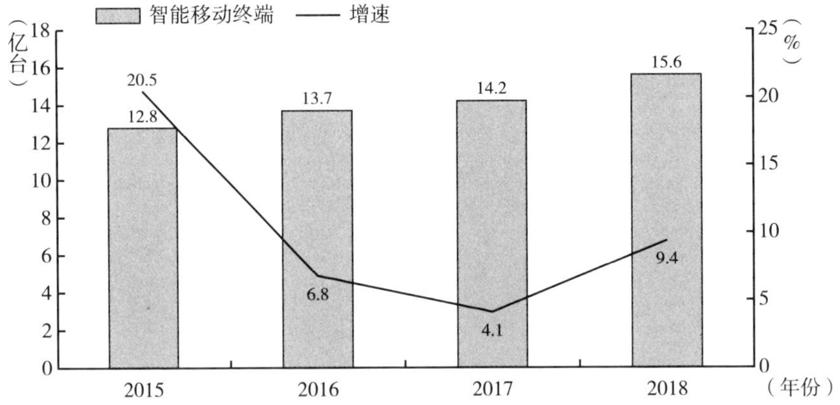

图 2　2015～2018 年中国智能移动终端规模

资料来源：Talking Data，《2019 智能移动终端行业洞察》。

同时，在移动互联网月度活跃智能设备方面，人口红利衰减的影响更为显著。QuestMobile 研究院统计，2018 年 12 月中国移动互联网月度活跃智能设备规模已经增加到 11.3 亿台，全年净增仅 4600 万台，较 2017 年净增量 6400 万台有明显下降，且同比增速已降至 5% 以下。就 2018 年 12 月移动互联网细分行业用户规模净增的主要领域来看，短视频吸引的移动互联网用户数量增长明显，列细分行业第一位，其次是综合电商和地图导航，如图 3 所示。2018 年以来，短视频作为一种独立内容形态在大众间爆发式传播，伴随抖音、快手等短视频平台的疯狂成长，其为移动互联网流量的导入做出巨大贡献，在各细分行业内异军突起。短视频对用户时长的占比快速上升，随着用手机观看短视频的习惯逐渐养成，用户黏性也在不断提升，但短视频平台的盈利模式仍较为模糊，变现能力明显不足，这将是今后一个阶段内短视频行业面临的关键问题。

2018 年以来，在数字经济基础设施建设领域，5G 技术开发和商业应用无疑是热议话题，5G 商用将对数字经济发展产生直接促进作用。2019 年 6 月，工信部正式向中国电信、中国移动、中国联通、中国广电发放 5G 商用牌照，标志着中国进入 5G 商用元年。自华为被美国列入管制

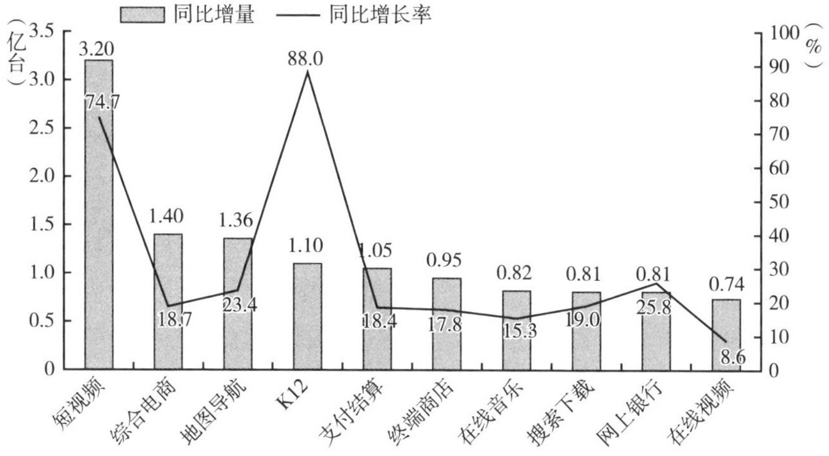

图3　2018年12月移动互联网细分行业用户规模同比净增排名前十

资料来源：QuestMobile研究院。

“实体清单”以来，国内5G技术商用明显进入加速发展阶段，预计将在今后两年内实现大范围应用，其后续发展值得期待和关注。回顾4G时代对中国数字经济的助力，共享经济、社交平台等新业态不断涌现，5G时代的来临也将通过助推物联网、车联网、产业互联网、视频内容消费、远程诊断等产业和技术发展，进一步激发中国数字经济活力，为经济高质量发展提供新引擎。表2对2G时代到5G时代各阶段网络、典型终端及代表应用进行了总结。

表2　2G时代到5G时代各阶段网络、典型终端及代表应用

类别	2G	3G	4G	5G
网络	互联网	移动互联网		物联网
典型终端	PC	智能手机/Pad		5G手机、智能汽车 AR/VR设备等
代表应用	腾讯QQ、百度搜索	微信、微博	斗鱼、抖音	物联网、车联网、产业互联网、视频内容消费、远程诊断等

资料来源：QuestMobile研究院。

三　中国数字产业的发展

2019年度中国数字经济产业总体规模保持持续扩张态势，增长幅度显著高于上一年度数字产业增速和当年GDP增速，数字经济与实体经济的融合不断加深。智能制造方面，产业规模不断扩大，制造业人工智能有较大发展空间。电子商务方面，在交易额增速持续下降的背景下，跨境电商表现抢眼，成为领域内新增长点。互联网金融方面，P2P网贷行业进入调整规范阶段，第三方支付和移动支付行业保持平稳增长。从空间分布情况来看，各省区市数字经济增速仍普遍保持两位数增长，京津冀、长三角、珠三角形成区域数字经济发展的三大“增长极”。

（一）产业规模

经过多年探索，目前各研究机构关注的焦点已经从数字产业界定和测算向数字经济发展质量转移。在上年的报告中我们总结了腾讯研究院、中国信通院、新华三集团、财新BBD、波士顿咨询公司、美国商务部经济分析局在数字经济规模测算中所采用的不同方法，其中针对中国数字经济总体规模的估算差距较小。从2018年的情况来看，中国信通院和新华三集团在2017年报告的基础上发布了最新研究成果，如图4所示。中国信通院采用生产法对数字经济规模进行测算，将数字经济分成信息通信产业的直接贡献和间接贡献，测算结果显示中国2018年数字经济规模达到31.29万亿元，占GDP比重为34.8%；而新华三集团测算，中国2018年数字经济总体规模达到33.16万亿元，占GDP比重为36.83%。对比上述结果可知，最终测算结果的差异不大，表明国内机构对数字经济产业的界定和规模测算正在逐步趋向一致。

2018年中国数字经济总体规模增长态势良好，总体增速仍保持两位数增长。从数字经济内部结构来看，数字经济与实体经济加速渗透融合，产业数字化蓬勃发展，信通产业为各行各业信息化、数字化、智能化发展提供了坚实的服务和技术支撑，不断推动经济社会成本的降低和效率的提升。根据

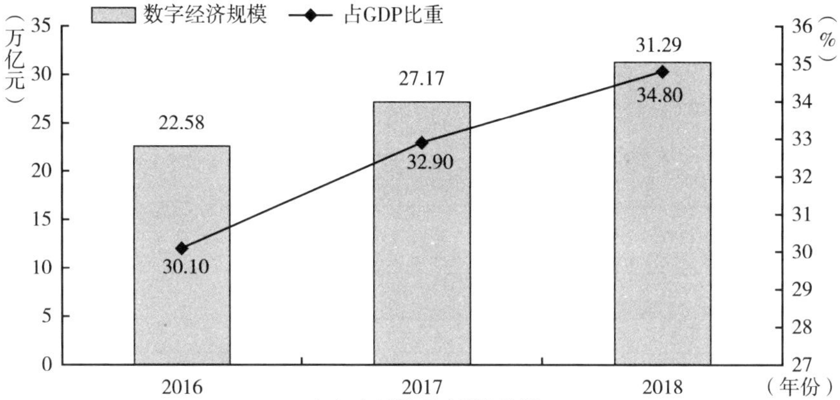

（a）中国信通院测算结果

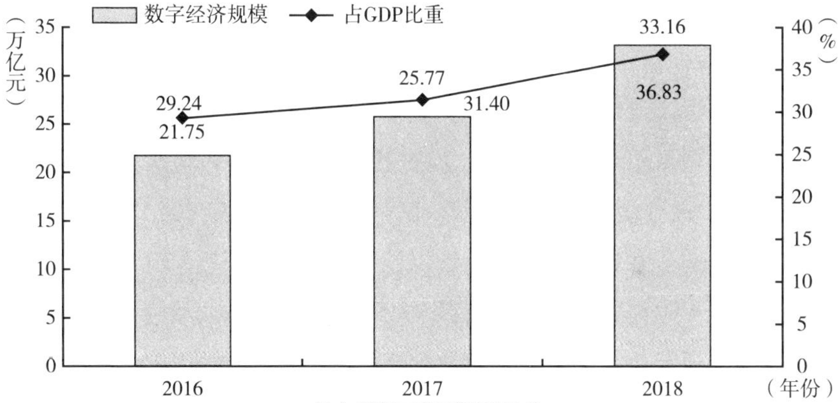

（b）新华三集团测算结果

图 4　2016～2018 年中国数字经济规模

资料来源：中国信通院，《中国数字经济发展与就业白皮书 2019》；新华三集团，《中国城市数字经济指数白皮书 2019》。

中国信通院的测算，2018 年中国数字产业化规模达到 64119 亿元，较 2017 年同比增长 4.23%；2018 年产业数字化规模达到 248815 亿元，同比增长 18.36%，增速显著高于数字产业化规模，如图 5 所示。这表明数字化技术产品及服务已与传统产业加速融合，有利于增强对传统产业效率提升的拉动效应，而产业数字化在数字经济中所占比重的提升也体现了中国数字经济内部结构正在不断优化。

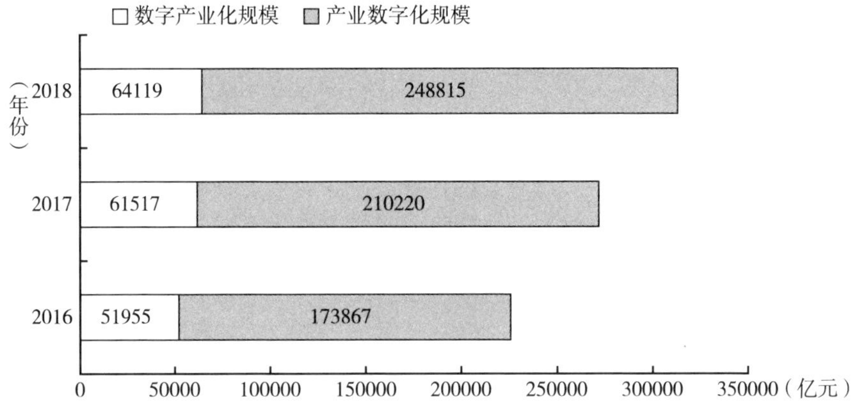

图 5　2016～2018 年中国数字产业化规模与产业数字化规模

资料来源：中国信通院，《中国数字经济发展与就业白皮书 2019 年》。

从智能制造产业情况来看，2016 年中国智能制造产业规模已超过 1200 亿美元，根据腾讯研究院的测算，其中智能工厂应用和解决方案的规模最大，达到 649.68 亿美元；工业机器人的规模次之，达到 204.72 亿美元；制造业大数据及商业分析的规模排名第三，达到 180.12 亿美元，如图 6 所示。此外，制造业人工智能的规模较小，仅为 1.44 亿美元，未来随着 5G 时代以及强人工智能时代的来临，人工智能技术与制造业的融合将不断深入，将成为数字经济发展中的新亮点。

从电子商务产业情况来看，2018 年中国电子商务交易额增速持续下降，历年来首次低于两位数增长，而跨境电商平台零售进出口总额则表现出强劲增长态势，特别是 2019 年《电商法》的实施，为跨境电商平台提供了更规范的市场发展机遇，因此跨境电商已经成为电子商务领域的新增长点。根据国家统计局和海关总署公布的统计结果，2018 年中国电子商务交易额为 31.63 万亿元，同比增长仅为 8.47%，较 2017 年（11.72%）有明显下降；2018 年跨境电商平台零售进出口总额为 1347.0 亿元，同比增长 49.27%，如图 7 所示。

在电子商务交易额增速减缓的背景下，传统电商思维已经无法为数字经

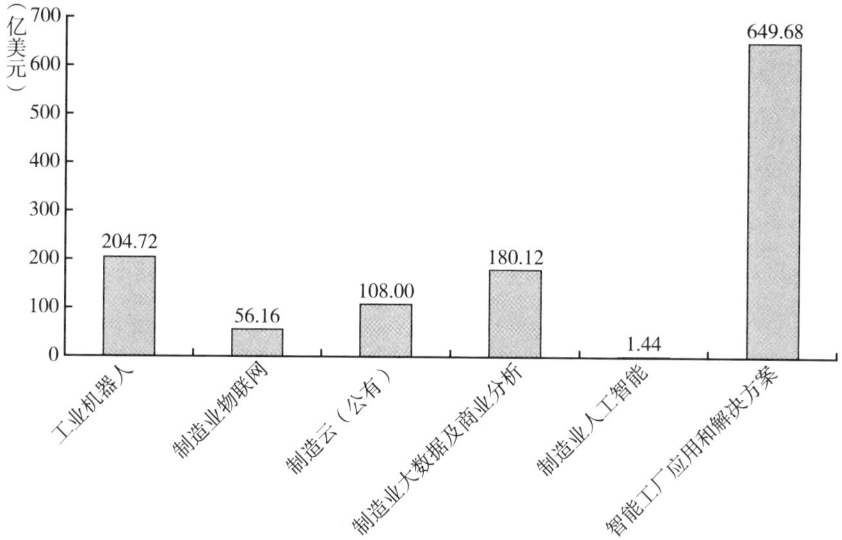

图 6　2016 年中国智能制造产业规模

资料来源：腾讯研究院等，《“人工智能 + 制造”产业发展研究报告》。

济的高质量发展提供新亮点，而中国消费者行为的数字化趋势仍在向衣、食、住、行各个纵深方向加速发展。为了适应消费者对线上和线下服务体验的期待，传统电商模式正在向多渠道服务模式转型，新零售时代已经来临。从衣、食、住、行四个方面来看，中国消费行为主要有以下几个数字化趋势：第一，服装行业数字化催生高敏感度商业模式，阿里研究院统计，韩都衣舍年均推出服装款式达到 3 万款，是 ZARA 的 1.5 倍、传统线下品牌的 10.0 倍，在大型线上零售平台和大数据分析技术的加持下，国内服装行业的数字化赋予了高敏商业模式新的生命力，使时尚的更迭速度进一步加快。第二，餐饮行业数字化改变了传统的堂食体验，从排队、点餐、派单、支付到会员管理，数字化技术为食客提供了全线上操作的闭环体验。目前，中国数字化餐饮门店已覆盖超过 200 个城市，改造门店数量已达 60 万家。第三，家居行业数字化的快速发展可以从智能家居市场的爆发性增长中窥见一斑，当前中国一、二线城市智能家居渗透率已达 20% 左右，与美国市场的差距

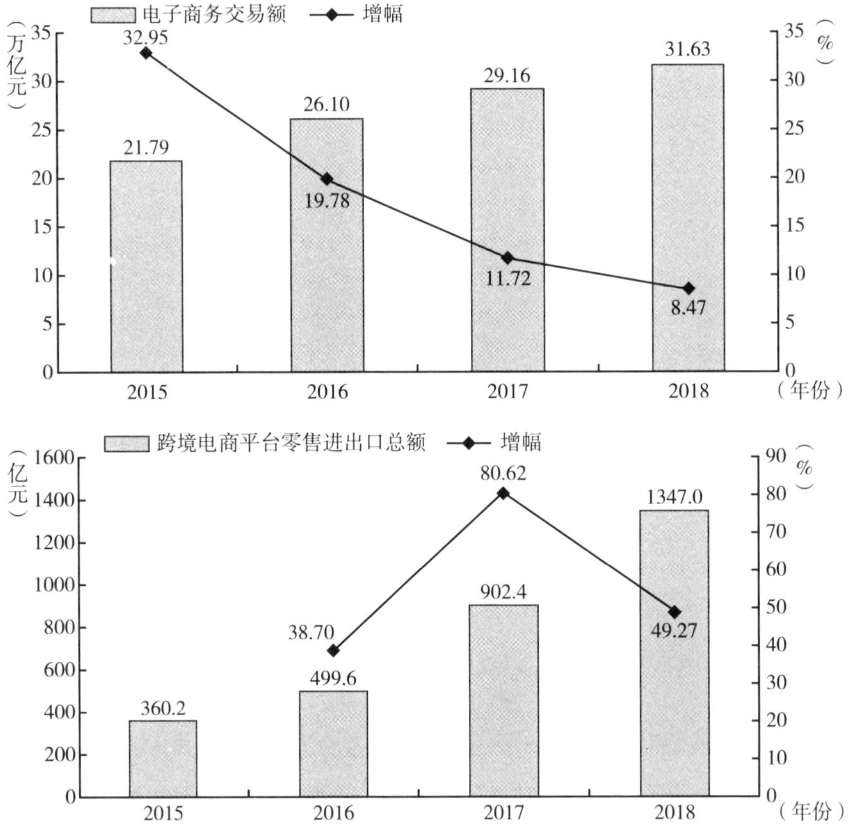

图7　2015～2018年中国电子商务交易额与跨境电商零售进出口总额

资料来源：国家统计局、海关总署。

不断缩小（27%），未来伴随5G技术的成熟应用、智能家居产品种类的丰富和价格的下降，家居行业数字化进程将迎来全面提速发展阶段。第四，出行行业数字化方面，虽然近期共享出行行业进入大规模洗牌阶段，但数字化共享出行方式早已深入人心，以滴滴出行为例，2017年日单量已经达到2000万单，在规模上远超Uber（1500万单），同时车辆网用户规模持续增长。综上，中国消费者在行为上呈现高度数字化特点，涵盖衣、食、住、行的各个方面，已经形成线上线下多渠道多触点全面融合特征，在生活、工作、学习、娱乐等各个场景中，消费行为的数字化表现无处不在，且数字化程度仍在逐年提高。

从互联网金融产业情况来看，2018 年中国 P2P 网贷行业进入调整规范阶段，第三方支付和移动支付行业保持平稳增长。自《关于做好 P2P 网络借贷风险专项整治整改验收工作的通知》下发以来，各地陆续在 2018 年间发布整改验收工作指引表，为规范 P2P 网贷行业打下坚实基础。2018 年 3 月，《互联网金融逾期债务催收自律公约（试行）》在北京举行签约仪式，进一步规范了互联网金融平台的逾期催收行为。2018 年下半年，网贷第三次“雷潮”爆发，促使相关政策和规范出台更为密集。2018 年 8 月，“108 条”问题清单和“119 条”自查清单发布，拉开了 P2P 平台合规自查和整改验收工作的序幕。从统计结果来看，2018 年中国 P2P 网贷成交量走势持续低迷，12 月成交量为 1060 亿元，仅为 1 月成交量的约一半（2082 亿元），如图 8 所示。2018 年对 P2P 网贷行业来说无疑是艰难的一年，在经历野蛮生长、乱象丛生的爆发式增长期后，网贷行业迎来了政策监管的重拳，进入系统性调整和规范阶段，行业发展风险进一步释放，企业自查机制和政府监管机制进一步完善，虽然短期内对成交量形成一定影响，但行业规范有利于未来网贷行业健康发展，特别是新生代群体消费习惯形成后，将助力网贷行业迎来另一个高速成长期。

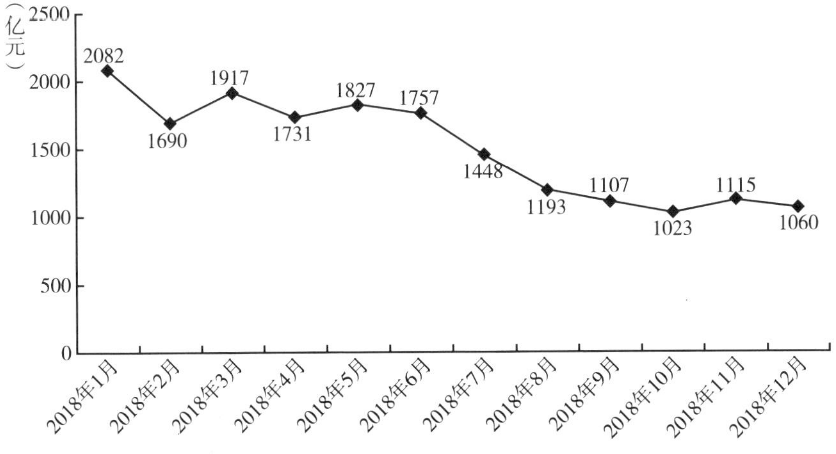

图 8　2018 年 P2P 网贷月成交量

资料来源：网贷之家、苏宁金融研究院。

根据苏宁金融研究院发布的报告，2018 年第三方支付和移动支付交易规模持续增长，2018 年第三季度交易规模达到 438357 亿元，创历史新高，较 2018 年第二季度增长 11.52%，如图 9 所示。然而，政策监管的日益严格将给行业发展带来新挑战。2018 年 6 月《关于支付机构客户备付金全部集中交存有关事宜的通知》发布，要求第三方支付企业按月逐步提高客户备付金集中交存比例，最终在 2019 年 1 月 14 日前实现 100% 集中交存。政策实施后，第三方支付企业的备付金将无法获得利息收益，对短期收入构成一定负面影响，同时由于通道成本升高，企业营收模式也将进入转型轨道，拓展收入来源将成为第三方支付企业未来一个阶段内的重要任务。

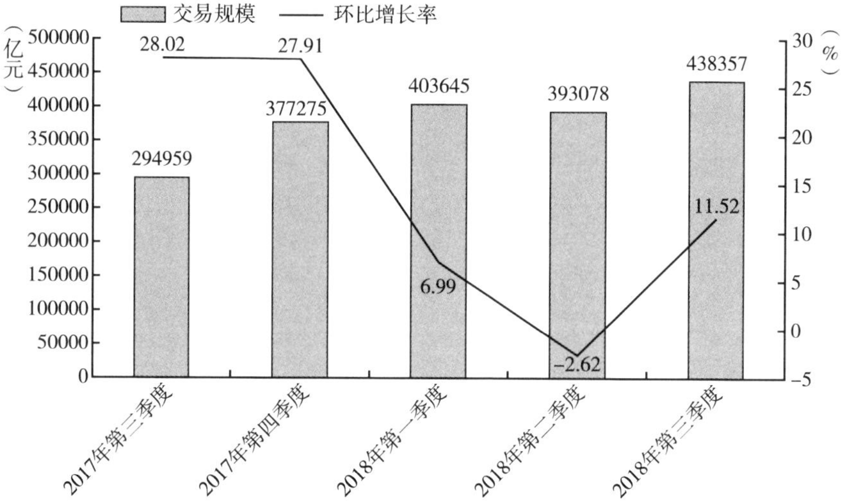

图 9　第三方支付和移动支付交易规模

资料来源：央行、易观报告、苏宁金融研究院。

（二）空间分布

2018 年各省区市数字经济增速仍普遍保持两位数增长，增速最高达到 25% 左右，显著高于同期国民经济增速，表明各省区市数字经济发展成为国民经济增长新引擎。其中，贵州和福建领先全国其他省份，增速超过20%；浙江、江苏、广东、上海等数字经济基础较好的省份，增速也普遍超过15%，表现出良好的发展势头。从城市层面来看，2018年数字经济发展排名前五的城市依次是上海、北京、深圳、成都、杭州，其中北京和杭州的排名相较2017年有一定程度的上升，如表3所示。

表3　2018年中国城市数字经济城市总分排名前十

单位：分

排名	城市	评分	排名	城市	评分
1	上海	89.8	6	广州	86.2
2	北京	89.4	7	武汉	78.0
3	深圳	89.2	8	宁波	76.7
4	成都	87.0	9	无锡	76.4
5	杭州	86.9	10	重庆	75.4

资料来源：新华三集团，《中国城市数字经济指数白皮书2019》。

2018年中国数字经济的空间区域分布仍表现出明显的集聚效应，且在城市群层面表现出新特点。京津冀、长三角、珠三角三大区域中心继续保持引领态势，逐渐形成区域数字经济发展的三大“增长极”。特别是珠三角城市群依托粤港澳大湾区战略机遇和制度创新优势，在现代服务业和电子信息制造业领域表现抢眼。未来粤港澳大湾区将通过构建新一代信息基础设施，推进跨境互联宽带扩容，探索建立智慧城市群，数字经济协同化发展值得期待。长三角一体化上升至国家战略也为当地互联网经济和高端装备制造业发展提供了更好的创新环境。长三角区域内先后成立国家集成电路创新中心、国家智能传感器创新中心，并完成全国首个跨省四城5G视频通话互联，有利于促进产业资源跨区域流动。京津冀产业优势则聚焦在软件和信息服务业，三地公共信用信息服务平台对接完成，在信息基础设施共建、数据共享等8个方面加强合作，雄安新区吸引北京创新型、高成长型科技企业疏解转移，进一步优化了区域内产业链协同格局。此外，成渝城市群得到快速发展，在新华三集团的评分体系中与京津冀城市群得分持平，表明成都、重庆等地数字经济产业发展已成为西南地区新支点。表4详细描述了各城市群的数字经济发展得分情况。

表4 城市群数字经济综合评分情况

单位：分

城市群	典型城市	评分
京津冀	北京、天津	81.2
长三角	上海、杭州	88.4
珠三角	深圳、广州	87.7
成渝城市群	成都、重庆	81.2
山东半岛城市群	济南、青岛	67.5
海峡西岸城市群	福州、厦门	70.0
呼榆城市群	呼和浩特、包头	57.1
中部城市群	郑州、武汉	74.9

资料来源：新华三集团，《中国城市数字经济指数白皮书2019》。

四 中国数字创新的发展

在创新成果方面，创新投入和PCT专利申请量继续保持增长。在人才发展方面，数字经济高价值创造使人才待遇显著上升，在就业岗位创造方面也有突出贡献。

（一）创新成果

2018年中国数字经济创新成果不断涌现。创新投入方面，数字技术创新投入继续快速增长。根据欧盟发布的《2018年欧盟工业研究投资记分牌》，本报告整理了2018年中国数字经济领域研发投入前十名的企业，如表5所示。华为研发投入达到113.34亿欧元，位列中国企业之首，在全球排名第五，研发投入占销售收入比重达到14.7%。阿里巴巴、鸿海精密、台积电、腾讯分别列第2~5位，研发投入量与华为有较大差距，仍有进一步上升空间。

表5　2018 年中国数字经济领域研发投入前十名的企业

单位：亿欧元，%

排名	企业名称	研发投入	研发销售比	排名	企业名称	研发投入	研发销售比
1	华为	113.34	14.7	6	中兴	17.98	12.9
2	阿里巴巴	29.14	9.1	7	百度	16.58	15.3
3	鸿海精密	22.85	1.79	8	联发科	15.97	24.0
4	台积电	22.55	8.3	9	携程	10.58	30.8
5	腾讯	22.35	7.3	10	联想	9.73	2.6

资料来源：欧盟，《2018 年欧盟工业研发投资记分牌》。

PCT 专利申请方面，根据世界知识产权组织（WIPO）公布的统计结果，2018 年中国 PCT 专利申请量排名前五的企业均为数字经济相关领域企业，其中华为的 PCT 专利申请量高达 4466 件，排名第一，几乎是排名第二的中兴通信的 2.5 倍，京东方、欧珀移动通信、腾讯科技（深圳）分列第 3～5位，如表 6 所示。

表6　2018 年中国 PCT 专利申请量前十名的企业

单位：件

排名	企业名称	申请量	排名	企业名称	申请量
1	华为	4466	6	大疆	517
2	中兴通信	1801	7	美的	386
3	京东方	1190	8	深圳市华星光电	367
4	欧珀移动通信	781	9	武汉华星光电	335
5	腾讯科技(深圳)	545	10	惠科	233

资料来源：世界知识产权组织（WIPO）；数据提取时间范围为 2018 年 1 月 1 日至 2018 年 10 月 31 日。

（二）人才发展

人才是数字经济发展的关键所在。数字经济的高价值创造首先体现在人才待遇提升上。2017 年脉脉职场大数据的统计结果显示，IT 互联网行业薪酬领先其他行业，平均月薪达到 11688 元，显著超越金融行业（8941 元）和房产建筑行业（8266 元），如图 10 所示。

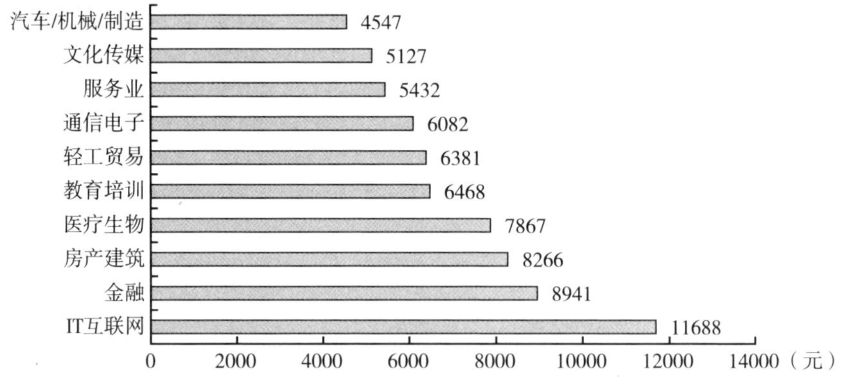

图 10　2017 年热门行业平均月薪

资料来源：脉脉职场大数据。

在数字经济的部分新兴领域，由于人才缺口较大，相关人才供不应求的现状导致部分岗位薪资快速攀升。以人工智能领域为例，数据科学家年薪已高达 36 万～80 万元，数据/业务分析师年薪也达到 18 万～60 万元，如图 11 所示。但部分人工智能企业仍反映难以招聘到合适的人才，表明新兴产业人才培养无法满足企业需求，未来数字经济新业态的不断出现，将彻底改变现有人才模式，企业将很有可能替代高等院校成为新兴科技人才培养的主要阵地。

此外，数字经济在就业岗位创造方面也有突出贡献。根据中国信通院的统计（《中国数字经济发展与就业白皮书 2019》），2018 年我国数字经济领域就业岗位达到 1.91 亿个，同比增长 11.5%，占全年总就业人数的 24.6%，其中数字产业化部分就业岗位达到 1220 万个，同比增长 9.4%，产业数字化部分就业岗位达到 1.78 亿个，同比增长 11.6%，已成为稳定就业的重要渠道。从三次产业就业情况来看，数字经济分布在第三产业内的就业岗位数量最多，达到 13426 万个，其次是第二产业，就业岗位数量达到 5221 万个，如图 12 所示。

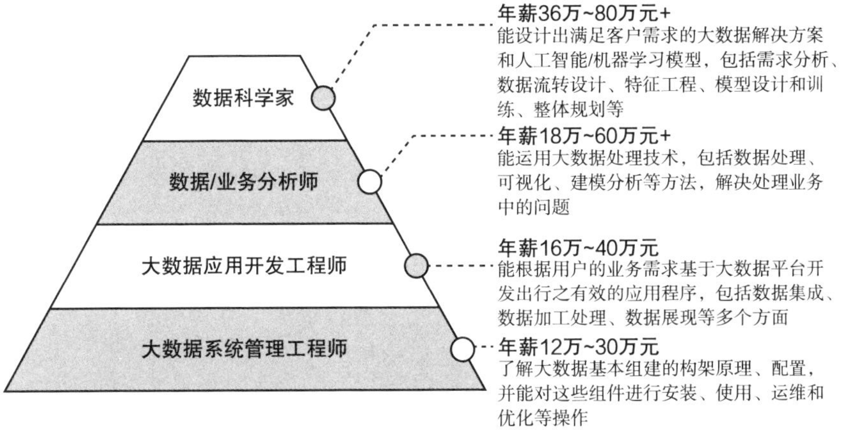

图 11　大数据人才结构及年薪

资料来源：星环科技创始人孙元浩在 2018 中国数字经济人才培养高峰论坛上的演讲。

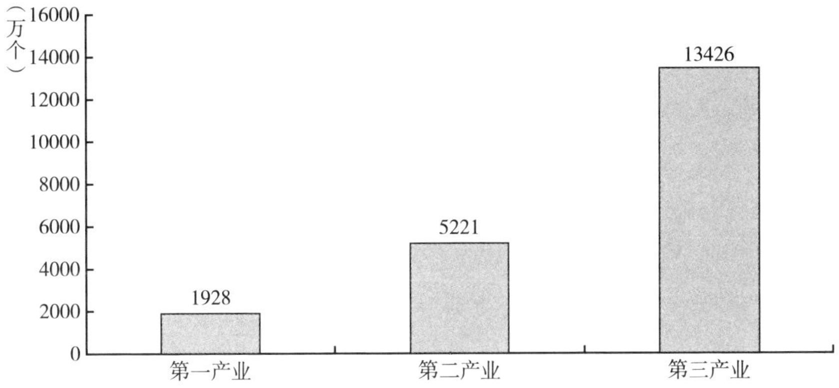

图 12　我国三次产业数字经济就业情况

资料来源：中国信通院，《中国数字经济发展与就业白皮书 2019》。

五　中国数字治理的发展

（一）数字规范

自 2017 年《网络安全法》实施以来，中国数字经济发展的法制化体系初步建立并逐步完善，为规范个人信息使用、打击网络犯罪提供了重要的法律基础和执法依据。相较欧盟和美国，我国互联网平台企业的创新和竞争环境相对宽松，制度体系对个人信息、数据管理、反垄断的监管力度与欧美国家相比仍有差距。根据中国消费者协会于2018年8月发布的《APP个人信息泄露情况调查报告》，我国个人信息泄露情况较为严重，这表明当前我国在个人隐私保护和数据治理方面仍存在隐患。此外，2018年连续两起滴滴顺风车司机残害女乘客事件引起社会舆论强烈谴责，迫使滴滴下线顺风车业务，为互联网平台企业再次敲响管理警钟。

近年来，伴随互联网，特别是移动互联网的快速发展，社会治理模式出现了以下三个方面的变化趋势：第一，由单向管理向双向互动转变；第二，由线下治理向线上线下融合治理转变；第三，由单纯的政府监管向更加注重社会协同和多元化治理转变。社会治理模式的改变在很大程度上提高了互联网平台企业的自治意识和能力，部分大型平台企业开始探索用户管理与审核规范，积极承担数字经济治理的部分责任。例如，腾讯于2019年3月发布《关于处理微信个人账号发布“违法违禁品”售卖信息的公告》，对早前的《微信个人账号使用规范》《微信朋友圈使用规范》进行了补充。阿里巴巴于2019年5月发布《淘宝平台特殊商品/交易争议处理规则》，对近年来出现的新兴购买模式，如代购、海外直邮、闲鱼社区交易等的纠纷处理机制进行了规范。

（二）数字战略

2018年中国数字经济战略进一步深入推进，为经济高质量发展和实体经济转型升级提供了新动能。2018年9月，国家发改委等19个部门联合印发《关于发展数字经济稳定并扩大就业的指导意见》，提出以大力发展数字经济促进就业为主线，以同步推进产业结构和劳动者技能数字化转型为重点，提升数字化、网络化、智能化就业创业服务能力，着力实现更高质量和更充分的就业。此外，各省区市纷纷出台数字经济规划，为数字经济发展提供资金支持和政策扶持。例如，广东省发布的《广东省数字经济发展规划（2018—2025年）》，提出将广东建设成为国家数字经济发展先导区、数字丝绸之路战略枢纽和全球数字经济创新中心。安徽省出台《支持数字经济发展若干政策》，提出要推进数字产业化、产业数字化，构建现代化经济体系。

此外，由于中美贸易摩擦持续发酵，集成电路产业领域内的扶持政策持续密集出台，特别是在税收优惠方面力度较大，符合条件的集成电路设计企业和软件企业可以享受第1～2年免征企业所得税，第3～5年按25%法定税率减半征收企业所得税的优惠政策。2018年11月，深圳市坪山区开始实施《坪山区关于促进集成电路第三代半导体产业发展的若干措施》，在产业资金支持、用地用房保障、企业引进和培育、支持产业研发和核心技术攻关、完善产业链等方面出台了多项重大举措，具有代表性。合肥、芜湖、重庆、成都、长沙、厦门、杭州均在2018年出台了集成电路产业发展相关规划和政策。

六　未来展望

综合中国数字经济的宏观环境和行业动态趋势，未来数字经济发展将呈现以下几个方面的态势。

1. 新一轮科技革命助推数字化创新大爆发，工业互联网迎来新机遇

在新一轮科技革命的影响下，云计算、区块链、物联网、人工智能、大数据等新兴技术快速发展并投入商用，数字化创新和应用将进入新一轮的爆发式增长阶段，同时数字技术与实体经济加速融合将推动产业转型升级，助力中国经济高质量发展。同时，受人口红利衰减影响，传统互联网和移动互联网用户的增长速度都趋于平缓，互联网产业在消费端的演进已进入相对瓶颈阶段，伴随5G技术商业应用的逐步落地，互联网在供应链和制造端的应用将迎来新的发展机遇。自2017年国务院印发《关于深化“互联网+先进制造业”发展工业互联网的指导意见》以来，工信部于2018年起先后出台了《工业互联网APP培育工程实施方案（2018—2020年）》

《工业互联网平台建设及推广指南》《工业互联网平台评价方法》，为我国工业互联网产业发展创造了良好、规范的生态环境。在基础设施日渐完善、技术应用原始积累逐步完成、政策举措推陈出新的背景下，工业互联网落地成本有望进一步降低，推动产业红利显现，为中国数字经济高质量发展持续赋能。

2. 中美科技竞争白热化凸显数字经济关键核心技术发展紧迫性

自2018年以来，逆全球化、单边主义、贸易保护主义抬头，世界格局进入深度调整阶段，全球化进程进入低谷期，使世界经济增长的宏观环境不确定性显著上升。中美贸易摩擦开端以来，贸易领域争端有所升级，且持续向科技领域延伸，继“中兴事件”之后，华为也遭受美国政府打压，显示了美国遏制中国科技创新发展的战略性和长期性，也深刻反映了数字经济领域一些核心部件长期依赖进口的现实，因此国内数字经济关键核心技术发展已刻不容缓。2019年5月，财政部、国家税务总局发布《关于集成电路设计和软件产业企业所得税政策的公告》，为企业提供了更有利的研发环境。在未来一个阶段内，提高自主创新和基础技术研发能力仍然是中国数字经济发展的重点。

3. 技术无人区带来前所未有的数字治理挑战

当前新兴技术的快速发展和商业化应用周期的显著缩短，使科学技术发展进入无人区，尤其是人工智能、数字技术，对传统治理模式提出全新挑战，也在全球范围内引起了广泛讨论，成为政界、业界、学界普遍关注的焦点问题。中国科学技术发展战略研究院院长胡志坚在2019年浦江创新论坛上指出，“现有社会、政治和权力的设计不适应数字经济兴起治理上的需要，包括数据主权、网络空间主权，跨国数据流动、新旧产业冲突，都带来了新的全球化的不适应”。面对技术无人区带来的挑战，数字治理模式和相关政策亟待转型，在协调经济、社会、环境可持续发展目标的同时，要兼顾公平、就业、包容性发展问题，使创新收益和创新风险间达到平衡。

参考文献

TalkingData：《2019 智能移动终端行业洞察》，http：//www.199it.com/archives/853494.html？tdsourcetag = s_ pcqq_ aiomsg，2019 年 4 月 2 日。

波士顿咨询公司、阿里研究院、百度发展研究中心：《中国互联网经济白皮书 2.0》，2019。

腾讯研究院、中国社会科学院工业经济研究所：《“人工智能 + 制造”产业发展研究报告——概念趋势与互联网赋能机会》，2018。

新华三集团：《中国城市数字经济指数白皮书 2019》，2019。

中国信通院：《云计算发展白皮书 2019》，2019。

中国信通院：《中国数字经济发展与就业白皮书 2019》，2019。

B.6 欧盟数字经济发展报告（2019）

惠志斌*

摘　要： 除去美、中等国家，欧盟数字经济发展在全球范围内仍处于较领先水平，并保持稳步增长。同时，为保持全球竞争力，欧盟对数字经济的投资力度持续加大。此外，欧盟加快推进数字单一市场和数据自由流动，以提振数字经济活力。但欧盟作为一个整体，成员国之间的数字鸿沟依然存在，且在短期内难以消除。

关键词： 欧盟　数字经济　GDPR　数字税

一　欧盟数字经济发展总览

欧洲联盟（European Union，EU），简称欧盟，总部位于比利时的首都布鲁塞尔。截至2018年底，共有28个成员国，正式官方语言有24种，总人口约为5.13亿人。[①] 欧盟是全球最发达的经济体之一，国民生产总值合计约为18.7万亿美元，位列全球第二。[②] 尽管欧盟是全球开始信息化最早的区域之一，但是在新一轮数字经济竞争中略显滞后。目前，欧盟数字经济发展仍落后

---

* 惠志斌，上海社会科学院互联网研究中心执行主任，副研究员。

① 资料来源：世界银行数据库，https：//data. worldbank. org/indicator/SP. POP. TOTL? locations = EU。

② 资料来源：世界银行数据库，https：//data. worldbank. org/indicator/NY. GDP. MKTP. CD? locations = EU。

于美国和中国。根据中国信息通信研究院发布的《G20 国家数字经济发展研究报告（2018）》，全球数字经济规模排名前五位与上一年保持不变，依然是美国、中国、日本、德国和英国。其中，欧盟国家最好的名次是第 4 名和第 5 名。

此外，欧盟各国的数字经济发展水平依然差距较大，部分国家数字经济发展水平在全球处于领先地位，而另一些国家则相对落后（见表 1）。数字经济论坛、阿里研究院和毕马威联合发布的《2018 全球数字经济发展指数》（DEI）报告显示，在全球数字经济发展指数排名中，英国、瑞典、丹麦在欧盟国家中排前三，分别列第 3、5、8 名，而排名最低的三个欧盟国家克罗地亚、保加利亚、罗马尼亚，分别排第 57、58、65 位。同时，在电子政务发展指数方面，《联合国 2018 年电子政务调查报告》（EGDI）① 的相关数据显示，欧盟前 3 名和后 3 名的国家分别为丹麦（第 1 名）、英国（第 4 名）、瑞典（第 5 名）、克罗地亚（第 55 名）、拉脱维亚（第 57 名）、罗马尼亚（第 67 名），平均排名为第 29 名。另据国际电信联盟（ITU）发布的《衡量信息社会发展报告 2018》②，在公民数字技能方面，拥有基本数字技能的公民数量在北欧国家中占比较高，例如，在卢森堡和丹麦，这一比例分别达到 55% 和 47%，而在南欧和东欧国家拥有高数字技能水平的公民数量则相对较低，例如，在罗马尼亚和保加利亚这一比例仅占 10% 和 11%。

表 1　欧盟成员国数字经济发展的总体状况

单位：千人，百万美元

序号	国别	语言	人口①	GDP②	EGDI 排名	DEI 排名
			2018 年	2018 年	2018 年	2018 年
1	德国	德语	82927.92	3996759.29	12	13
2	法国	法语	66987.24	2777535.24	9	18
3	荷兰	荷兰语	17231.02	912872.33	13	10

① 资料来源：https：//publicadministration. un. org/egovkb/en－us/Data－Center。

② 资料来源：*Measuring the Information Society Report 2018*，https：//www. itu. int/en/ITU－D/Statistics/Pages/publications/misr2018. aspx。

续表

序号	国别	语言	人口①	GDP②	EGDI 排名	DEI 排名
			2018 年	2018 年	2018 年	2018 年
4	意大利	意大利语	60431.28	2073901.99	24	24
5	比利时	荷兰语、法语、德语	11422.07	531766.94	27	19
6	卢森堡	卢森堡语、法语、德语	607.73	69487.92	18	25
7	英国	英语	66488.99	2825207.95	4	3
8	丹麦	丹麦语	5797.45	351299.59	1	8
9	爱尔兰	爱尔兰语、英语	4853.51	375902.68	22	26
10	希腊	希腊语	10727.67	218031.84	35	62
11	西班牙	西班牙语、英语	46723.75	1426189.14	17	20
12	葡萄牙	葡萄牙语	10281.76	237978.94	29	36
13	瑞典	瑞典语	10183.18	551031.68	5	5
14	芬兰	芬兰语、瑞典语	5518.05	275683.14	6	11
15	奥地利	德语、英语	8847.04	455736.58	20	16
16	波兰	波兰语、英语	37978.55	585782.87	33	28
17	立陶宛	立陶宛语、英语	2789.53	53251.37	40	34
18	马耳他	马耳他语、英语	483.53	14542.04	30	35
19	匈牙利	匈牙利语	9768.79	155703.07	45	47
20	拉脱维亚	拉脱维亚语	1926.54	34849.08	57	49
21	爱沙尼亚	爱沙尼亚语	1320.88	30284.89	16	23
22	塞浦路斯	希腊语、土耳其语	1189.27	24469.84	36	52
23	斯洛伐克	斯洛伐克语	5447.01	106472.19	49	30
24	斯洛文尼亚	斯洛文尼亚语	2067.37	54235.48	37	36
25	捷克	捷克语	10625.70	244105.22	54	23
26	保加利亚	保加利亚语	7024.22	65132.95	48	58
27	罗马尼亚	罗马尼亚语	19473.94	239552.52	67	65
28	克罗地亚	克罗地亚语	4089.40	60805.66	55	57

①资料来源：世界银行数据库，https://data.worldbank.org/indicator/SP.POP.TOTL?locations=EU。

②资料来源：世界银行数据库，https://data.worldbank.org/indicator/NY.GDP.MKTP.CD?locations=EU。

二　2019年欧盟数字经济进展概要

根据2019年6月欧盟发布的《数字经济和社会指数报告》（*Digital*

Economy and Society Index Report，DESI）①，在过去的一年中，所有欧盟国家都提高了其数字化水平。DESI 从网络连接、数字人力资源、互联网服务应用、数字技术整合和数字公共服务五个维度进行综合评价，其中，芬兰、瑞典、荷兰和丹麦在 2019 年 DESI 排名中得分最高，并且在数字化方面处于全球领先地位，英国、卢森堡、爱尔兰、爱沙尼亚和比利时紧随其后。然而，其他一些欧盟国家（如保加利亚、罗马尼亚、希腊、波兰等）在数字化方面则仍有很长的路要走。报告指出，欧盟作为一个整体需要在数字化方面进一步提升才能保持全球竞争力。

1. 网络连接

网络连接方面涉及固定宽带、移动宽带、高速宽带以及超高速宽带的发展情况。在网络连接层面，得分最高的国家依次为丹麦、卢森堡、荷兰、瑞典和芬兰，希腊、克罗地亚和立陶宛则表现最差。

在电信服务方面，自 2015 年以来，欧洲电信服务总收入一直停滞不前，从 2015 年的 2138 亿欧元下降到 2018 年的 2134 亿欧元，移动和固定语音收入下降了 16.0%。与此同时，尽管美国人口较少，但其电信收入却增长了 2.4%，从 2860 亿欧元增至 2930 亿欧元。在宽带覆盖率方面，欧盟处于全球领先水平。其中高速宽带［下一代接入网（NGA）］覆盖了欧盟 83% 的家庭，高于上年的 79%，而超高速宽带覆盖了 60%，高于上年的 57%。4G 移动通信几乎已经覆盖 99% 的用户，农村地区 4G、VDSL、FTTP 覆盖情况明显改善。固定宽带平均覆盖率保持在 97% 左右，在马耳他、荷兰等 10 个成员国中覆盖率已达到 99% 以上，但波兰、立陶宛、罗马尼亚和斯洛伐克明显落后，家庭覆盖率不足 90%。

2. 数字人力资源

在人力资源方面，根据公众数字技能、软件技能、ICT 专家占比、女性 ICT 专家占比等指标分析，芬兰、瑞典、卢森堡和爱沙尼亚得分最高，保加

① 《数字经济和社会指数报告》，https：//ec. europa. eu/digital – single – market/en/news/digital – economy – and – society – index – desi – 2019。

利亚、罗马尼亚、意大利和希腊得分最低。据报告最新数据，2017 年有 43% 的欧盟人口数字技能水平不足，17% 的人根本没有数字技能，因为他们几乎不上网；35% 的人不具备基本水平的数字技能，同时约 28% 的欧盟互联网用户没有与软件相关的技能。2018 年，在欧盟就业的互联网用户中，74% 的人在工作中会使用计算机或计算机化设备，但这一比例在各国之间存在较大差异，例如，在荷兰这一比例为 93%，而在罗马尼亚这一比例只有 36%。同时，2018 年，新的软件和计算机化设备使 16% 的欧洲互联网用户的主要工作任务发生了变化。此外，2017 年，欧盟有近 840 万人被聘为 ICT 专家，大约占总就业人数的 3.7%，与上年同期相比略有增长。2007 ~ 2017 年，欧盟聘用的 ICT 专家数量增长了 36%，而总体就业只增长了 3.2%。

3. 网络应用

目前，欧盟成员国在互联网服务使用方面仍存在较大差异。在网络应用方面，丹麦、荷兰、瑞典和芬兰的互联网用户最活跃，而爱沙尼亚、马耳他、罗马尼亚、保加利亚和希腊则排在最后。

2018 年，欧盟从不上网的人口比例虽然仍达 11%，但与上一年相比有所下降。然而，在一些成员国中，仍有 1/3 以上的人口不定期上网。83% 的欧盟民众每周至少上网一次，但老年人和受教育程度低或收入低的人群仍持续面临数字排斥的风险。

2018 年，使用互联网进行视频通话、银行业务、音乐视频和游戏的人数比例略有增长（各增长约 3%）。最大的增长来自互联网视频点播，用户比例从 2016 年的 21% 上升到 2018 年的 31%。在线阅读新闻是第二受互联网用户欢迎的活动，其次为购物和使用社交网络。

2018 年，欧盟电子商务继续呈上升趋势，约 69% 的欧盟互联网用户在网上订购商品和服务，23% 的个人通过网上拍卖等方式销售商品或服务。但欧盟成员国之间的电子商务发展差异很大，2018 年，英国有 87% 的互联网用户在网上购物，而在罗马尼亚这一比例只有 26%。

4. 数字技术整合

在数字技术的整合方面，根据企业电子信息共享、大数据、云服务应用比例，以及中小企业电子商务表现等指标测算，爱尔兰、荷兰和比利时的企业是最先进的三个国家，而保加利亚、罗马尼亚、波兰是相对落后的三个国家。

欧洲企业正越来越多地采用数字技术。例如，在分析数据方面，欧盟各地的企业都在不断采用新兴的大数据技术。其中大型公司有33%的比例已经开始采用大数据分析技术，在中小企业中这一比例为12%。同时，近6%的企业会分析来自移动设备的地理定位数据，近4%的企业会分析来自智能设备或传感器的数据。在马耳他，近1/4的企业使用大数据技术。荷兰、比利时和爱尔兰紧随其后，超过20%的企业利用大数据。但塞浦路斯、匈牙利、奥地利和保加利亚的企业很少使用大数据技术。

在云计算方面，26.2%的欧洲企业已经购买云计算服务，并结合云技术来改善运营、降低成本，较2016年增长25%。其中，大型公司（55.6%）的云使用率高于中小企业（25.3%）。此外，17.8%的公司会使用中高端复杂服务［即托管企业数据库、会计软件应用程序、客户关系管理（CRM）软件和计算能力］。2017～2018年，公有云服务［即基础设施即服务（IaaS）、平台即服务（PaaS）和软件即服务（SaaS）］在整个欧盟市场的总收入增长了25%。预计2018～2020年，欧盟的公有云服务收入将继续增长45%。

此外，在机器人应用方面，欧盟企业的应用水平较低，只占6.7%；在3D打印应用方面，有4%的企业使用该项技术；在电子商务方面，只有20%的企业采用电子渠道销售。

5. 数字公共服务

在数字公共服务领域，根据电子政务用户、在线服务完成情况、数据开放、电子医疗服务等指标分析，处于领先地位的国家是芬兰、爱沙尼亚、荷兰和西班牙，而排在最后的国家分别为罗马尼亚、希腊和匈牙利。报告数据显示，在欧盟成员国中数字公共服务的需求正在不断增加，64%的欧盟公民在网上使用公共服务。在瑞典、爱沙尼亚、芬兰和丹麦，超过90%的互联网用户通过政府门户网站提交材料。在电子政务应用方面，2018 年有 24 个国家的表现好于 2017 年，其中葡萄牙和捷克的增幅最大，分别为 18% 和 15%。此外，在为企业提供数字公共服务方面，欧盟在过去 5 年中增长了 25% 以上，增长最快的国家是保加利亚和英国。

在数字医疗方面，根据欧洲民意调查，52% 的欧盟公民希望在线查看医疗和健康记录。但目前欧盟只有 18% 的人使用过在线医疗服务（例如，通过在线获得处方或咨询服务），大多数人（81%）“从未”使用过这类服务。

6. ICT 产业及技术研发

2016 年欧盟 ICT 行业附加值达到 6420 亿欧元，预计未来两年还将继续增长。其中，ICT 服务业占 ICT 行业总附加值的 92%，超过 ICT 制造业，在 ICT 行业中占据主导地位。欧盟 ICT 行业的附加值实际增长速度远远大于其他经济行业。但在全球层面上，欧盟 ICT 行业附加值在 GDP 中的占比落后于主要竞争对手美国、中国和日本。欧盟五大经济体（德国、英国、法国、意大利和西班牙）是 2016 年 ICT 行业附加值的五大贡献国。然而，作为中等规模国家，爱尔兰的 ICT 行业在 GDP 中所占的份额是迄今为止最高的（最新数据显示，2014 年为 11.6%）。

2016 年欧盟 ICT 领域企业研发支出（BERD）达 320 亿欧元，为 2006 ~ 2016 年最高水平。其中 ICT 制造业占 ICT 行业研发支出总额的 34%（110 亿欧元），ICT 服务业占 ICT 行业研发支出总额的 63%（210 亿欧元）。按实际价值计算，欧盟 ICT 行业企业研发支出的增长速度远远大于其他经济行业。但在全球范围内，2016 年欧盟 ICT 研发密度仅为 5%，仍远远落后于美国和日本。欧盟在 ICT 领域的企业研发支出中贡献最大的六个国家分别为法国、德国、英国、意大利、瑞典和荷兰。

此外，经过五年的实施，欧盟“地平线 2020 计划”（Horizon 2020）已向 3000 多个 ICT 领域相关项目拨款约 93 亿欧元。2014 ~ 2018 年，超过 10500 个组织（包括越来越多的私营企业）参与了“地平线 2020 计划”ICT 相关项目。

三 欧盟数字经济政策与规则进展

近两年，欧盟一方面通过“数字单一市场战略”、“数字欧洲计划”、非个人数据自由流动政策等大力推进欧盟范围内数字经济的快速发展；另一方面延续在数字治理方面的严苛态度，通过《一般数据保护条例》、数字税、版权法改革、网络安全认证等加强对数字服务类企业的监管，尤其针对美国互联网巨头，强化数据保护、版权保护、税收改革等各方面的治理，对全球数字经济发展都产生了复杂影响。

1. 关于《一般数据保护条例》

欧盟《一般数据保护条例》（GDPR）是迄今为止最严苛的全球性数据隐私保护法规，违反规定的企业将面临最高2000万欧元或其全球收入4%（两者取其高）的巨额罚款。并且，GDPR的地域管辖范围极其广泛，任何存储或处理欧盟国家内有关欧盟公民个人信息的企业，即使在欧盟境内不设有业务机构，也必须遵守GDPR。2018年5月，GDPR正式实施。欧洲数据保护委员会（European Data Protection Board，EDPB）报告显示[①]，GDPR实施一年以来，整个欧洲经济区的各个国家监管机构共收到约144000份数据安全相关的质询和投诉，以及超过89000件数据泄露事件通知。质询和投诉数量的增加说明民众数据保护权利意识的提高，2019年3月的欧洲民意调查显示，67%接受调查的欧盟公民表示，他们听说过GDPR，36%的人表示他们非常清楚GDPR的内容和要求。

GDPR实施一年多以来，欧盟监管机构已向多家企业开出罚款。EDPB 2019年2月发布的报告显示[②]，来自11个欧盟成员国的监管机构共开出

---

① 1 Year GDPR - Taking Stock, https://edpb.europa.eu/news/news/2019/1-year-gdpr-taking-stock_en.

② First Overview on the Implementation of the GDPR and the Roles and Means of the National Supervisory Authorities, http://www.europarl.europa.eu/meetdocs/2014_2019/plmrep/COMMITTEES/LIBE/DV/2019/02-25/9_EDPB_report_EN.pdf.

5600 万欧元罚款。其中 2019 年 1 月法国数据保护监管机构 CNIL 针对谷歌（谷歌被指违反透明性条款并且出于广告目的处理用户数据）开出的罚款是 GDPR 实施以来的最大一笔罚单，高达 5000 万欧元。

欧盟 GDPR 从颁布到实施以来，一直饱受业界质疑，众多人士认为 GDPR 会严重阻碍技术创新，甚至给人工智能产业发展带来负面影响。2019 年 6 月美国信息技术和创新基金会（ITIF）下属的数据创新中心发布《GDPR 实施一年以来的影响》报告①，从十个方面指出 GDPR 实施以来给各方面带来的挑战，包括对企业、消费者、劳动力市场、数字创新等方面的影响。例如，报告指出，在德国最大贸易协会——德国信息技术、电信和新媒体协会（Bitkom）于 2019 年发起的一项调查中，74% 的受访者表示数据保护要求是新技术发展的主要障碍，相比之下，2018 年的这一数据为 63%，2017 年的数据为 45%。此外，福布斯 2018 年的数据显示，为达到数据保护合规要求，全球 500 强企业大约已经花费了 70 亿欧元。

2. 关于数据自由流动

欧盟认为，非个人数据的自由流动是在欧盟“数字单一市场”战略下打造富有竞争力的数字经济的先决条件。为排除各种不合理的限制，允许在欧盟各地存储和处理数据，2018 年 10 月 4 日，欧洲议会通过《非个人数据自由流动框架条例》，并已于 2019 年 5 月 28 日正式实施，条例规定：①禁止国家设置“非个人数据须在特定成员国存储和处理”的要求。其中，“非个人数据”包括由机器产生的数据或商业数据，以及用于大数据分析的数据集、用于指导精确耕作的数据、维修工业机器所需的数据。②数据本地化仅限于公共安全的目的，且必须通知欧盟委员会并在网上公开。③经授权的机关，出于侦查和审计等目的，可以访问在另一个成员国内处理的数据。④要求制定实施细则，方便市场主体切换云服务提供商以及将数据传回自己的系统。⑤当数据集既含有个人数据，也含有非个人数据时，自由流动规则

① What the Evidence Shows about the Impact of the GDPR After One Year, https://www.datainnovation.org/2019/06/what-the-evidence-shows-about-the-impact-of-the-gdpr-after-one-year/.

适用于非个人数据部分；若个人数据和非个人数据无法分割时，适用《一般数据保护条例》（GDPR）。2019 年 5 月 29 日，欧盟委员会发布《关于非个人数据自由流动指南》，旨在配套《非个人数据自由流动框架条例》，帮助用户特别是中小企业了解非个人数据自由流动与欧盟数据保护规则之间如何相互适用的问题。《非个人数据自由流动框架条例》允许企业和行政部门在欧盟的任何地方存储和处理非个人数据，促进数字经济收益。它与欧盟 GDPR 相辅相成，达到平衡个人数据保护、数据安全和欧盟数字经济发展的目的。

同时，欧盟还积极与美国、日本组成跨境数据传输同盟，并就共同打造"数据流通圈"进行紧密协调和谈判，三方拟通过缔结政府条约和制定数据跨国流通规则，构建数据安全流通的框架。在该"数据流通圈"内，原则上允许个人和产业数据在规则框架内自由流动，并严格限制向个人信息保护体制不完善的国家转移数据。2019 年 1 月 23 日在欧日之间生效的数据流动"适当性决议"，允许几乎所有的个人数据在欧盟和日本之间自由流动。此外，在 2019 年 G20 大阪峰会上，欧盟及其成员国一致支持日本提出的数据自由流动"大阪轨道框架"。该框架将鼓励合作以加强不同框架之间的互操作性，进一步促进数据的自由流动，增强消费者和企业的信任。

3. 关于征收数字税

为扭转欧盟在全球数字经济的不利地位，以及应对数字经济时代欧盟国家在公共财政、收入分配、公平竞争等方面的一系列问题，2018 年欧盟委员会积极推动对企业数字服务收入征税，即数字税，相关数字服务包括搜索引擎、社交媒体、在线视频、即时通信等。2018 年 3 月，欧盟委员会正式提议调整数字税征收规则。4 月 29 日，欧盟委员会再次表示，将在 2019 年实施对大型网络企业的征税计划，并明确表示对谷歌、脸谱和亚马逊等企业将按照收入缴纳 3% 的网络税。其中，法国、西班牙、意大利、德国等欧盟大国是数字税的积极推动者，这些国家认为，由于互联网科技巨头将应税利润转移到低税国家，已造成数百万欧元的税收损失，希望尽快出台解决方案。然而，由于担心收益损失以及美国等国的潜在影响，一些国家拒绝接受这一提案，其中爱尔兰和斯堪的纳维亚地区国家表示强烈反对。2019 年3 月在布鲁塞尔召开的欧盟财长理事会上，数字税计划再度被否决。因此，鉴于部分成员国对数字税持坚决反对态度，欧盟理事会决定放弃在欧盟范围内开征数字税，欧盟认为“转向多边平台寻求支持是更好的出路”，表示将推动 OECD 尽快出台数字税解决方案。

虽然欧盟各国在数字税问题上未能达成共识，但法国、英国、奥地利、意大利等国已宣布在本国内征收数字税。2019 年 7 月 11 日法国参议院通过数字税相关法案，将对法国境内开展数字化业务的互联网巨头征税，税率为数字化业务收入的 3%，适用于全球收入超过 8.47 亿美元且法国国内收入超过 2500 万欧元的企业，尤其是那些使用用户数据提供数字化广告和服务的企业，如 Airbnb 和 Uber 等。法国财政部部长预测，数字税每年将为法国政府带来 5.70 亿美元的收入。英国将在 2020 年 4 月起，针对全球年营收超过 5 亿英镑的企业，对其在英国所得征收 2% 的数字税，英国政府预计此举将增加约 4 亿英镑收入。

征收数字税是欧盟数字经济发展长期规划的一部分，它的实施必将加剧全球数字经济领域的博弈。尤其对于美国而言，将对其数字经济发展产生不利影响。因此，数字税导致欧美之间经贸矛盾加剧。例如，针对法国的数字税法案，美国立即做出反应，称其是“不合理的”，并宣布对其在 301 法案的框架下展开调查。同时，美国也已要求英国政府，取消 2020 年生效的数字服务税，并以与英国之间的自由贸易协定谈判为要挟。

4. 关于《数字单一市场版权法指令》

除去数字税，《数字单一市场版权法指令》也成为欧盟监管机构与美国科技巨头之间的争议焦点。该项议案 2016 年 9 月由欧盟委员会提出，旨在对 2001 年开始实施的欧盟版权法进行修订。欧盟认为，现有版权法已经不适应当前的数字化环境，必须要对其进行改革才能更好地服务数字经济。引发争议最大的分别是法案的第 11 条和第 13 条。第 11 条规定，新闻出版物的出版者对于数字化使用其新闻出版物享有权利。此权利包括复制权和向公众传播权，权利的期限为 20 年。这意味着谷歌、Facebook 等平台在提供新闻聚合服务时需向出版商支付费用，因此该条又被称为“链接税”条款。第13条被称为“上传过滤器”条款，该条要求科技公司部署“有效的内容识别”技术，过滤受版权保护的内容。这意味着平台将需要主动对用户上传的内容进行审查。法案支持者认为创意产业的从业者因数字平台上的知识产权内容分享而减少了收入，法案有助于维护创作者版权利益以及恢复内容创作热情；反对者则认为法案不利于在线内容的多样性，有碍互联网发展进程。

2018年9月12日，《数字单一市场版权法指令》在欧洲议会获得通过。2019年2月20日，欧洲议会、欧洲理事会和欧盟委员会就修订数字单一市场的版权规则达成协议。2019年4月15日，欧洲理事会召开部长会议，对《数字单一市场版权法指令》进行投票表决。这一备受争议的欧盟新版权法最终“闯过”最后一关，正式成为欧盟数字监管领域一项严苛的法律。根据规定，欧盟各国将在未来2年内陆续实施该版权规则。“欧盟观察家”评论称，欧盟新版权法获得通过是欧洲版权法改革进程中的一座里程碑，对于数字时代如何保护内容创作者的合法权益有着重要历史意义。然后，欧盟新版权法更新了互联网时代的在线版权法律，将逐步对欧盟乃至全球的互联网版权问题产生复杂影响。

5. 关于数字安全风险防范

受美国影响，2019年以来，欧盟加强了对数字安全风险的关注，主要聚焦5G安全风险管控方面。2019年3月，欧洲议会通过《关于中国科技对欧盟安全威胁及欧盟应对行动的决议》，呼吁欧盟层面协同行动，应对中国科技给欧盟带来的安全威胁。《决议》回顾了近期国际上对中国科技威胁的指控，即5G设备可能藏有后门，使中国制造商和政府能够在未授权的情况下访问欧盟范围内的个人数据及通信。在此背景下，欧洲议会呼吁欧盟委员会为各成员国提供指南，帮助防范5G设备采购中的网络威胁和漏洞，如从多样化的厂商采购设备、引进多阶段采购流程和制定战略减少欧洲对外国科技的依赖等。2019年5月27日，美国和欧盟在第16届美欧信息社会对话中发表联合声明，重申将在共同价值观基础上：共同应对全球数字经济中的挑战；承诺共同打击网络恐怖主义；强调有必要应对5G网络安全漏洞的风险及其对第三国供应链的威胁。截至2019年7月19日，24个欧盟成员国已经完成了5G网络安全风险评估的第一阶段，2019年10月1日实现全欧盟范围内的评估。欧盟国家5G网络安全风险评估的内容包括：①影响5G网络的主要威胁及其行为者；②5G网络组件、功能及其他资产的敏感性程度；③漏洞的类型，包括技术上的漏洞和供应链方面的漏洞。在此次评估的基础上，2019年12月31日前，欧盟网络信息系统合作小组（NIS Cooperation Group）将制定一个应对风险的措施工具箱。

此外，欧盟《网络安全法》于2019年6月27日正式生效，其主要内容包括两部分：①建立欧盟网络安全认证体系。欧盟委员会将要求ENISA（欧盟网络与信息安全局）提出一个网络安全认证方案，用于评定特定产品、流程或服务的网络安全水平。认证结果在所有成员国范围内有效，有助于企业开展跨境交易，以及用户更快速地理解产品或服务的安全性能。②设立欧盟网络安全局。欧盟将对ENISA无限期授权，允许增加工作人员和财政资源，使其转变为一个执行欧盟网络安全政策的常设机构，即欧盟网络安全局。该机构将为欧盟层面的网络安全能力建设提供支持，协助成员国制定和实施政策，帮助提升公民和企业的网络安全意识。

6. 关于《数字欧洲计划》

为进一步加快欧盟数字经济发展，欧盟委员会于2018年6月6日公布了《数字欧洲计划》，该计划提议在2021～2027年拨款92亿欧元打造“数字欧洲”。《数字欧洲计划》包括投资超级计算机、人工智能、网络安全、数字技能提升、普及数字技术五个方面。2019年2月14日，欧洲议会和欧盟理事会就《数字欧洲计划》达成临时政治协议。2019年6月，欧洲委员会就其拟议的数字欧洲计划前两年（2021～2022年）的工作方向草案向公众展开咨询。该草案提出了2021～2022年欧洲数字经济的优先发展事项，例如，在人工智能方面，设定的目标是建立欧盟范围内的公共数据空间、开发大型测试和实验设备、扩大欧洲AI平台；在计算和数据处理能力方面，设定的目标是开发出百亿亿次级超级计算机、确保最广泛地使用高性能计算基础设施；在网络安全方面，要与成员国共同部署卓越能力网络，建立欧洲网络威胁信息网络，完成5G认证计划，扩大网络安全工具的部署等；在高水平数字技能方面，发展主要数字能力领域的硕士课程，以培训使用先进数字技术的专业人员，在关键能力领域开设短期培训课程，以增加数字专家的数量，并使非技术部门的专业人员具备部署先进数字技术所需的技能；在数字创新中心建设方面，2021 年计划设立 80 个数字创新中心并初步实现网络化，2022 年继续设立 80 个数字创新中心并进一步将网络扩大。

四　欧盟数字经济发展展望

除去美、中、日等国家，欧盟数字经济发展在全球范围内仍处于较领先水平，根据《2018 全球数字经济发展指数》报告，在全球数字经济指数排名前 20 中，欧盟国家有 11 个。另据《衡量信息社会发展报告 2018》数据，欧盟在固定宽带、移动宽带等网络连接方面也处于全球领先地位。未来，依托欧盟的大力政策支持和扩大投资，欧盟数字经济预计将继续呈增长态势。但欧盟体系内的固有桎梏也将长期存在，导致欧盟数字经济发展的各类问题长期无法得到解决。

首先，欧盟成员国数字经济发展的不均衡现象将长期存在。《数字经济和社会指数报告 2019》数据显示，排名前三的芬兰、瑞典、荷兰的 DESI 分数接近 70 分，而排名最后三位的罗马尼亚、保加利亚、希腊的得分只有不到 40 分。同时，在网络连接、数字人力资源、互联网服务应用、数字技术整合和数字公共服务等方面，欧盟国家之间的差距都非常大。总体来看，西欧和北欧国家普遍在全球范围内已跻身领先国家行列，而东欧和南欧国家则在长期内仍将成为欧盟地区的“拖累”。欧盟境内数字鸿沟的长期存在也将在欧盟范围内阻碍相关共识的达成，在政策、法规制定等方面都会有所体现。

其次，欧盟严苛的数字治理规则对数字经济发展的负面影响将持续存在。欧盟在个人数据保护、数字税、版权法、人工智能伦理等方面的规则制定走在全球前面，虽然此举能够使欧盟在全球数字经济发展规则制定中占据主导地位，但也势必会给欧盟自身的数字经济发展带来不利影响。ITIF 下属的数据创新中心发布的《GDPR 实施一年以来的影响》报告显示，2018 年 5 月至 2019 年 4 月，对于密切涉及数据业务的欧洲企业，每月交易数量减少了 30.7%，每个成员国每月的投资额减少了 430 万美元。欧盟也因此正失去对全球数字企业的吸引力，增大数字贸易壁垒。不过，欧盟也已经意识到这一问题的存在。2019 年 2 月 19 日，德国总理默克尔在数字欧洲峰会上呼吁不要过度监管，要消除互联网企业发展面临的各类障碍，为企业发展留出足够的自由空间。因此，未来欧盟也有可能会适度放宽数字领域的某些监管规则，提振欧盟数字经济的活力。

最后，欧盟数字单一市场的建设虽然有一定成果，但在推进方面仍面临挑战。欧洲政策中心 2019 年 8 月发布的《让单一市场发挥作用：启动 2022 年欧洲总体规划》报告显示，在过去的 25 年里，欧洲单一市场已经发展成为最大的单一市场和世界上最一体化的跨国市场。然而，尽管取得了成功，单一市场的推进仍然困难重重，一方面，欧盟机构在就欧盟委员会建议的单一市场改革达成一致方面面临困难；另一方面，一些欧盟成员国无法或不愿正确执行或适用欧盟规则。欧盟认为，当面临激烈的国际竞争时，对单一市场规则的无视只会导致市场进一步分化，使成员国在应对全球竞争方面处于更弱的地位。未来，欧盟将进一步推进数字单一市场的建立，加快数字经济的发展速度。在 2022 年单一市场总体规划中，欧盟针对数字单一市场建设，提出将进一步推动数据的自由流动，审查 GDPR 的实施，为关键数字技术提供有针对性的支持，投资数字技能，并通过网络安全加强信任。

B.7

新加坡数字经济发展报告（2019）

顾　洁*

摘　要： 新加坡完善的信息技术基础设施、高素质的IT技术人才、高效的政府数字治理能力和成熟的商业市场，使其具备了发展数字经济的先决条件。但是，与中美两国充满活力的数字产业相比，新加坡数字经济市场端力量不足、产业数字化创新模式还较为单一。本文从新加坡数字经济基础设施、数字治理情况、数字创新能力、数字行动计划和中新数字经济合作五个维度，对新加坡数字经济发展状况和最新进展进行回顾，勾勒新加坡数字经济全景图。

关键词： 新加坡　数字经济　信息技术　竞争力

一　新加坡整体经济情况

根据世界银行开放数据，2018年新加坡人均GDP为64581美元，高于美国的57904美元，约为中国同期水平的8倍（8078美元），新加坡经济发展水平在全球仍处高位。作为高收入国家，新加坡总体经济仍具有弹性。但从GDP增长率上看，新加坡经济增长势头减弱，2018年新加坡GDP增长率3.14%，低于2017年3.70%的水平。从2010～2018年长期

* 顾洁，上海社会科学院信息研究所助理研究员，管理学博士，研究领域是社会化商务、技术创新、信息安全与隐私。

来看，新加坡经济增长速度下降趋势明显（见图 1），传统经济模式面临后劲不足的问题。

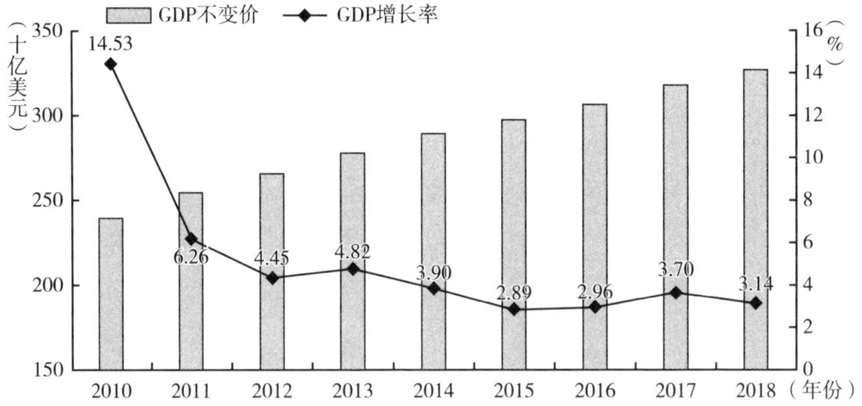

图 1　新加坡总体经济情况（2010～2018 年）

从内部经济状况来看，新加坡 2019 年以来面临人口老龄化、商务成本抬高、外籍人士生活成本上升等挑战。从外部环境来看，新加坡因国内市场有限，主要依靠加工制造业、港口贸易及金融产业，国内经济易受外部经济波动和需求变化的影响。[①] 近一年来，美国与其主要贸易伙伴的冲突以及英国“无交易”脱欧对全球贸易体系产生冲击，新加坡由于其外向型经济特征受到的不利影响尤为突出。全球经济的不稳定性和下行风险还会导致全球金融市场波动加剧，对新加坡金融中心地位产生影响。同时，中国经济结构调整和贸易需求放缓，可能导致新加坡港口贸易和传统工业制造业市场需求缩减。根据新加坡贸易和工业部门公布的数据，2018 年第四季度新加坡制造业同比萎缩 2.7%，建筑业同比萎缩 1.0%，批发和零售贸易部门同比萎缩 1.7%，运输和仓储部门同比增长 0.5%，但低于第三季度 1.9% 的增长率。与此同时，新加坡信息和通信部门同比增长 6.1%，高于第三季度的

① 《新加坡启动数字经济行动计划　将助推中小企业拓展中国市场》，财经新媒体，https：//xw. qq. com/cmsid/20180530A0UJ0400，2018。

5.4%。该行业的增长主要得益于新加坡数字经济的强劲发展势头。

如今，数字经济已经成为全球经济转型发展的新航道。新加坡完善的信息技术基础设施、高素质的技术人才、高效的政府治理能力和成熟的商业市场，使其具备了发展数字经济的先决条件。世界经济论坛发布的《2016 年全球信息技术报告》，对 139 个国家的信息通信技术发展状况进行了全面评估并排出名次，其中新加坡排名第一[①]；在英国"电通安吉斯网络"与英国经济咨询公司牛津经济研究院共同发布的《数码社会指数 2019》排名中，新加坡也稳居榜首[②]。这些排名结果表明新加坡在发展数字经济上具有先天优势。在 2017 年未来经济委员会报告中，新加坡政府将数字经济列入未来经济发展的战略方向。数字经济不仅为传统制造业、金融业、医疗保健和社会治理提供新的生命力，也在创造新的产业模式和经济机会。[③] 同时，数字化也为新加坡本土企业提供进入全球市场的有效手段。但是，与中美两国充满活力的数字产业相比，新加坡数字经济市场端力量不足、产业数字化创新模式还较为单一。本文从新加坡数字经济基础设施、数字治理情况、数字创新能力、数字行动计划和中新数字经济合作五个维度，对新加坡数字经济发展历程和最新进展进行回顾，勾勒新加坡数字经济全景图。

二　新加坡数字经济基础设施

1. 信息通信技术基础设施

新加坡信息通信技术（ICT）基础设施建设推进工作具有前瞻性、持续性。早在 2006 年，新加坡就推出了"智慧国 2025"信息化计划，将 ICT 基

① 《2016 年全球信息技术报告》，世界经济论坛，http：//www.qqjjsj.com/yjbg/122628.html，2016。

② 电通安吉斯网络 & 牛津经济研究院：《数码社会指数 2019》，http：//cn.dailyeconomic.com/business/2019/04/09/4815.html，2019。

③ *Report of the Committee on the Future Economy*，https：//www.gov.sg/～/media/cfe/downloads/cfe%20report.pdf？la = en.

础设施建设纳入国家战略，提出应用 ICT 提高关键领域竞争力。[①] 在这一计划的推动下，新加坡 ICT 产业每年以超过 10% 的速度增长。目前，新加坡信息通信技术（ICT）基础设施建设已居于世界领先地位。新加坡统计局数据显示，新加坡具备全球第一的 4G 网络速度，光纤到家渗透率达到 95%。[②] 在无线网络接入方面，新加坡政府在主要公共区域已经实现免费 WiFi 全覆盖。从 ICT 应用端来看，新加坡互联网用户比例、固定带宽订购率和移动电话订购率均达到稳定水平。新加坡政府还对移动运营商服务水平进行持续监控，以保证用户关键电信服务水平保持较高的满意度。具体如表 1、图 2 所示。

表 1　新加坡互联网基础设施发展情况（2007～2017 年）

年份	互联网用户比例（%）	固定宽带订购（个/百人）	移动电话订购（个/百人）
2007	69.90	19.57	125.18
2008	69.00	22.08	132.23
2009	69.00	24.84	138.65
2010	71.00	26.38	145.53
2011	71.00	27.21	150.58
2012	72.00	27.18	153.06
2013	80.90	27.86	157.40
2014	79.03	27.05	148.74
2015	79.01	26.85	148.74
2016	84.45	25.99	150.48
2017	84.45	25.85	146.82

新加坡安全服务器数量增长显著。2018 年，新加坡每百万人拥有的安全服务器数量为美国的 1.29 倍，相较于中国更是有数百倍的优势（见表 2）。

① 杨学成：《从新加坡“智慧国 2025”看大数据治国》，《通信世界》2017 年第 24 期。

② Infocomm Media Development Authority（IMDA），*Digital Economy Framework for Action*，https：//www2.imda.gov.sg/programme－listing/digital－economy－framework－for－action，2018.

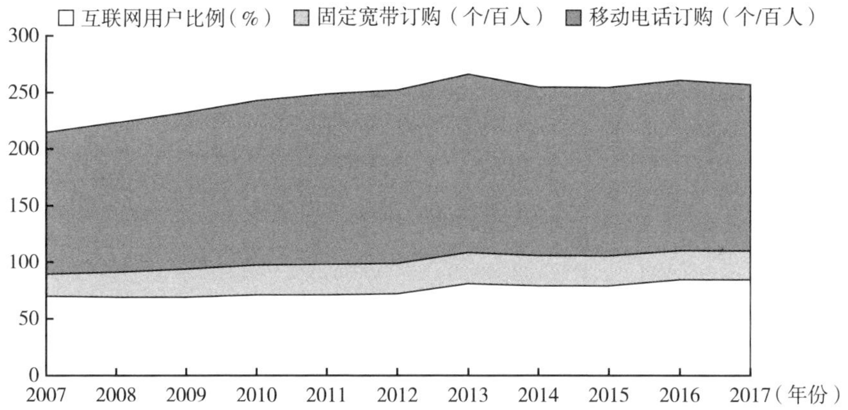

图 2　新加坡互联网基础设施发展情况（2007～2017 年）

资料来源：世界银行。

表 2　新加坡安全服务器数量（2010～2018 年）

单位：个/百万人

年份	新加坡	中国	美国
2010	531.6	1.2	2481.7
2011	927.9	2.0	2986.3
2012	1898.9	3.8	3841.7
2013	2549.5	5.2	4303.2
2014	2544.0	9.8	5129.5
2015	3585.2	19.7	6358.8
2016	19060.7	47.9	11435.1
2017	58690.3	209.1	30335.7
2018	84713.9	446.7	65767.6

根据世界银行数字采用指数（Digital Adoption Index，DAI），新加坡数字采用指数高于中美两大领先数字经济体，其中一级指标中政府采用指数数值尤为亮眼（见表 3）。这与新加坡数字经济“自上而下”、以政府治理为核心的发展模式相匹配。

表 3　世界银行数字采用指数（2014 年和 2016 年）

国家	年份	数字采用指数（总指数）	一级指标		
			商务采用	民众采用	政府采用
中国	2014	0.501	0.471	0.400	0.632
	2016	0.586	0.548	0.525	0.686
新加坡	2014	0.868	0.836	0.805	0.964
	2016	0.871	0.852	0.803	0.957
美国	2014	0.720	0.760	0.665	0.735
	2016	0.747	0.781	0.731	0.730

阿里研究院发布的《2018 年全球数字经济发展指数》，对全球 113 个国家和地区的数字经济发展水平进行排名。① 其中，数字基础设施一级指标维度上，新加坡排名第 7，基础设施建设水平高于中国（排名第 50 之外）、美国（排名第 18）。具体如表 4 所示。

表 4　2018 年全球数字经济发展指数中数字基础设施排名

排名	国家/地区	指数	排名	国家/地区	指数
1	韩国	0.871	7	新加坡	0.815
2	挪威	0.834	8	芬兰	0.815
3	瑞典	0.828	9	阿联酋	0.811
4	瑞士	0.826	10	巴林	0.792
5	丹麦	0.820	…	……	……
6	日本	0.819	18	美国	0.765

2. 数字人才培养

数字人才是数字经济发展的智力基础设施。新加坡政府与高校和企业合作，通过奖学金项目和特殊课程在人工智能、云计算、数据科学和网络安全等多个领域培养与集聚人才，并在社会层面加强相关就业技能培训。2017 年 1 月，阿里云、新加坡国立大学以及新加坡最大的免接触式电子钱包应用

① 阿里研究院：《2018 年全球数字经济发展指数》，http://www.cbdio.com/BigData/2018-09/20/content_5842460.htm，2018。

系统提供商 EZ-Link 签订合作备忘录，通过“以产带学”丰富国立大学的数据科学课程，帮助本地资讯科技人才提高技能，在大数据时代进一步满足企业需求。[①] 2017 年 5 月，新加坡国家研究基金会推出“国家人工智能核心”计划（AI. SG）[②]，该计划的核心内容之一是构建在线学习平台和各类培训项目，帮助不同人群获得所需的 AI 相关技能（见表 5）。

表 5　AI. SG 人才培养计划

名称	适用人群	主要培训内容
AI4E	所有人群	为期 3 小时的研讨会旨在概述人工智能的关键概念，帮助个人理解什么是人工智能，并使他们能够识别日常工作和生活中的潜在应用
AI4I	有工业实践需求人群	为期 3 个月的培训计划，通过面对面研讨会/在线互动，旨在使技术倾向的个人能够开始使用 Python 编程并构建基本的 AI 和数据应用程序
AI4S	新加坡高校学生	将所有新加坡公立学校和高等院校的高级数据科学、机器学习和人工智能课程以无成本的方式提供给所有学生
AI4P	具有新加坡认可学位，需经过测试和面试才能参与	为期 9 个月的全职计划，为行业建立人工智能工程师人才管道

除了对前沿领域关键技术人才的培养，新加坡政府还特别重视提升全民数字素养。2018 年，新加坡推出首个国家数字化准备蓝图（Digital Readiness Blueprint），将提升新加坡人的数字素养上升至国家意识。[③] 新加坡倡导通过政府、高校、企业、社区等多方力量，提升新加坡人使用信息技术的能力。2019 年全球人才竞争力指数（GTCI）报告显示，新加坡在人才竞争力方面

① 阿里巴巴：《阿里云、新加坡国立大学和 EZ-Link 三方携手推动新加坡数字经济发展》，https：//www. alibabacloud. com/zh/press - room/alibaba - cloud - national - university - of - singapore - and - ez - link，2017。

② 新加坡“人工智能加速计划”，https：//www. aisingapore. org/，2018。

③ *Digital Readiness Blueprint*，https：//www. mci. gov. sg/en/portfolios/digital - readiness/digital - readiness - blueprint，2018.

全球排名第二，为亚洲唯一入榜前十的国家。[①]

尽管新加坡在专业领域人才培养和国民数字素养方面均有突出表现，但在产业数字化人才应用方面还存在明显短板。在新加坡，99%的企业是中小型企业，它们雇用了全国2/3的劳动力，贡献了新加坡一半的GDP。但调查数据显示，95%的中小企业不雇用信息与计算机技术的专业人员，其在数字化方面的发展需求难以得到满足。[②]

三　新加坡数字治理情况

新加坡数字治理的主要特点是由一个强而高效的“整体政府”主导（Whole Government Approach），通过自上而下的方式统筹部署。新加坡数字治理成果主要体现在两个方面：一是智慧国家治理在公共领域的落地，二是政府辅助数字技术向产业应用渗透。

1. 智慧国家治理

早在20世纪80年代，新加坡就先后实施完成了“国家电脑化计划”“国家IT计划”“IT 2000计划”，持续推进新加坡智慧国家治理工作。[③]2006年，新加坡推出了“智能城市2015”发展蓝图，通过基础设施建设、产业人才培养和ICT驱动经济效益增长三个方面的工作，力争将这个“城市国家”建设成“智慧的国家、全球化城市”，实现“信息技术无处不在”。[④] 2014年，新加坡将该计划全面升级，公布了名为“智慧国2025”的10年计划，这也是全球第一个智慧国家蓝图。[⑤] 该计划由新加坡资讯通信媒

---

① 瑞士达沃斯：《全球人才竞争力指数》，https：//www.insead.edu/sites/default/files/assets/dept/news/docs/pr－2019－01－21－GTCI－2019－press－release_ －chinese.pdf，2019。

② 《新加坡寻求数字经济新变革》，新加坡狮城新闻，http：//www.shicheng.news/show/496821，2018。

③ 张长亮、韩雪雯、李竟彤：《大数据背景下中国与新加坡智慧城市建设比较研究》，《现代情报》2018年第10期。

④ 逄健、朱欣民：《国外数字经济发展趋势与数字经济国家发展战略》，《科技进步与对策》2013年第8期。

⑤ 杨学成：《从新加坡“智慧国2025”看大数据治国》，《通信世界》2017年第24期。

体发展管理局（IMDA）和新加坡政府科技局（GovTech）统筹推进。该计划的核心是利用大数据、物联网、云计算、人工智能等新一代信息技术，实时收集和分析反映城市运行状况的数据，以支持政府“循证决策”，实现数据惠民（见图3）。

图 3　新加坡数字治理规划演变

“智慧国 2025”的核心工作在于 3C：连接（connect）、收集（collect）和理解（comprehend）。“连接”的目标是建设安全、高速、经济且具有扩展弹性的 ICT 基础设施，“收集”是指通过泛在的传感器和物联网安全获取实时数据。“连接”和“收集”工作已于 2015 年基本完成，目前新加坡智慧国建设已经进入“理解”阶段，即通过分析数据，理解行为规律和预测民众需求，实现公共服务的创新性、协作性和个性化。在“智慧国 2025”计划的引导下，新加坡在电子政务、智慧交通、智慧医疗等方面取得了全球领先的成果。

（1）电子政务

新加坡建立了全球领先的电子政务系统。新加坡电子政务的特点是强调以用户为中心，跨越多部门提供一站式的无缝服务。具体而言，各个政府部门并不单独建立网站，而是根据用户实际需求建立统一的服务平台，最大限度地为用户提供便捷的政务服务。以“电子公民服务中心”为例，该平台围绕公民日常生活所需提供服务，这些服务通常是由不同部门负责完成的。例如，“家庭与社区”类目下，面向老龄人提供护理服务的是卫生部，提供结婚注册服务的是社区发展部。[①] 目前，新加坡已经上线了 1700 多项政府在线服务。民众和企业组织都可以利用统一的电子身份访问在线服务，无须

① 潘吉、王雷：《借鉴新加坡经验，助推“数字苏州”建设》，《中国建设信息》2012 年第 5 期。

在不同类型的服务之间切换身份。统一的电子身份不仅简化了用户的服务接入流程，也有助于政府建立用户全景画像，从而为用户提供更加全面精准的服务内容。

除提供政务服务之外，新加坡政府网站建立了公共数据开放共享平台（https：//data. gov. sg/search），为民众和企业提供覆盖经济、教育、环境、金融、健康、基础设施、社会、技术、交通九大板块的1600多个数据集，鼓励企业和个人通过创新性地使用这些数据，创造经济价值和社会价值。[①] 利用政府提供的公共数据，具有计算机技术的高校博士生团队开发了校内巴士实时到站App（NUSnextBus）。

（2）智慧交通

新加坡智慧交通建设主要包括四大举措。①电子道路收费系统（ERP）。交通闸口和停车场通过自动识别车辆读卡器自动收费，减少人工操作。更重要的是，ERP可以根据不同时段、不同车辆和闸口通行情况收取不同的费用，以控制高峰时段车流量。结合ERP反馈数据和实时交通路况，新加坡对未来1小时内各个路段情况的平均预测准确率达到85%以上，10分钟内的预测结果准确率更是高达90%。②交通道路监控系统。新加坡在1800多个交通路口设置红外探测系统和地下探测圈，对道路通行情况进行实时监测，从而实时调整红绿灯时长，优化路口通行情况。新加坡道路监控系统还与急救、交警系统联动。一旦发生交通事故，相关部门可以在第一时间收到通知从而采取应对措施。③公共交通EZ-Link卡。全国通用的EZ-Link交通卡方便用户出行。同时，EZ-Link卡的信息反映了使用者真实的交通轨迹和出行时段。利用EZ-Link卡汇集的海量数据，新加坡陆路交通管理局可以模拟交通路线，以进一步优化公共交通决策。例如，新加坡陆路交通管理局根据EZ-Link卡的数据分析结果，推行早高峰前免费乘车。④公共交通GPS定位系统。新加坡路面公交均安装GPS定位系统，实时定位公交位置。

① 张长亮、韩雪雯、李竟彤：《大数据背景下中国与新加坡智慧城市建设比较研究》，《现代情报》2018年第10期。

MyTransport、Nestia 等应用程序利用交通信息为用户到站提醒和路线规划服务，方便用户出行。应用程序 Grab 利用交通信息为用户提供出行、配送、行程规划等全方位服务。

（3）智慧医疗

2012 年，新加坡政府推出“新加坡健康医疗 2020 总体规划”，加快推进智慧医疗建设。[①] 新加坡智慧医疗主要包括三个方面的工作。①多源数据汇集和分析（Data Integration and Analytics）。新加坡推进医疗病例数字化和共享平台建设。医生可以通过身份 ID 跨部门获取患者电子病例，提升诊断效率和准确性。病患就诊费用与保险系统对接，患者诊费将直接从相应的医疗保险中扣除。除病情数据和费用数据，医疗平台还记录各大公立医院医疗资源使用情况，为医院合理分配和使用医疗资源提供决策支持。医疗平台还通过问卷记录患者家庭医疗支付能力信息，辅助政府为不同家庭提供医疗津贴。②价值驱动护理结果（Value-Driven Care Outcome，VDO）。[②] 随着新加坡人口老龄化，慢性疾病负担增加和医疗保健成本上升，医疗保健机构面临的挑战是如何改善患者的质量和结果，同时合理化患者所需的成本。为了应对这一挑战，国立大学健康系统（NUHS）发起 VDO 举措，利用数据挖掘驱动医疗保健转型。VDO 围绕每位患者，追踪和记录住院时长、等待手术天数、术后恢复情况、医嘱依存性、抗生素使用情况、术后未预期反诊情况、就诊成本情况等多维度数据，并向医疗保健专业人员提供数据、VDO 绩效指标和可视化追踪比对结果，使他们能够识别具有成本效益的临床实践，促进医院和医生以合理的成本提供优质的医疗服务。③居家保健服务和远程护理试点。政府和企业合作，通过信息技术为老龄患者和行动不便人士提供居家保健和康复支持。例如，T-Rehab 家居康复系统，通过平板电脑和运动传感器，评估病患的详细康复数据，并由指定的治疗师远程调整

① 张长亮、韩雪雯、李竟彤：《大数据背景下中国与新加坡智慧城市建设比较研究》，《现代情报》2018 年第 10 期。

② *VDO：Value-Driven Care Outcome*，https：//www. nuhs. edu. sg/For - Patients - Visitors/Pages/Value - Driven - Quality - Care. aspx，2018.

运动处方。

2. 数据安全治理

新加坡政府高度重视数字安全。[①] 在法律层面，2012 年新加坡出台了《个人信息保护法及个人隐私权法令》（2012 年第 26 号），防范数据泄露和隐私侵犯问题。根据该法令，新加坡成立了个人信息保护委员会，对侵犯和滥用个人隐私信息的企业进行调查。为了应对日益严重的全球网络安全问题，2015 年 4 月，新加坡网络安全局（CSA）正式成立。该机构主要负责统筹各政府部门的网络安全事宜，重点监督能源、陆路交通、海事、民航、水源、保安、医药和银行及金融这八个关键领域的网络安全和数据安全。2016 年 10 月，新加坡发布国际网络安全策略报告[②]，提出建立 ICT 基础设施风险扫描机制和应急管理措施、培养网络安全人才、促进网络安全企业发展、支持科研机构进行网络安全技术的研究、加强网络安全国际合作等具体举措。2018 年 2 月 5 日，新加坡议会通过 2018 年《网络安全法案》（The Cybersecurity Bill），该法案于 2018 年 8 月 31 日生效。该法案提出四大具体任务：①加强对关键信息基础设施的保护，防范网络攻击；②授权 CSA 预防和应对网络安全威胁与事件；③建立共享网络安全信息的框架；④建立数据安全服务商许可制度框架。2018 年 12 月，新加坡金融管理局宣布拨款 4100 万美元加强网络安全能力建设。2019 年 4 月，政府成立公共部门数据安全审查委员会，负责审查和加强整个公共服务的数据安全实践。联合国 2017 年的一项全球调查显示，新加坡是对网络安全“最负责任”的国家。

但是，新加坡也面临愈加严重的网络攻击。美国网络安全报告显示，新加坡在 2017 年第一季度遭受的网络攻击多达 450 万次。新加坡网络安全局发布的《2017 年新加坡网络概况报告》显示，新加坡遭受的网络安全袭击有不断增加的趋势。网络安全提供商 Carbon Black 2019 年发布的新加坡威

---

① 徐济铭：《新加坡网络信息安全管理经验研究》，《江苏通信》2017 年第 6 期。

② 新华社：《新加坡正式公布网络安全策略》，http：//www. xinhuanet. com/world/2016 - 10/10/c_ 1119689364. htm，2016。

胁报告显示，新加坡企业正在面临日益增长的网络安全威胁。在受访的250家新加坡企业中，92%称其遭受的网络攻击量正在增加，95%的网络安全攻击行为非常复杂。[①] 2018年6月，新加坡遭受了有史以来最大规模的网络攻击，150万患者的个人数据和16万人的门诊处方细节遭泄露，其中包括总理李显龙。针对此次数据泄露事件，调查团队提出了多项网络安全升级措施，包括加强关键领域网络基础设施年度审查制度、网络管理员都必须使用双因素身份验证、行业和政府也应该共享威胁情报等。2018年12月至2019年1月、2019年7月至2019年8月，新加坡政府先后两次展开政府漏洞悬赏计划，邀请白帽黑客找出政府网站和网络服务系统的安全漏洞。[②]

3. 促进企业数字化转型

根据瑞士洛桑国际管理发展学院（IMD）最新公布的《2019年世界竞争力年报》，新加坡在全球63个经济体数字竞争力综合排名中位居第二，但在企业数字化的灵活性上排名仅居第18位。[③] 这表明新加坡在企业数字化转型方面遇到瓶颈。与数字经济大国中国、美国相比，新加坡数字经济发展具有强政府、弱市场的特点。具体而言，尽管新加坡在电子政务、智慧交通、智慧医疗等公共领域取得突出成就，但在产业数字化方面，本土企业的创新性和竞争力不足。

认识到问题的新加坡政府出台了一系列行动计划，旨在加快企业数字化转型进程。2016年，新加坡政府设立PIXEL工作坊，为在线内容初创企业提供孵化支持、导师和快速原型环境。PIXEL还将配备沉浸式体验实验室和用户测试实验室，用于实验和测试数字技术。同年，新加坡资讯通信媒体发展管理局（IMDA）建立数字服务实验室（DSL）。DSL将工作重点放在服务

---

① Hariz Baharudin, Nearly All Organisations in Singapore have Suffered Close to 4 Cyber Attacks in Past Year, https://www.straitstimes.com/tech/nearly-all-organisations-in-singapore-have-suffered-close-to-4-cyber-attacks-in-past-year, 2019.

② 《政府悬赏邀白帽黑客找出网络安全漏洞》，《新加坡早报》，https://www.zaobao.com.sg/znews/singapore/story20190701-968860。

③ 瑞士洛桑国际管理发展学院：《2019年世界竞争力年报》，https://www.businesstimes.cn/articles-235596-20190529-6648268877.htm，2019。

部门，在建筑、环境、生活方式、贸易服务等细分领域，根据是否存在生态系统级经济效益、是否与国家战略利益保持一致等标准筛选项目。选定的项目可以获得高达70%的资金支持。DSL还会联合高校、研究机构等技术相关方，共同促进创新概念和关键技术走向市场。2017年，新加坡政府推出“大数据沙盒”，计划构建一个支持创新和风险承担的监管环境，促进创业企业充分利用数字技术进行创新。为推动本土服务业转型升级，2018年新加坡政府推出“服务与数字经济蓝图”，辅助中小企业进行数字转型。2018年5月，IMDA与新加坡理工学院（Singapore Institute of Technology，SIT）合作，推出GoSecure计划，旨在增强本地ICT中小企业的网络安全能力。新加坡政府还计划在2019年推出GoCloud平台，帮助IT领域的中小企业从传统的软件开发架构转向通过云端输送应用或服务的架构，以便更快更高效地开发数字应用。

四　新加坡数字创新能力

新加坡总体创新实力强劲。2008～2017年，新加坡科技论文数量逐年上升（见图4）。在产业创新方面，非居民专利申请占主导地位（见图5），表明新加坡知识产权保护程度和营商环境有利于外部创新主体融合创新。

在数字创新方面，新加坡在人工智能领域研究成果丰富。莫京等（2018）的调查结果显示，新加坡共产出人工智能相关科技论文10274篇，占整个东南亚人工智能科技论文总数的40%。[①] 截至2017年9月，东南亚国家共产出161篇高被引论文，其中新加坡贡献了97篇。在产业创新方面，利用关键词[②]检索新加坡人工智能、大数据、云计算领域（ABC领域）相关

① 莫京、孙运涛、马建华：《人工智能在东南亚》，《科学观察》2018年第4期。

② 专利检索关键词（英文）：大数据、数据分析、Hadoop、人工智能、深度学习、机器学习、云计算、IaaS、PaaS、SaaS、大容量存储器、多租户、并行计算、人机交互、物联网、数据分析、数字经济。

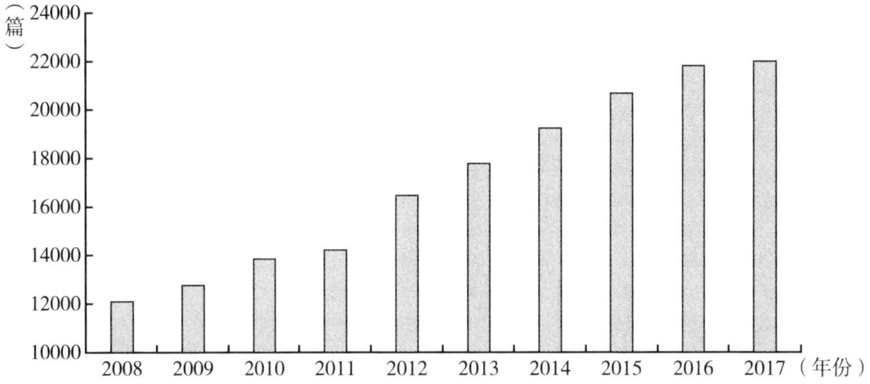

图 4　新加坡科技论文数量（2008～2017 年）

资料来源：Web of Science 数据库中根据国别进行筛选。

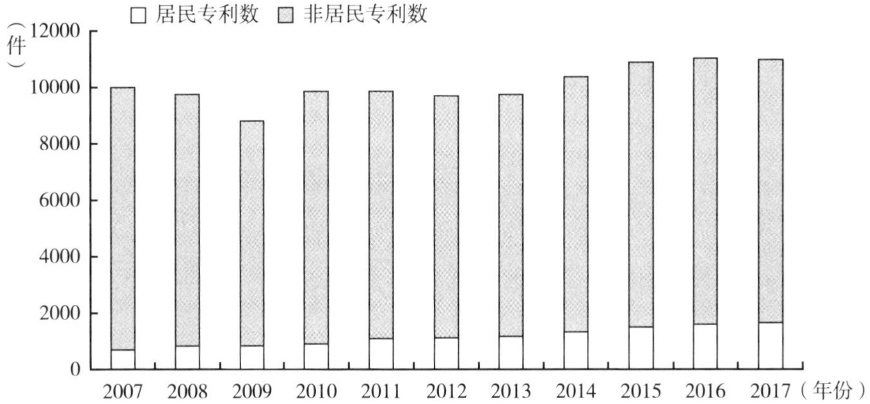

图 5　新加坡专利数量（2007～2017 年）

资料来源：世界银行。

专利，截至 2018 年只获得 266 条专利信息。图 6 显示新加坡 2008～2018 年数字创新相关专利情况。

总体上看，新加坡基础创新能力强（主要是工程、建筑等实体方面）。在数字创新方面，存在科研基础创新和产业创新不平衡现象。新加坡在数字科研基础创新方面增长势头迅猛，这得益于新加坡高等院校的创新科研人才

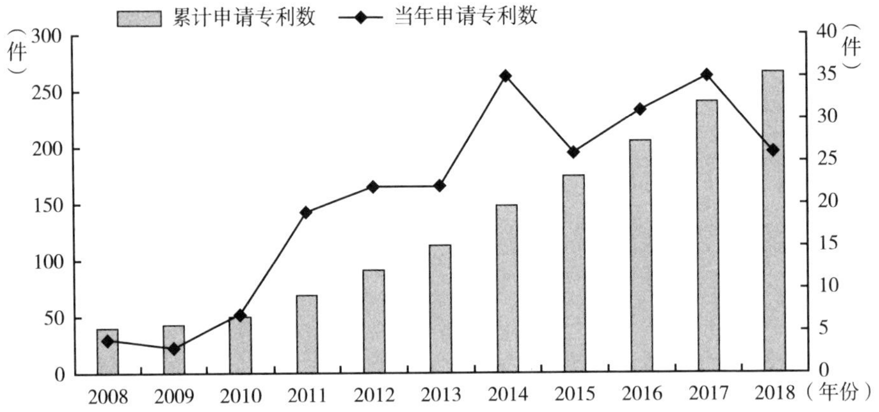

图 6　新加坡人工智能、大数据、云计算相关专利申请情况（2008～2018 年）

实力。但是，新加坡数字产业创新能力较弱（截至 2018 年只检索到 266 条数字创新相关专利信息）。这与新加坡国内数字市场弱，缺乏大型龙头数字科技企业，中小企业数字技术接受度不高有关。

五　数字行动方案

为促进数字经济向社会渗透，新加坡政府面向不同群体推出针对性的数字行动方案。

1. 面向消费者推出数字化服务

新加坡电子商务发展报告显示，2018 年新加坡电子商务创造的经济价值占据 GDP 的 3.2%，在东南亚国家中排名第二，仅次于越南。① 新加坡在线旅游市场交易额也在 2018 年达到了 55 亿英镑。新加坡电子商务市场也吸引着来自全球的资金注入，根据 2017 年电子经济重点研究报告《互联网经济》，截至 2017 年新加坡电子商务市场共吸引资金 160 亿美元。尤其

① 谷歌，“e-Conomy SEA”，https：//www. thinkwithgoogle. com/_ qs/documents/6730/Report_ e-Conomy_ SEA_ 2018_ by_ Google_ Temasek_ v. pdf，2018。

是 Grab、Lazada 和 Sea Group 等“独角兽”公司，优质的 2C 端业务吸引了大量资金。

方便、安全的电子支付方式是消费者数字服务的重要组成部分。新加坡有多种数字电子钱包（分别为不同银行、不同公司机构推出），包括绑定手机号的 Dash、DBS 银行推出的 PayNow 等。不同电子钱包在支付时需要扫描不同的二维码，同时需要商家手工操作支付系统。多种电子钱包为在线支付带来不便。为解决这一问题，新加坡正计划推出全国通用的二维码“SG QR”，使消费者无论使用哪种电子钱包，都能扫描同一个二维码完成付款。

2. 面向中小企业提升数字化经营能力

在新加坡，99% 的企业是中小型企业，它们雇用了全国 2/3 的劳动力，贡献了新加坡一半的 GDP。但调查数据显示，新加坡中小企业在数字化方面的发展表现不佳，95% 的中小企业甚至不雇用具有数字技术能力的雇员。① 为帮助新加坡中小企业提升数字化经营能力，新加坡政府推出了一系列数字行动方案。2017 年，新加坡政府推出 SME Go 数字计划，目的是帮助中小企业使用数字技术，建立强大的数字化能力并参与数字经济。Go Digital 采用更加结构化和包容性的方法，促进中小企业采用数字技术。在 2018 年新加坡数字工业日上，IMDA 宣布引进来自欧盟的“PEPPOL”电子发票标准。应用和推广电子发票不仅帮助中小企业提升经营管理的数字化能力，同时也累计企业进销项数据和供应网络数据，为企业运营管理、行业数字分析等提供精准分析的数据基础。2018 年，新加坡政府还推出虚拟众创平台，将中小企业数字化转型中遇到的问题和问题解决者（行业专家、科研技术人员、金融机构）连接起来。中小企业最低只需要投入 1 万新币就可以加入该平台。寻求帮助的企业可以获得整个平台生态网络的支持。其他促进中小企业数字化转型的行动方案还包括数字化项目管理、虚拟众筹平

① 《新加坡寻求数字经济新变革》，环球网，http：//finance. huanqiu. com/gjcx/2018 - 06/12382502. html？ agt = 132，2018。

台、未来媒体计划和网络安全能力计划等。新加坡政府还计划在 2019 年推出 GoCloud 平台，帮助中小企业利用云计算技术提升数字服务能力。

3. 面向行业打造共性数字技术平台

新加坡政府以行业数字转型需求为导向，打造共性技术平台。新加坡首先选择数字需求较高的媒体行业和建筑行业开展试点。在媒体行业，新加坡政府搭建新的数字内容平台，以数据带动对内容生产的深度洞察。在建筑行业，新加坡政府利用三维建模与可视化、沉浸式媒体、虚拟现实等技术，构建集成数字共享平台。目的是构建更加真实的模拟环境，同时改善整个建筑价值链参与者之间的沟通，从而节约成本，缩短项目交付时间。①

人工智能技术是数字经济发展的重要引擎。为把握数字经济增长机遇，2017 年 5 月，新加坡国家研究基金会推出“国家人工智能核心”计划（AI. SG）。该计划聚合国家研究基金会、智慧国及数码政府工作团、经济发展局、IMDA、新加坡创新机构和综合保健信息系统公司六大机构，目的是联合产学研力量促进人工智能技术研发和产业应用。AI. SG 推出 100 个实验（100 Experiment）计划，目的是帮助创业团队解决人工智能技术开发和应用中的实际问题。通过接入 AI. SG 的技术和资源，创业企业能够减少开发技术原型的风险和成本。

六　“一带一路”中新合作

张伯超与沈开艳（2018）在对国家数字经济发展就绪度定量研究中指出，新加坡的数字经济发展就绪度在“一带一路”沿线国家中位列第一。②新加坡不仅为我国北京、上海等大型城市的数字经济发展模式提供学习模板，也凭借其优越的数字条件成为我国拓展国际数字经济合作的重要伙伴。

① 新加坡研究基金会：《虚拟新加坡》，https：//www. nrf. gov. sg/programmes/virtual - singapore，2018。

② 张伯超、沈开艳：《“一带一路”沿线国家数字经济发展就绪度定量评估与特征分析》，《上海经济研究》2018 年第 1 期。

对新加坡而言，由于其本国市场过于狭窄，与中国企业和城市构建数字经济战略合作伙伴关系也有助于其获取长期发展所需的市场资源和创新动力。在城市合作层面，2018 年达成的中（重庆）新战略性互联互通示范项目，目的是促进双方企业对两地市场形成更深层的认识，加快新兴技术和创新项目落地。在 2018 年 8 月举办的新加坡 – 重庆数字经济高端论坛暨企业对接会上，中新双方企业代表在区块链、云技术、智慧物流、智慧旅游、跨境支付和跨境企业信息平台等领域收获 11 个合作项目，签约总金额约 34 亿元。中新双方还在信息通信领域积极探索大数据智能化及数字经济的合作机会。在企业层面，阿里云、新加坡国立大学以及新加坡最大的免接触式电子钱包应用系统提供商 EZ-Link 签订合作备忘录。阿里云将与新加坡国立大学在云计算、大数据分析、人工智能、网络安全、量子计算及互动数字媒体等方面寻求联合科研项目合作机会。同时，阿里云也将辅助 EZ-Link 公司对海量电子钱包支付数据进行分析和挖掘，以形成对新加坡公民出行、购物等行为规律的深度洞察。

七　结语

新加坡具备数字经济发展所需要的各方面条件和环境。凭借其完善的信息化基础设施和独具特色的国家治理能力，新加坡在电子政务、智慧交通、智慧医疗等公共领域的表现都处于全球领先地位。但是，新加坡狭小的本国市场和“保姆式”的数字经济发展模式，也使企业在数字创新方面活力和创新性不足。新加坡未来的数字经济发展需要在细分领域成为领先者，并通过与中国等数字市场庞大、数字资源充沛的国家开展合作，获取更多的资源和动力。

城　市　篇

City Reports

B.8
旧金山湾区数字经济发展报告（2019）

海骏娇*

摘　要： 旧金山湾区是全球信息技术和数字经济发展的标杆地区，行业巨头集聚、创新环境优越，近年来持续保持着很高的经济活力。本报告梳理了2017年湾区数字经济发展概况，分析了其产业竞争力来源，列举了2018年度湾区五大数字经济事件，部分数据与中国或中国上海同期发展水平进行了对比，以期为相关地区数字经济的未来研究和实践提供启示。

关键词： 旧金山湾区　数字经济　信息技术　竞争力

* 海骏娇，上海社会科学院信息研究所助理研究员，主要研究方向为产业转型升级、区域可持续发展。

一　旧金山湾区[1]数字经济概况

作为全球信息技术和数字经济发展的核心与引擎，旧金山湾区目前仍处于经济高速增长、创新高度活跃的时期，主导领域信息产业继续保持着发展潜力。

1. 2017年旧金山湾区宏观经济概况

根据美国商务部经济分析局（Bureau of Economic Analysis）发布的都市区 GDP 数据，2017 年旧金山湾区经济增长强劲。区域整体 GDP 达到 8375 亿美元，名义增速达到 6.3%（实际增速 4.8%），成为世界第十八大经济体（见图 1）。

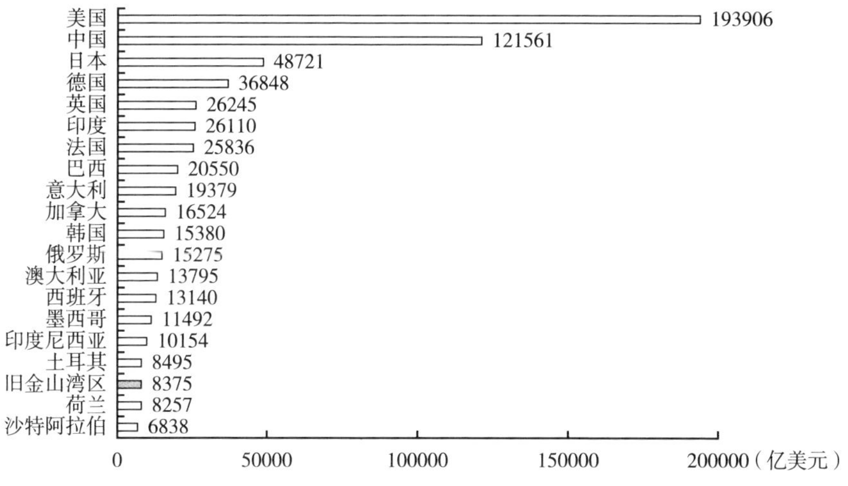

图 1　2017 年世界主要经济体 GDP 对比

资料来源：国际货币基金组织数据库（IMF Data Mapper），中国国家统计局国家数据平台。

① 根据湾区议会经济研究所（Bay Area Council Economic Institute）的定义，旧金山湾区统计范围包括五个都市区（MSAs），①San Jose-Sunnyvale-Santa Clara，②San Francisco-Oakland-Hayward，③Napa，④Santa Rosa，⑤Vallejo-Fairfield；或九个郡（County），①Alameda，②Contra Costa，③Marin，④Napa，⑤San Francisco，⑥San Mateo，⑦Santa Clara，⑧Solano，⑨Sonoma。

湾区保持了较高的经济活力，其增长主要得益于技术领域，以信息经济为主导的旧金山－奥克兰都市区（San Francisco-Oakland-Hayward）和圣何塞都市区（San Jose-Sunnyvale-Santa Clara）引领了整个湾区的发展。旧金山－奥克兰都市区在湾区经济中占据绝对份额，占比接近60%，2017年GDP达到5007.1亿美元，略高于中国上海同期水平。圣何塞都市区以7.6%的实际增速引领湾区发展，远高于2.1%的美国平均增速，也略高于上海市6.9%的实际增速（见表1）。

表1　2017年旧金山湾区GDP及增速

单位：亿美元，%

区域	GDP	GDP实际增速	信息产业**增加值
旧金山－奥克兰MSA	5007.1	3.4	484.32
圣何塞MSA	2752.9	7.6	464.37
圣罗萨MSA	286.7	3.2	9.71
瓦列霍MSA	214.2	2.4	2.71
纳帕MSA	114.5	2.9	0.93
旧金山湾区	8375.4	4.8	962.03
加利福尼亚州	27468.7	3.0	2755.28
美国	193906.0	2.1	10507.67
中国上海	4537.0*	6.9	—
中国	121560.8*	6.8	—

注：*根据《中华人民共和国2017年国民经济和社会发展统计公报》，2017年人民币平均汇率为1美元兑6.7518元人民币。

**基于2012版北美产业分类系统（NAICS）。

资料来源：美国商务部经济分析局网站（U.S. Bureau of Economic Analysis）Regional Economic Accounts，中国国家统计局国家数据平台。

2. 2017年旧金山湾区信息产业概况

2017年，旧金山湾区信息产业增加值达到962.03亿美元，占加州信息产业份额的34.92%，占全美信息产业份额的9.16%。按照区域划分，旧金山－奥克兰都市区信息产业增加值最高，达到484.32亿美元；圣何塞都市区紧随其后，为464.37亿美元；圣罗萨、瓦列霍、纳帕三个都市区信息产业规模较小，分别仅有9.71亿、2.71亿、0.93亿美元。

2001～2017年，湾区信息产业规模迅速增加，从266.47亿美元增长到962.03亿美元，年均增长率达到8.35%。在五个都市区中，圣何塞的年均增速最快，达到11.44%，对湾区整体增速贡献最大；旧金山－奥克兰为6.54%，增速平稳；瓦列霍年均增长率为4.05%；圣罗萨为3.00%；纳帕信息产业规模缩小1.43%（见图2）。

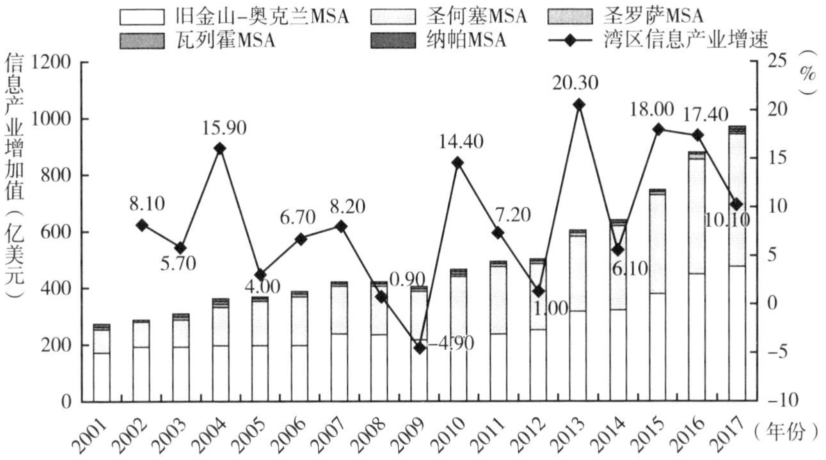

图2　2001～2017年旧金山湾区信息产业增加值构成及增速变化趋势

注：2001年瓦列霍MSA信息产业增加值，2015年、2016年圣何塞MSA信息产业增加值数据暂缺，采用插值法估算。

资料来源：美国商务部经济分析局网站（U.S. Bureau of Economic Analysis）。

湾区信息产业增加值占比不断攀升，从2001年的6.52%增长到2017年的11.49%。其中，旧金山－奥克兰信息产业占比小幅提高，从2001年的7.11%增长到2017年的9.67%；圣何塞信息产业占比大幅攀升，从2001年的6.40%增长到2017年的16.87%；圣罗萨、瓦列霍的占比基本维持不变，分别从3.47%、1.40%降低到3.39%、1.26%；纳帕信息产业占比下降相对显著，从1.99%降低至0.81%（见图3）。

综上所述，旧金山湾区的信息产业仍然保持较高活力，集聚在旧金山－奥克兰和圣何塞两个都市区。其中，旧金山－奥克兰的体量规模较大，圣何塞的发展前景更优。

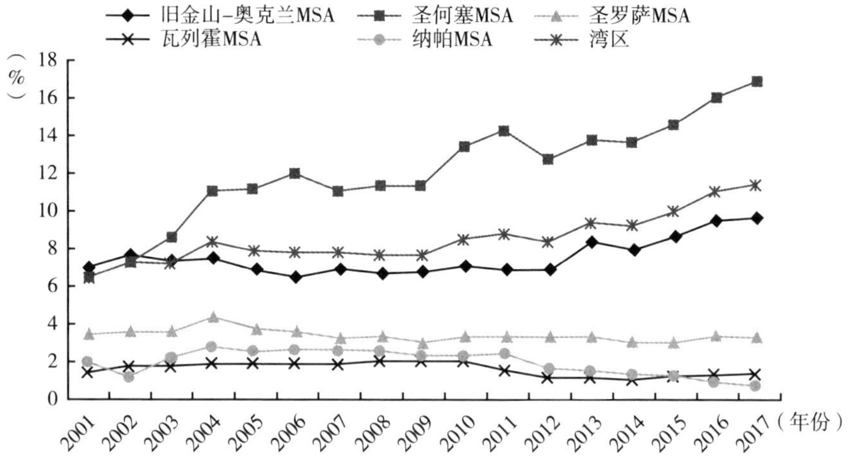

图3 2001~2017年旧金山湾区及五大都市区信息产业增加值占比变化趋势

资料来源：美国商务部经济分析局网站（U. S. Bureau of Economic Analysis）。

二 旧金山湾区数字经济竞争力分析

尽管已是全球数字经济发展的核心之一，但是得益于世界一流的创新创业生态、超高密度的风险投资、屈指可数的高等教育水平以及超高素质的劳动力，旧金山湾区保持着充沛的信息技术创新活力，仍具有很好的发展趋势。

1. 企业巨头集聚

总部位于旧金山湾区的数字经济企业巨头数量远多于其他同类地区。一方面，在全球上市公司市值前五的公司中，苹果、谷歌、Facebook 三家公司总部均位于旧金山湾区，且都是互联网企业，广泛涉及消费电子、搜索引擎、数字社交等领域，在全球数字经济企业中具有领军地位。

另一方面，根据2018年“美国财富500强企业榜单”，33家500强企业总部位于旧金山湾区。[1] 这些公司的市值总和约80%集中在信息技术领

① Bay Area Council Economic Institute and McKinsey & Company. *Continuing Growth and Unparalleled Innovation-Bay Area Economic Profile Tenth in a Series.* San Francisco, 2018.

域，其余部分广泛涉及消费品、金融服务、医疗保健等领域，但是几乎都与数字经济和信息技术息息相关。除了18家传统意义的信息技术公司Google/Alphabet、Apple、Facebook、Oracle、Intel、Hewlett-Packard、Cisco Systems、Western Digital、Adobe Systems、Nvidia等，还有Visa、PayPal等数字金融公司，Tesla等无人驾驶汽车企业，以及Netflix等数字媒体平台，涵盖极其多样的数字经济技术领域（见表2）。据不完全统计，与数字经济直接相关的企业占比超过2/3。

表2　总部位于旧金山湾区的2018年美国财富500强企业汇总（2017年数据）

单位：家

行业领域*	企业数量	企业清单
信息技术	18	Apple；Hewlett-Packard；Hewlett Packard Enterprise；Net App；Western Digital；Oracle；Adobe Systems；Salesforce. com；Cisco Systems；Synnex；Google/Alphabet；Facebook；eBay；Applied Materials；Intel；Sanmina；Lam Research；Nvidia
金融	5	Visa；PayPal；Wells Fargo；Charles Schwab；Franklin Resources
能源	2	PG & E Corp.；Chevron
消费品	5	Core-Mark Holding；Clorox；Gap；Ross Stores；Tesla
其他	3	Netflix；Gilead Sciences；McKesson

注：*参考Bay Area Council Economic Institute的湾区经济发展报告，对财富中文网500强企业数据库的行业分类进行归并。其中，信息技术领域包括计算机、办公设备，计算机软件，网络、通信设备，电子、办公设备，互联网服务和零售，半导体、电子元件六个行业；金融领域包括金融数据服务、证券、商业银行三个行业；能源领域包括天然气和电力、炼油两个行业；消费品领域包括服装零售、食品批发、家居和个人用品、车辆与零部件四个行业；其他领域包括娱乐、制药、保健三个行业。

资料来源：财富中文网500强企业数据库。

2. 创新活动活跃

卓越的创新能力和高技术劳动力为旧金山湾区的数字经济发展提供了充足的动力。一方面，湾区的专利数量具有绝对优势。2015年，湾区专利授权量为24350件，是纽约都市区的3倍多，占美国当年全国专利授权量的17.3%；百万人专利拥有量为3683件，同样远超其他知名都市区（见图4）。

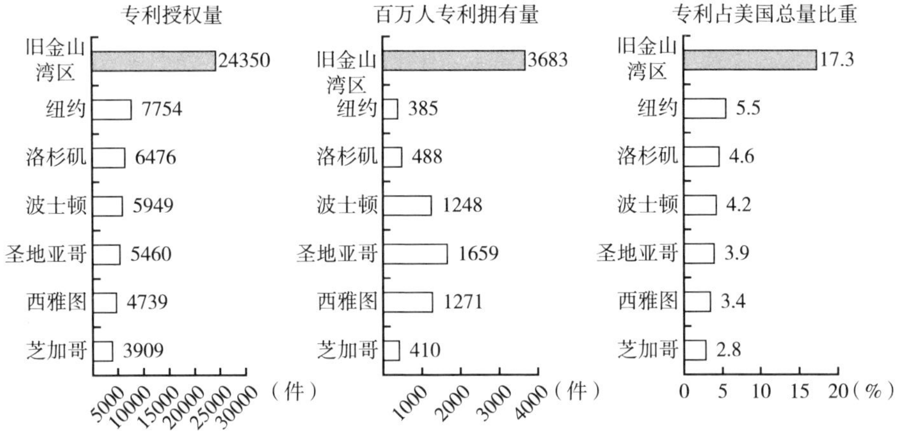

图4　2015 年旧金山湾区与美国其他都市区专利数据对比

资料来源：Bay Area Council Economic Institute and McKinsey & Company. *Continuing Growth and Unparalleled Innovation-Bay Area Economic Profile Tenth in a Series.* San Francisco，2018。

另一方面，旧金山湾区经济发展正在提供越来越多的高技术劳动岗位。自 2008 年经济大萧条以来，湾区高技术劳动岗位增加了 45%，年均增长 5%；至 2017 年，高技术劳动岗位已超过 75 万个。其中，圣何塞都市区和旧金山 – 奥克兰都市区的高技术劳动岗位集中度在全美都市区中名列前茅，2017 年，圣何塞都市区高技术劳动岗位密度区位熵高达 2.40，旧金山 – 奥克兰达到 1.59，分别居全美第 1 位和第 3 位（见图 5）。

3. 教育水平极高

旧金山湾区数字经济保持竞争力的重要原因之一在于区域内劳动力受教育程度很高、人力资源充足且富有创业精神。一方面，2016 年，旧金山湾区 25 岁以上的成年人中拥有大学及以上学历的人数占 46%（2010 年约 42%），这一数字远高于 31% 的美国平均水平（2010 年约 28%）。① 2010 年，上海常住人口中获得大学及以上学历的人数占比约 22%，同期中国平

① Bay Area Council Economic Institute and McKinsey & Company. *Continuing Growth and Unparalleled Innovation-Bay Area Economic Profile Tenth in a Series.* San Francisco，2018.

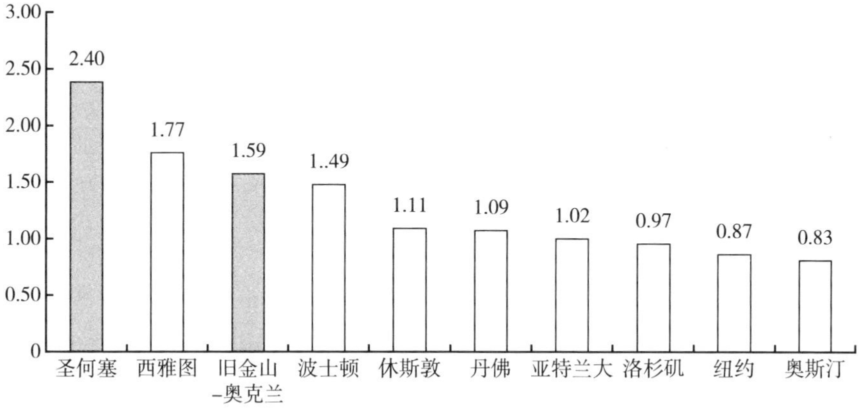

图 5　2017 年美国都市区高技术劳动岗位区位熵排名

资料来源：Bay Area Council Economic Institute and McKinsey & Company. *Continuing Growth and Unparalleled Innovation-Bay Area Economic Profile Tenth in a Series*. San Francisco，2018。

均值仅有 9%。此外，除了来自世界各地的高素质劳动力流入强度大，湾区本地人口受教育程度也很高，旧金山本地人口拥有大学及以上学历的人数达到 29%、圣何塞达到 27%，均高于纽约、波士顿、洛杉矶等城市的同期水平。

另一方面，旧金山湾区拥有斯坦福大学、加州大学伯克利分校等世界一流大学，培养了世界上最具创业精神的学生。根据 PitchBook 发布的 *2017 Universities Report*，2009 ~ 2017 年，斯坦福大学的 1929 名毕业生创办风投企业 1673 家，收到风投资金 409 亿美元；加州大学伯克利分校 1433 名毕业生创办风投企业 1275 家，收到风投资金 223 亿美元（见表 3）。在这些企业中，不乏 Snap（总部位于洛杉矶）、Zynga（总部位于旧金山）、Opendoor（总部位于旧金山）等著名“独角兽”公司。这些获得风险投资的学生通常把公司建在就读地区或附近，能够为该地区带来商业和资本机遇。

4. 发展势头良好

信息技术产业对旧金山湾区的经济增长贡献率巨大，且发展势头很好。一方面，信息技术企业的销售额远超其他行业。2011 ~ 2018 年，在湾区所有上榜“美国财富 500 强企业榜单”的企业中，信息技术领域企业的销售

表 3　2009～2017 年风险投资公司创始人的教育背景

大学毕业学校	毕业生数量（人）	创立公司数量（家）	获得风投金额（亿美元）
Stanford	1127	957	226
UC Berkeley	1089	961	171
MIT	907	780	161
Harvard	844	750	219
University of Pennsylvania	788	712	139
Cornell	721	666	148
University of Michigan	689	614	94
University of Texas	600	551	59
Tel Aviv University	582	486	67
University of Illinois	506	460	63
MBA 毕业学校	毕业生数量（人）	创立公司数量（家）	获得风投金额（亿美元）
Harvard	1203	1086	282
Stanford	802	716	183
University of Pennsylvania	666	585	160
INSEAD	455	406	78
Northwestern University	445	417	57
Columbia University	441	410	55
MIT	437	384	78
University of Chicago	405	368	55
UC Berkeley	344	314	52
UCLA	247	232	40

资料来源：PitchBook，*2017 Universities Report*；Bay Area Council Economic Institute and McKinsey & Company. *Continuing Growth and Unparalleled Innovation-Bay Area Economic Profile Tenth in a Series.* San Francisco，2018。

额占比保持在 60% 左右。2018 年信息技术企业销售额占比约为 55%，在进一步细分的行业分类中，计算机办公设备销售额占比最大，达到 46%（见图 6）。

另一方面，信息产业的生产率增长速度远超其他产业。2007～2017 年，旧金山湾区信息产业生产率年均增长 4.6%，同期全产业生产率年均增速为 1.8%（见图 7）。

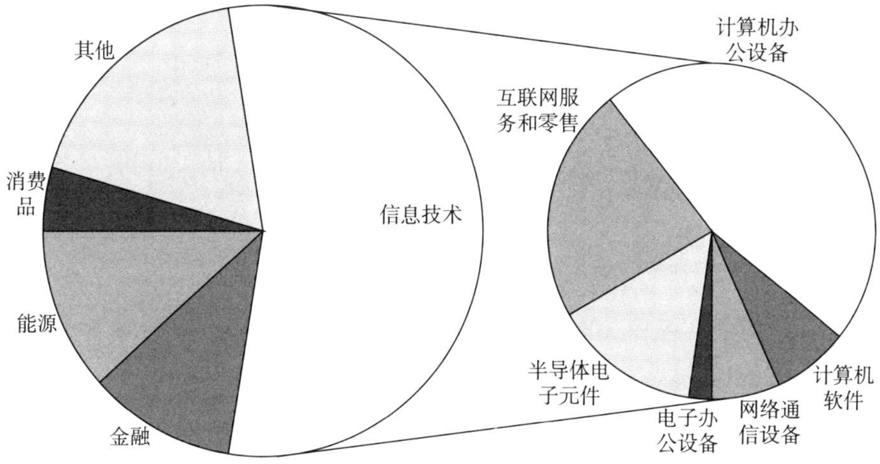

图6　2018年旧金山湾区美国财富500强企业销售额行业分布

资料来源：财富中文网500强企业数据库。

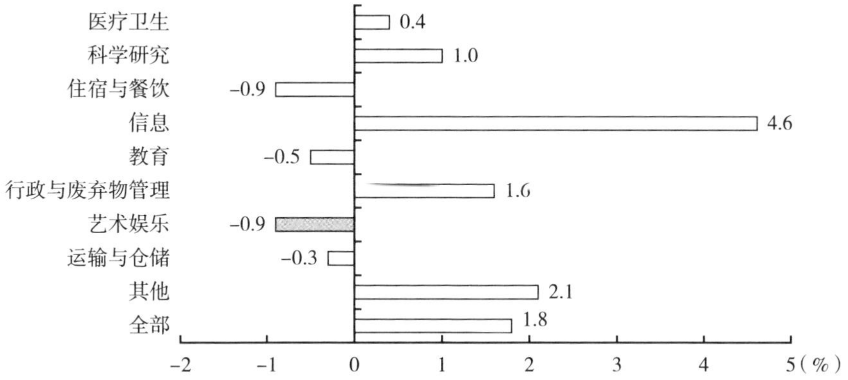

图7　2007～2017年旧金山湾区信息产业和其他主要产业生产率年均增速

资料来源：Bay Area Council Economic Institute and McKinsey & Company. *Continuing Growth and Unparalleled Innovation-Bay Area Economic Profile Tenth in a Series*. San Francisco，2018。

特别是苹果、谷歌和Facebook这三家湾区科技领军企业保持着超高发展速度。2013年以来，每家公司的总收入以平均每年12.2%的速度增长，而同期其他上榜“美国财富500强企业榜单”的经济巨头年均增速只有约1.2%。

三　旧金山湾区数字经济产业重大事件

旧金山湾区数字经济发展基础雄厚、活力持续，然而作为科技创新的前沿领域，产业发展伴随着一定风险。根据新闻热度和专家评议结果，2018年旧金山湾区数字经济领域重大热点事件梳理如下。

1. 苹果市值突破万亿美元，成为全球首家市值破1万亿美元的科技公司

2018年8月2日，总部位于旧金山湾区南部库比蒂诺市（Cupertino）的苹果公司股价达到204.84美元，根据苹果最新股本数48.82亿只计算，公司市值突破1万亿美元大关，正式成为全球首家市值突破1万亿美元的科技公司。

根据对同期数据的统计，中国市值最大的科技公司是在港股市场上市的腾讯控股，截至2018年8月2日，市值约2.8万亿人民币，仅有苹果公司的约43%；国内A股市场市值最大的科技公司（信息技术板块）是富士康工业互联网股份有限公司（工业富联），市值接近3200亿人民币，仅有苹果公司的不足5%。[①]

2. Google I/O 2018大会召开，Google Duplex人工智能助手电话预约如同真人

2018年5月8日，在旧金山湾区山景城（Mountain View）举办的2018年度谷歌开发者大会Google I/O上，Google向外界展示了其人工智能技术在语音通话应用上的最新进展。通过名为Duplex的新技术，在理解人类自然语言、生成自然语音和高速及时回复等方面取得了重大突破。可以用真实而流畅的语音和电话另一头的人类完成交流，灵活处理意料之外的发展状况，完成一系列真实世界的任务，而电话另一端的用户甚至意识不到正在与AI

① 刘丽丽：《创造历史！刚刚，苹果市值首次破1万亿美元，成首个破万亿的科技公司》，2018年8月3日。

进行对话。

Google Duplex 在预约领域通过了图灵测试，这标志了人工智能领域的重大进展。然而该技术目前仅是封闭场景测试阶段，如帮助用户预订理发店和餐馆。封闭场景意味着对话可能涉及的内容足够少，Duplex 使用这些场景的匿名电话对话数据进行了深度学习训练，从而可以在谷歌自动语音识别系统（ASR）生成输入文本的基础上，通过复杂的理解模型（RNN 网络）生成应答文本，再通过文本转语音（TTS）系统读出来。①

3. Waymo 获加州完全无人驾驶公共道路路测许可证

2018 年 10 月 30 日，Waymo 宣布获得美国加州机动车管理局（DMV）颁发的第一张全无人驾驶公共道路路测许可证。Waymo 是谷歌母公司 Alphabet 旗下的自动驾驶汽车研发企业，总部位于旧金山湾区的山景城。

加州机动车管理局发放的自动驾驶路测许可已覆盖 60 家公司，但这类牌照的测试车上必须配备人类安全员。而 Waymo 这次获得的牌照意味着测试车上无须安全员，仅需要有远程操控的能力。Waymo 的路测许可允许其在城市街道、乡村道路和高速公路上日夜进行测试，限速 65 英里/小时，活动范围限制在山景城及其周围的划定区域内，同时测试车辆限制在 30 辆左右。②

此前，Waymo 在美国 25 个城市的公开道路上的路测里程已经超过 1000 万英里，并已进入“早期阶段的商业化”，根据摩根士丹利（Morgan Stanley）的报告，公司估值可能达到 1750 亿美元。此外，Waymo 已于 2018 年 5 月在上海自贸区设立独资公司。③

4. Facebook-Cambridge Analytica 爆出数据泄露丑闻

2018 年 3 月 18 日，美国《纽约时报》、英国《卫报》和《观察家报》等媒体同时发文称，Cambridge Analytica 公司利用了从 Facebook 不当收集的

---

① 《Google Duplex 展示了它在现实世界的会话技能》，太平洋电脑网，2018 年 5 月 10 日。

② JamesYang：《Waymo 拿下加州首张完全无人驾驶路测许可证》，2018 年 11 月 2 日。

③ 孙茜茜：《继实现“早期商业化”后，Waymo 又获加州首张完全无人驾驶许可证》，2018 年 10 月 31 日。

5000 万用户的个人数据，来为特朗普 2016 年总统竞选提供数据采集、分析和战略传播。此次数据泄露丑闻造成 Facebook 公司股价连续下跌，两个交易日市值蒸发约 500 亿美元，并创造 4 年来最大单日跌幅。[①]

Facebook 事件揭露的用户数据泄漏方式并不新奇，但是由于与美国大选、英国脱欧等国际重大政治事件相关联，才引起媒体广泛关注，从而催生互联网用户对数据泄露的重视和担忧。事实上，此类数据泄漏每天都在发生，用户在网站上注册的内置小程序，都是在向 Facebook 等主平台获取用户个人信息的访问权限，用户点击同意协议，小程序“合规”拿走用户信息，进而实现各种未必“合规”的目的。Facebook 等主平台同样在“合规”利用用户信息，用户在网站上的每项操作都被输入一组数据中，从而实现针对性的广告推送等。这一用户数据泄漏途径就是网站正常运作的一部分，人们在知情的情况下提供了他们的信息，网站安全系统没有受到黑客攻击。因此，Facebook 坚称此次事件不是“数据泄露”。然而，最终结果与真正的数据泄露一样，用户失去了对重要数据的控制，并对此一无所知[②]，但这次事件也引发了企业和广大用户对网络数据安全的一次认知和反思。

5. Uber 自动驾驶汽车撞死行人首例事故

2018 年 3 月 17 日，正在进行自动驾驶测试的 Uber SUV 在亚利桑那州坦佩市（Tempe）发生交通事故，与一名正在过马路的行人相撞，致后者死亡。事故发生时该辆 SUV 处于自动驾驶模式，车座上的安全驾驶员当时未实施及时干预。事件发生后，Uber 已经暂停了在坦佩、匹兹堡、旧金山和多伦多等城市进行的所有自动驾驶汽车测试。此前，Uber 自动驾驶车由于在旧金山出现闯红灯、抢占自行车道等行为，一度被加州车辆管理局吊销了在旧金山自动驾驶汽车的测试执照。[③]

随着自动驾驶技术的发展，相关公司正在快速加路测的次数和范围。此次交通事故降低了民众和政府对这项技术的信任，尤其是其面对行人、十字

① 《Facebook 数据泄露丑闻：被当成了操控大选的工具》，威锋网，2018 年 3 月 21 日。
② 《Facebook 数据泄露丑闻是怎么回事？如何管理好个人信息?》，腾讯证券，2018 年 3 月 21 日。
③ 《自动驾驶汽车撞死行人首例事故　这不仅仅是 Uber 的危机》，极客公园，2018 年 3 月 20 日。

路口、夜晚、雨雪天气等实际复杂环境时的应对能力。自动驾驶技术的下一步发展速度可能降低，也可能会更加稳妥；由于技术进一步升级的难度，百家争鸣可能转向寡头垄断。

四　综合述评

旧金山湾区数字经济发展水平世界领先，仍然保有较高的发展潜力，带领整个湾区的经济指标节节攀升。首先，湾区数字经济产业生态优越，知识储备充足，人力资源丰富，风投资本密集，企业家精力充沛。其次，在优良的环境下，一方面数字经济领军企业发展势头持续强劲，另一方面新创“独角兽”企业层出不穷。再次，区域内部数字经济发展出现分化，高度集中在旧金山－奥克兰、圣何塞两个都市区，且后者增长潜力更大。最后，湾区作为数字经济发展的前沿阵地，充分体验了产业发展的机遇与风险，人工智能技术瓶颈、互联网信息安全等严峻而敏感的问题，同时考验着湾区乃至全世界的信息工程师和政策制定者。也许解决这些问题还需要一段时间，但是湾区最不缺乏的就是创新精神和实践这些创新的配套资源，这也是湾区成为全球数字经济高地的重要原因。

B.9

伦敦数字经济发展报告（2019）

——以金融科技为例

乐　菡*

摘　要： 在数字经济时代，金融业与科技业的强强联合使得金融科技领域蓬勃发展，伦敦作为世界领先的金融科技中心，其在市场、资本、人才、政府支持、监管举措方面已经形成了极具优势的竞争力。本文以英国伦敦的金融科技为切入点，详细介绍英国伦敦数字经济与金融科技的融合情况以及数字经济发展的现状特征，结合当前伦敦金融科技企业的发展概况对未来伦敦金融科技发展进行了展望。

关键词： 数字经济　金融中心　金融科技　金融行为监管局

从全球范围来看，数字技术正在改变着各行各业，尤其是金融行业，数字技术对证券交易所和金融机构每天进行的数十亿元交易至关重要，在持续释放想象力和创造力方面发挥了关键作用。《全球数字战略的展望》报告称，伦敦是2018～2019年度数字经济的未来，欧洲的风险投资资金有39%流向了伦敦金融科技企业，排在数字经济榜单第二、第三名的分别是都柏林和新加坡。一些全球著名的数字公司已经开始在伦敦建立或扩展地区总部，新的数字技术正在加速用户主导的创新，并改变着伦敦的产业发展。

* 乐菡，上海社会科学院信息研究所助理研究员，研究方向为人口经济学。

一 概况

（一）金融科技与数字经济的关系

近年来，英国金融服务创新以金融科技强劲增长为特征——提供金融服务的技术解决方案。技术已经在广泛的金融科技服务范围得以应用，包括：消费者通过智能手机付款；将资金直接与需要借款的人匹配，进行投资；基于个人消费者的特征和行为，进行个性化的保险定价；开发新的数字货币；将拥有较少信用记录的客户记入系统的能力；预算应用程序帮助消费者控制他们的财务等。

由此可以看出，数字经济正在重塑着各行各业的发展，数字部门的健康可持续发展是伦敦未来经济发展的保障，未来伦敦想要继续保持国际金融中心的地位，那么必须获得具有竞争力的数字通信基础设施、充分的数字通信领域人才以及相关的法律支持和监管框架来推动金融行业的不断创新与发展。

（二）金融科技的价值

金融服务是为经济和社会提供某些基本功能，因此金融科技的最终目的必须是以更好地满足客户需求和利益的方式提供金融服务功能。金融科技能够使传统的金融服务更便宜、更有效、更有针对性，同时能让更多的人获取金融服务，从而支持经济增长并实现更大的金融包容性。表 1 展示了金融科技的价值，传统的金融服务具有货币和支付系统的形式、存储价值、提供资金、投资机会、风险管理等功能，金融科技利用数字技术的基础，在传统功能上提供了更多创新案例。金融科技产业的发展显著提高了金融服务的效率、便利性和可及性。传统的金融服务受益于金融科技的繁荣，使 2014 ~ 2017 年金融科技行业的投资价值和投资总额快速增长，4 年间几乎翻了一番，达到了 389 亿美元。

表1　金融科技的价值体现

金融服务的功能	金融科技创新的案例
货币和支付系统的形式	金融科技创新的一个主要领域,包括新的支付系统,如移动货币、数字银行服务和更有效的跨境支付方式
存储价值	加密货币有时被称为可以存储价值的新型资产类别
提供资金(通过银行或资本市场)	金融科技已经实现了筹集资金的替代方式,例如,点对点(P2P)贷款,新的资料来源可以提高信用评级,从而帮助个人或小企业更好地获得融资
投资机会	越来越多的金融科技创新涉及更多的智能投资工具,如机器人建议
风险管理	金融科技可能会改变保险,例如,通过健康和机动车等领域的个性化保险产品

资料来源：ICAEW,《市场失败、市场解决方案》,2012。

二　伦敦金融科技的整体概况

（一）市场规模

2018年英国总人口为6660万人，伦敦作为英国的首都，其人口规模约为880万人[①]。伦敦一直被评为全球领先的金融科技中心之一，截至2016年，伦敦金融科技的行业规模约为新加坡的10倍，根据安永的数据得知，伦敦的市场规模约为66亿英镑，投资额约为5.24亿英镑，从业人数规模约为6.1万人，一些行业内领先的金融科技早就在伦敦入驻，2001年，Transferwise和MarketInvoice在伦敦成立。2014年，伦敦的主要监管机构金融行为监管局（FCA）开始设立项目创新，使金融科技行业更加规范化，同年，金融科技行业的代表机构Innovate Finance成立。

（二）金融科技企业的风投情况

一直以来，金融科技企业凭借伦敦国际金融中心的地位和先进的数字技

① worldometers. info.

术基础，都能够获得可观的风险投资，2016 年英国宣布脱欧，依然没有影响伦敦在金融科技领域的行业地位。从欧洲金融科技的风投金融排名来看，伦敦以是第二名瑞典斯德哥尔摩 5.30 倍的绝对优势排在欧洲的首位，风投金额达到了 34.90 亿美元，排名在后 8 位的城市分别是斯德哥尔摩、柏林、巴黎、都柏林、阿姆斯特丹、苏黎世、马德里以及法兰克福，8 座城市金融科技的风投总额为 17.97 亿元，约为伦敦金融科技风投金额的一半（见图 1）。

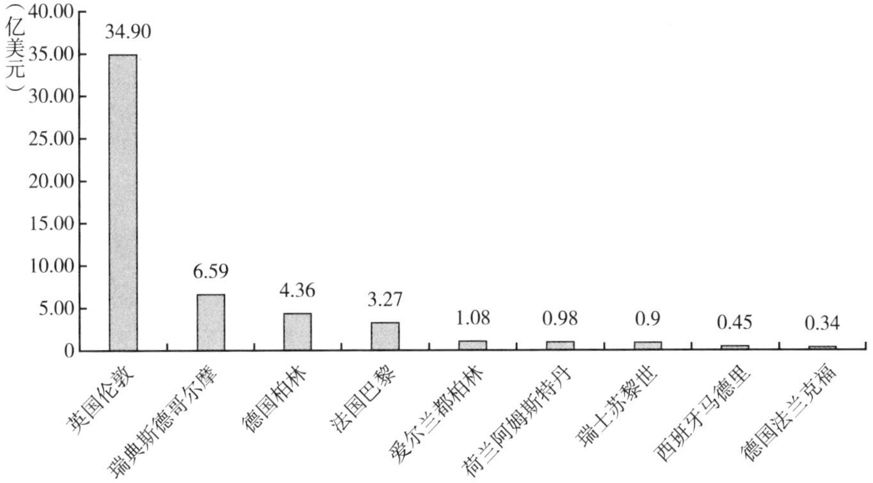

图 1　欧洲城市金融科技风投金额排行

资料来源：Pitchbook。

举例来看，Rebolut 于 2013 年成立，是一家提供移动支付服务的企业，企业位于英国伦敦，在成立两年内，该金融科技企业一共筹集到超过 9000 万美元的风投，成功地扩大了企业的商业领域。此外，移动支付应用软件公司 Starling Bank 也成功筹集到 5400 万美元来扩大其市场范围，还有很多金融科技企业依托伦敦的金融环境不断发展和扩大。

（三）金融科技企业的概览

独特的金融科技市场环境使英国在多个金融科技子行业中处于世界领先

地位。总体来看，英国金融科技领域已经形成了多个细分行业，包括网络借贷、支付、先进分析技术、数字银行、开放银行业务等（见表2）。其中网络借贷的重点领域包括P2P借贷、众筹业务、票据交易业务等，网络借贷的商业模式为借贷双方提供了更为灵活和低成本的利率，更多地利用替代性的数据源来评估借款人的信用风险，还能够为借贷双方提供自动、实时的数据提升承保效率；支付的重点领域包括跨境支付、B2B支付，金融科技企业利用先进的基础设施实现实时支付，并利用移动和在线技术来提高业务利用率和降低成本；先进分析技术的重点领域包含了识别、承保数据、人工智能与机器学习，通过银行业押注开放银行技术（API）使非结构化和结构化数据集能够聚合可识别的格式，通过行为和心理测量数据改进信用风险评估，并对企业进行实时监管与合规管理，为客户提供能被广泛识别的身份；数字化银行的重点领域包括客户体验历程、提供数字化访问渠道、增加消费者接受度和参与度，该行业能够提供无缝隙全渠道的用户体验，通过数据分析和人工智能等技术为客户推荐财务需求；开放银行业务的重点领域是对银行发展领域的渠道营销、业务推广、客户管理、产品打造、风险控制等全价值链的跨界连接和开放升级，在科技驱动的基础上对银行发展领域开放升级。

表2　金融科技子行业概况

金融科技子行业	描述	案例
网络借贷	包含一些不同于传统借贷渠道的新型借贷模式	Trussle
支付	本地、跨境、跨数字或移动渠道的支付和转账	TransferWise、Revolut
先进分析技术	通过复杂的定量方法分析结构化和非结构化数据集，以支持信用征信、保险和资本市场服务	Nutmeg
数字银行	新银行采用技术驱动，推动以客户为中心的理念	Monese
开放银行业务	开发应用接口，使第三方能够访问传统上由现有金融机构持有的数据	TrueLayer

资料来源：《中英金融科技——释放的机遇行动指南》。

2019 年英国媒体公布了最值得关注的十大金融科技企业，分别是 TrueLayer、TransferWise、Monzo、Nutmeg、Monese、Receipt Bank、Trussle、Cleo、Curve、Revolut，代表了金融科技行业各细分领域未来的发展趋势，各企业具体情况如下。

（1）TrueLayer

TrueLayer 成立于 2017 年，它成立的目标是“建立一个支撑开放银行业务的安全基础设施”，尽管成立时间较短，但 TrueLayer 允许小型初创企业访问银行数据，通过其银行业押注开放银行技术（API）在金融科技领域取得了较大成功。截至 2019 年 6 月，TrueLayer 获得了 750 万美元的资金，并利用这些资金将业务扩展到欧洲市场。

开放式银行业务不仅仅是放开金融业以增加竞争优势和降低成本，同时还涉及提高安全标准和保护消费者与企业。随着越来越多的在线欺诈行为的发生，TrueLayer 未来将获得更多的业务，并有机会在全球范围内完善其产品。

（2）TransferWise

TransferWise 成立于 2011 年，其总部设立在英国伦敦，但在全球多个国家都设有办事处，支持 300 多种货币。它的业务改变了依赖传统方式的银行业务方法和费率，聚焦在提供更好的货币汇率、匹配用户方面。2018 年 7 月，TransferWise 在中国香港推出了服务，报告显示它已经将汇率降低了 20% 以上。TransferWise 建立了一个适用于消费者的系统，有利于发现服务的扩展可能性。根据新闻报道，TransferWise 已出售 2 亿美元股票给高盛，当前估值近 40 亿美元。

（3）Monzo

金融科技创业企业对传统的金融服务具有较强的破坏性和侵略性，其中对银行的替代最为显著。Monzo 通过提供现代化的创新方案逐渐取代了银行机构，该公司成立于 2015 年，起初仅提供移动银行账户，2018 年以来，在英国提供经常账户，专注于为客户提供直接的银行业务模式。在最新的调查中，Monzo 排名第二，成为英国最佳银行，仅落后于竞争对手 Starling Bank 0.2%。

2018 年 Monzo 与 Jumio 合作改进它们的应用程序后，在英国数字体验中获得了两个有分量的奖项，随着这样的持续成功，2019 年该企业成为备受关注的金融科技企业之一，并将业务逐渐向美国市场扩张，以 20 亿美元的评估结束了新的融资趋势。

（4）Nutmeg

Nutmeg 成立于 2011 年，由前巴克莱银行家 Nick Hungerford 创立。近年来，Nutmeg 的市值和投资管理服务经历了大幅增长，从 2017 年的 40000 名客户跃升至 2018 年的 50000 多名，其用户群增加了 125%。Nutmeg 的商业模式是客户一起参与和合作，与其他企业的区别在于，其团队是利用技术而不是人工来投入资金，客户可以根据他们愿意承担的风险来选择不同的投资组合。2019 年初，高盛为 Nutmeg 筹集了 5800 万美元的融资。

（5）Monese

Monese 成立于 2013 年，也是一家替代传统银行业务的数字企业。该企业的业务专注于经常账户和资金转账。尽管英国的第一家数字银行被大型的创业公司所掩盖，但 Monese 因其快速简便的应用而备受赞赏。Monese 在 20 个不同的国家有售，并且没有任何迹象表明它会很快放慢速度。在 2018 年，Monese 加入了欺诈情报机构 Cifas，专注于防止金融欺诈，Monese 不是追求原始数字，而是专注于提供高质量的服务，激励长期客户。2019 年 Monese 为客户提供了更完整的金融生态系统，其业务范围不断扩张。

（6）Receipt Bank

Receipt Bank 成立于 2010 年，该企业已在伦敦建立一级办事处。截至 2019 年，Receipt Bank 已实现了连续七年的增长。Receipt Bank 提供云计算服务，结合人工智能和数据处理，自动编制账户和费用，为客户节省时间和精力。Receipt Bank 的用户可以下载报告和电子表格，甚至可以将服务与他们自己的基于云的会计软件集成。它易于实施，可以节省企业员工的工时和成本。2019 年 2 月，Receipt Bank 也对管理委员会进行了一些改组——该公司已任命 Just Eat 的前首席运营官 Adrian Blair 为其新任首席执行官。创始人 Alexis Prenn 将留在 Receipt Bank 担任董事会主席。

（7）Trussle

2018 年 5 月，在线抵押贷款经纪企业 Trussle 在 B 轮融资中获得了 1360 万英镑的资金，预计 2019 年该公司将获得更多的融资。Trussle 提供的业务与其他许多金融科技企业一样，但它能够在这个充分竞争的市场上找到一席之地，并设计了一种直接帮助客户的服务，其做法主要是通过比较 90 多家不同贷方的 11000 多笔交易，以帮助客户获得最佳抵押贷款。此外，Trussle 还会继续关注市场并帮助用户识别以及在以后切换到更好的交易，正是这种持续的支持保持了客户的忠诚度和赞赏。根据 2019 年 3 月 Trussle 发布的报告，该企业每年平均可以为房主节省 4500 英镑。

（8）Cleo

2019 年，Cleo 将其用于 Facebook 的 AI 聊天机器人推入美国市场，据报道，每天新增注册 1000 个，Cleo 计划将该聊天机器人向其他英语国家扩展。Cleo 的 AI 帮助用户通过社交媒体聊天机器人来管理他们的财务状况，用户可以在 Facebook Messenger 中跟踪他们的支出和节省，这有助于他们节省资金并更好地规划他们的财务状况。

（9）Curve

Curve 成立于 2015 年，于 2018 年进入 Beta 阶段，于 2018 年底上市，是一个通过简单、高效的解决方案来解决常见问题的创业公司。Curve 基于银行系统允许其客户通过他们的 Curve 卡和密码来访问他们所有的银行卡，以及 1% 的汇率上限和可能的 14 天回收费用。

（10）Revolut

Revolut 成立于 2013 年，是伦敦最著名的金融科技企业之一，该公司提供主流银行业务的数字替代方案，使用预付卡和点对点支付，它还支持许多加密货币。通过其移动应用程序扩展到提供超过 20 种货币，其中 100 多种通过 ATM 提供支持。2018 年 Revolut 宣布在英国拥有超过 100 万客户，并开始在全球范围内扩展其业务，宣布计划在北美、中国香港、澳大利亚、新加坡和新西兰推出。

三　伦敦金融科技中心的竞争力分析

关于金融科技中心的文献很多，但总体来看，金融科技中心的核心竞争力取决于五个基本要素。其中与金融科技企业相关的要素有三个，分别是市场、资本、人才；与基础设施等相关的要素有两个，分别是监管和政府支持（见图2）。伦敦作为金融科技中心，其成功就是受益于以上五大因素都集聚在一起，这些要素为金融科技的发展提供了坚实的基础。

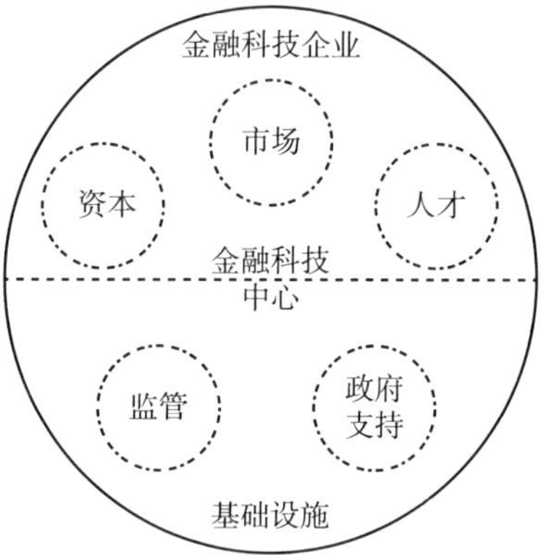

图2　金融科技中心竞争力的五大要素

（一）市场

金融科技公司进入市场的一条途径是直接向消费者或企业销售，并与传统供应商竞争。这是一个更具破坏性的金融科技模式，它利用其更加敏捷的能力，不受传统技术基础设施的影响。新的提供商通常以客户为中心，专注于一个特定的服务领域。

在欧洲范围内，伦敦人口规模较大，一方面，拥有较大的国内市场；另一方面，伦敦通常被认为是打开欧洲市场的门户，不少拥有国际视野的金融科技机构首先通过伦敦走向世界，巨大的市场规模为金融科技发展提供了机会。中国拥有巨大的人口规模和国内市场，因此，未来中国有机会成为金融科技领域的领导者。

同时，由于伦敦属于老牌的金融中心，不少老牌的金融企业主导着市场规则，而不断出现的金融科技企业则在打乱甚至打破传统的金融模式和市场规则，市场上新旧企业的竞争和合作正成为伦敦当前亟须考虑的问题，成为影响金融行业发展的重要因素。

举例来看，英国已经成立了多家数字银行，以 Monzo 和 Starling 为例，它们主要是通过移动 App 来运行的，没有银行牌照，但同样受到监管，随着数字经济的发展、数字基础设施的不断建立，这些数字银行通过强大的以客户为中心的计算方法正在为客人提供个性化服务，因此特别受年轻客户欢迎。

（二）资本

虽然美国是技术领域资本的主要聚集点，但伦敦在这方面也有着良好的记录，2018 年上半年投资于英国的金融科技规模已高于美国和中国，甚至远超欧洲其他国家的总和。伦敦在金融科技领域为种子资助者和早期风险投资提供了良好的场景，它为初创企业提供了许多孵化器和加速器，提供一系列早期支持，包括财务和非财务支持。许多银行也为金融科技初创企业提供孵化器或加速器，例如，巴克莱加速器计划提供一些投资以及指导和访问技术资源。

金融科技企业在吸引扩大规模的投资方面面临一个具体障碍，即创造一种有利可图的商业模式，而不仅仅是提高用户数量来扩大市场规模的传统商业模式。在英国，某些核心银行服务，例如经常账户，传统上一直是免费的，并且已经通过提供透支等其他服务进行交叉补贴。数字商业模式更普遍地强调“免费”服务的文化，使任何初创企业都难以对这类服务收取直接费用。因此，收入必须围绕交易处理模型构建，占交易价值的一小部分，或者基于数据和类似的广告模型应用到其他互联网商业模式。这可能使商业模式变得复杂和不透明，客户服务和收入之间的联系也不清楚。

（三）人才

在五大核心因素中，金融科技公司面临的最紧迫的技能挑战是吸引技术人才。由于金融科技企业所需要的具体技术会根据提供的产品和服务有所不同，还存在较多的岗位尚待开发，所需的技术人才不仅包括数据科学家、机器学习专家，还包括区块链技术或其他网络安全方面的金融技术领域的人才。2018 年的数据显示，英国金融科技行业有 7.65 万个就业岗位，预计到 2030 年，伦敦的金融科技岗位将达到 10.55 万个。由此可以看出，金融科技领域对人才的要求非常多元化，不仅需要特定的金融人才，同时还需要大数据分析、人工智能等领域的人才。尽管当前许多课程鼓励学生学习 STEM（科学、技术、工程、数学）科目，但并不能立即帮助填补当前的人才缺口，尤其是大数据、人工智能、机器学习等全球技术人才都非常稀缺的领域，2018 年金融科技领域的 IT 职位空缺比 2017 年增长了 74%。

伦敦在吸引世界各地技术人才方面的良好记录是其主要优势之一，针对英国脱欧的不稳定情况，英国专门推出了卓越人才签证和创业者签证，以确保金融科技领域的人才供应。Innovate Finance 在 2018 年进行的一项调查发现，接受调查的金融科技公司中有 42% 的劳动力是外国人，其中大多数人从事计算机科学和技术工作。从全球吸引的国际人才为伦敦数字经济的发展提供了智力保障，助推了伦敦金融科技领域的发展。

（四）政府支持

2016 年，伦敦中心发布了技术宣言，其中概述了数字资本城市的政策建议，包括创建一个开放数据章程，将数据置于城市公共服务交付的核心；推进数字学徒制和特别工作组的发展，为投资者提供合格的、技术上有能力的劳动力；使宽带成为伦敦市的第四个实用工具等。英国政府通过特定的金融科技行业战略更广泛地为金融科技领域的发展提供支持，这些支持包括以下三个方面：首先，通过投资教育计划和吸引来自世界各地的顶尖人才建立人才管道；其次，通过税收减免鼓励投资或为创新提供直接资金；最后，授权或授权监管机构鼓励创新和竞争。

2010年以来，英国政府围绕以上三个方面出台了一系列政策以持续支持金融科技领域的发展，包括成立金融服务贸易与投资委员会发展共享平台，成立了金融科技交付小组制定行业标准，下令英国九大银行提供“开放式银行业务”。2015年英国出台了金融科技中心10条标准，2016年在此基础上又出台了金融科技中心16条建议，通过国家战略来确保英国金融科技的未来，使其成为金融科技企业、人才、资金的向往之地。

（五）监管

与其他技术创新领域相比，监管是保证金融创新可持续发展的关键所在。金融服务是一个受监管的部门，需要从早期开始考虑监管金融科技产品和服务的发展阶段，这种行业特殊性为那些利用监管政策作为金融科技的竞争优势的企业提供了重要的机会。

金融监管是为了保护公民和客户免受恶意的金融风险，一些监管侧重于金融稳定性和大型金融机构提出的经济风险，其他一些监管领域则侧重于消费者保护。监管与技术驱动型创新之间存在明显的紧张关系，特别是考虑到金融科技的变革步伐，一方面，金融监管需要经常进行实验来了解新服务的方式，在不断的实践中确定金融服务的潜在利益和风险；另一方面，如果金融监管过多或者过早地介入金融服务中，有可能会扼杀企业并阻碍金融服务的创新。具体来看，应给予金融行为监管局（FCA）强有力的竞争目标，引导FCA建立“创新中心”和“监管沙盒”以支持金融科技企业。2015年，为了确保有竞争力的银行和金融科技机构能够以公平的条件访问支付系统，英国建立了新型支付系统监管机构。2017年，为了方便中小企业获得各类融资机构，建立公平的竞争环境，英国立法要求非银行支付服务提供商能够直接访问支付系统，并要求大银行分享中小企业的信贷数据。

以P2P为例，P2P借贷市场于2005年最早在英国启动，当时Zopa建立了一个直接连接贷款人和借贷人的平台。随着新平台的推出，该行业迅速增长，但监管很少，2014年P2P贷款的监管责任从消费者保护机构转移到英国金融行为监管局（FCA），FCA 要求 P2P 贷方需要申请新的许可证并遵守最低资本、客户资金要求以及 FCA 的业务规则。这种监管服务使 P2P 市场从 2013 年的 5 亿英镑增长了 440%，达到了 27 亿英镑。然而在不断扩大的市场环境下，越来越多的 P2P 不良业务出现，2018 年开始，FCA 进一步完善了对 P2P 业务的监管和审查。

四　伦敦金融科技的发展展望

数字化正在不断推动传统金融产业的快速转型，伦敦作为全球金融中心，在数字经济时代，金融业与科技业的强强联合使其金融科技领域蓬勃发展，不仅吸引了全世界金融科技人才的会聚，同时带动了全球的资本、企业流向伦敦。根据伦敦金融科技企业的整体状况以及竞争力分析，未来伦敦金融科技的发展将呈现以下态势。

（一）加强对数据科学家的招聘和培养，以巩固其人才优势

在伦敦金融科技中心的竞争力分析中，技术人才是伦敦金融科技企业最重要的智力支撑，2018 年伦敦金融科技领域的 IT 职位空缺比 2017 年增长了 74%，数据科学家供需平衡将在一定程度上影响着伦敦金融科技中心的建设。从全球范围来看，不光英国对该类人才的使用存在较大的缺口，美国、中国在建设金融科技中心时面临着相同的问题。英国政府已经在人才签证、教育培养方面做出倾斜，下一步将加强对数据科学家的招聘和培养，以巩固伦敦金融科技中心的人才优势地位。

（二）开放式银行业务在全球范围内不断推广，引领金融科技企业的发展趋势

为了鼓励更多的市场竞争，创建更多的服务选择，英国进军了开放式银行业的市场，允许客户通过数字方式与第三方共享其银行数据。从金融科技企业的发展概览来看，以 TrueLayer 为例，在其成立 2 年的时间里就将业务

推广至欧洲市场，随着越来越多的在线金融风险的发生，开放式银行业务将在全球范围内不断扩展，以保护消费者与企业的安全。2018 年开始，澳大利亚政府和新西兰政府已经开始研究如何评估开放式银行业务，美国的财政部报告也表明态度支持开放式银行业务。

（三）政府的监管能力要求不断提高，以平衡金融科技创新和防范金融风险

政府支持和金融监管是伦敦建立金融科技中心的核心竞争力，金融市场并不完善，尤其是在数字经济的转型过程中，政府和监管者的作用显得十分重要，以 P2P 业务为例，在最初的发展过程中由于监管较少，其行业在短期内得到了迅猛的发展，风险也随之不断增长，在这样的背景下，英国将其监管责任从消费者保护机构转移到英国金融行为监管局。从英国监管机构的构架来看，主体包括了英国金融市场行为监管局、英国审慎监管局、英格兰银行、国际贸易署等，为了促进投资和金融科技跨境项目的发展，这些机构提供支持性的政策环境来平衡金融科技企业的创新和防范可能发生的金融风险。

参考文献

Foreign & Commonwealth Offic：《中英金融科技释放的机遇行动指南》，https：//max. book118. com/html/2017/1217/144537228. shtm，2019 年 8 月 2 日。

英格兰银行：《未来金融：英国金融体系展望回顾及对英格兰银行的影响》，https：//www. bankofengland. co. uk/ –/media/boe/files/report/2019/future – of – finance – report. pdf? la = en&hash = 59CEFAEF01C71AA551E7182262E933A699E952FC，2019 年 6 月 20 日。

ICAEW，Fintech Innovation：Perspectives from Singapore and London，Global Fintech Hub Report，*The Future of Finance is Emerging*：*New Hubs*，*New Landscapes*，2018 年 11 月 14 日。

Mayor of London，*London's Fintech Scene at a Glance.*

B.10
上海数字经济发展报告（2019）

罗　力*

摘　要： 在全球数字经济规模不断扩张和我国积极推动建设数字中国的大背景下，上海在国内城市数字化转型方面已经走在了前列。上海是国内数字经济发展的排头兵，正加快发展形成以创新为主要引领和支撑的数字经济。从发展水平来看，在上海数字经济各领域中数字产业发展水平最高，其次是数字基础设施、数字创新和数字治理。从贡献度来看，数字创新要素对上海数字经济发展的贡献度最大。上海市政府在上海数字经济发展中扮演了非常重要的角色，围绕着大数据、云计算、电子商务、人工智能、数字贸易、数字基础设施和智慧城市等适时出台了各种法律政策，且以政府项目建设和发展来推动数字经济发展。

关键词： 上海　数字经济　大数据　人工智能　开放数据

一　上海数字经济发展总体概况

近年来，以移动互联网、云计算、大数据、人工智能等为代表的新一代信息通信技术和应用加速推动数字经济成为一种新经济形式。在全球数字经济规模不断扩张和我国积极推动建设数字中国的大背景下，上海在国内城市

* 罗力，管理学博士，上海社会科学院信息研究所副研究员，研究方向为数字经济发展、信息资源开发与利用、智慧城市建设与个人信息安全保护。

数字化转型方面已经走在了前列。上海不仅是我国的经济中心城市，还是国内数字经济发展的排头兵，正加快发展形成以创新为主要引领和支撑的数字经济。根据国家网信办发布的《数字中国建设发展报告（2018 年）》，上海在全国各地区信息化发展评价指数的“大排名”中列第四位。在信息基础设施方面，上海排名第一。在产业数字化方面，上海排名第二。在信息技术产业化方面，上海排名第四。① 上海在数字化内容和服务方面已具备一定的规模优势，2017 年的数字化内容出口额达 25.2 亿美元，数字化服务出口额达 60.0 亿美元。上海已经被列为服务贸易创新发展试点城市，其数字化服务外包和技术贸易的规模一直排在全国前列，且保持着良好的发展势头。②

上海的大数据产业发展较为迅猛。据不完全统计，全市现有大数据企业已超 400 家，其中一部分是应用服务型企业，占比超过 1/3，应用领域比较丰富，涵盖了社会经济的方方面面，且各类大数据应用逐渐落地，已经成为产业链的核心。上海当前热门应用主要集中在金融、医疗健康、交通、工业、能源等领域。一部分是技术型企业，约占 1/3，主要集中在数据挖掘、大数据平台、数据安全等核心业务领域。另外还衍生出一大批服务于大数据行业的企业，比如行业咨询、人力资源、投融资、教育培训等。③ 清华大学发布的《中国人工智能发展报告 2018》显示，上海的人工智能企业数量位居全球第四、中国第二。这些人工智能企业的平均年龄为 4.9 年，比全国平均水平 5.5 年要显得更为年轻。上海的人工智能核心企业数量超过 1000 家，泛人工智能企业数量超过 3000 家，人工智能企业员工约为 10 万人。2018 年上海人工智能相关行业融资额超过 600 亿元，创历史新高。④ 各种不同类

① 《数字中国建设交出亮眼“成绩单”》，http://www.gov.cn/xinwen/2019-05/07/content_5389218.htm，2019 年 7 月 19 日。

② 《首份〈上海数字贸易发展研究报告〉今日发布　提升上海高端服务国际竞争力》，http://www.cnr.cn/shanghai/tt/20180510/t20180510_524228869.shtml，2019 年 8 月 12 日。

③ 《2018 年长三角区域大数据产业发展报告》，https://www.xianjichina.com/news/details_68160.html，2019 年 7 月 2 日。

④ 《上海经信委：全市人工智能相关行业融资额达历史新高》，https://finance.sina.com.cn/roll/2019-08-22/doc-ihytcern2687231.shtml，2019 年 8 月 22 日。

型的人工智能企业为上海数字经济发展提供了不同的机会，比如，微软、亚马逊等企业给上海带来了全球化视野和开放协同合作的机会；百度、阿里巴巴、腾讯、科大讯飞、商汤、寒武纪等企业，利用自身的技术优势积极赋能各个行业。依图、深兰等上海人工智能企业正在为上海人工智能产业发展注入新的活力。①

上海的数字经济之所以发展得如此迅速，上海市政府扮演了非常重要的角色，其适时出台各种政策法规，比如上海市经济信息化委联合市发展改革委共同出台了《关于加快推进本市“四新”经济发展的指导意见》，提出要加快人工智能、3D 打印、卫星导航、物联网等新技术引领的新产业培育，推进“互联网 +”专项行动，加快平台经济、网络经济、知识经济、数字经济等新业态、新模式的培育发展。② 上海正抓紧制定《上海市公共数据开放管理办法》，从地方法规层面保障开放数据工作的开展，深层次推动公共数据的高价值开放和融合应用，推动数字经济发展，提升政府治理能力和公共服务水平。上海市政府还和中国电子科技集团有限公司、阿里巴巴、腾讯、科大讯飞等企业签署战略合作框架协议，大力发展数字经济。上海市政府还和国家发展改革委、科技部、工业和信息化部、国家互联网信息办公室、中国科学院、中国工程院等部门共同举办世界人工智能大会，打造全球顶尖的人工智能合作交流平台。

二　上海数字经济发展历程

自 2015 年以来，上海市商务委、市经济信息化委联合开展了智慧商圈试点创建活动，试点单位包括徐家汇、淮海中路、中环商贸区、南京西路、五角场等城市商圈。试点商圈建设的重点包括信息基础建设、面

① 《上海人工智能产业迎来“黄金时间”》，http://www.shanghai.gov.cn/nw2/nw2314/nw2315/nw43978/u21aw1398705.html，2019 年 7 月 2 日。

② 《〈关于加快推进本市“四新”经济发展的指导意见〉解读材料》，http://www.shanghai.gov.cn/nw2/nw2314/nw2319/nw41893/nw42229/u21aw1220938.html，2019 年 7 月 2 日。

向消费者的营销数据平台和面向商圈的管理数据平台。[1] 同年5月，上海市政府数据服务网2.0版正式开通，承担着对外数据开放、提供检索下载服务等功能。上海依托政府数据服务网，开展了“上海开放数据创新应用大赛”（SODA大赛）系列赛事，率先将企业、高校及民间机构带入大数据生态建设和应用创新，以期突破公共大数据开发和利用的瓶颈问题。

2016年2月，上海发布了《上海市推进“互联网+”行动实施意见》，将完善“互联网+”基础设施，推动21个“互联网+”专项发展。[2] 同年4月，上海成立了上海数据交易中心，这是承担着促进商业数据流通、跨区域的机构合作和数据互联、公共数据与商业数据融合应用等工作职能的国有控股混合所有制企业。[3] 同年9月，上海发布了《上海市推进智慧城市建设“十三五”规划》，对“十三五”期间上海市智慧城市建设进行全面部署。同年11月，又发布了《上海市大数据发展实施意见》，对上海市到2020年大数据发展格局进行周密部署。[4]

2017年1月，上海市经济信息化委正式发布了《上海市关于促进云计算创新发展培育信息产业新业态的实施意见》，重点是“全面云化、升级产业”，即普及云计算服务模式，形成云计算产业体系，带动相关产业能级显著提升。[5] 同年1月，上海发布了《上海市加快制造业与互联网融合创新发展实施意见》，提出到2020年，上海制造业与互联网融合将进一步深化，互

---

① 《描绘数字经济　沪发布智慧商圈建设指南》，http：//sh.cri.cn/20171206/7ed54ccf－824f－1e08－81f1－bd92b4749add.html，2019年7月2日。

② 《上海“互联网+”政策落地　21个专项中多个重点领域亟待发力》，http：//sh.people.com.cn/n2/2016/0301/c134768－27839011.html，2019年7月2日。

③ 《上海数据交易中心成立》，http：//www.xinhuanet.com/politics/2016－04/01/c_ 128856527.htm，2019年7月2日。

④ 《上海市人民政府关于印发〈上海市大数据发展实施意见〉的通知》，http：//www.shanghai.gov.cn/nw2/nw2314/nw2319/nw2404/nw41165/nw41166/u26aw50223.html，2019年7月5日。

⑤ 《市经济信息化委关于印发〈上海市关于促进云计算创新发展培育信息产业新业态的实施意见〉的通知》，http：//www.shanghai.gov.cn/nw2/nw2314/nw2319/nw12344/u26aw50916.html，2019年7月5日。

联网“双创”成为制造业转型发展的新引擎，信息化和工业化融合发展综合水平指数保持国内领先水平。① 同年5月，上海市商务委出台了《上海市电子商务发展“十三五”规划》，提出全面完善快递服务体系，提升电子商务交易保障能力。② 同年11月，上海出台了《关于本市推动新一代人工智能发展的实施意见》，提出到2020年，上海人工智能重点产业规模超过1000亿元，并从场景、创新等四个角度出发，形成60个左右人工智能深度应用场景，计划打造6个左右人工智能创新应用示范区，建设100个以上人工智能应用示范项目，建设10个左右人工智能创新平台，建成5个左右人工智能特色产业集聚区，培育10家左右人工智能创新标杆企业。同年12月，上海市经济信息化委、市财政局印发了《上海市人工智能创新发展专项支持实施细则》，进一步明确上海在人工智能创新发展中的重点支持领域，规定上海人工智能专项支持资金将重点支持拓展融合应用、发展核心产业、加强数据支撑等方向。③

2018年4月，上海发布了《全面推进“一网通办”加快建设智慧政府工作方案》，提出2018年建成上海政务“一网通办”总门户。④ 同年9月，上海发布了《关于加快推进人工智能高质量发展的实施办法》，从人才队伍建设、数据开放和应用、产业协同创新、产业布局和集聚、政府引导和投融资5个方面提出共22条政策。⑤ 同年10月，上海市人民政府办公厅转发了市经济信息化委制定的《上海市推进新一代信息基础设施建设　助力提升

---

① 《上海加快制造业与互联网融合发展》，http://sh.people.com.cn/n2/2017/0123/c134768-29634034.html，2019年7月2日。

② 《上海市电子商务发展“十三五”规划印发　快递业获多项政策支持》，http://sh.spb.gov.cn/zcfg/201705/t20170526_1170610.html，2019年7月2日。

③ 《上海人工智能政策盘点：关注场景、产业与人才，将设发展基金》，https://www.thepaper.cn/newsDetail_forward_3019342，2019年7月2日。

④ 《上海市〈全面推进“一网通办”加快建设智慧政府工作方案〉》，http://www.jl.gov.cn/szfzt/zpycggjxs/wbzj/wj/201804/t20180417_4474616.html，2019年7月2日。

⑤ 《上海出台加快推进人工智能高质量发展“22条”》，http://sh.people.com.cn/n2/2018/0917/c134768-32066501.html，2019年7月2日。

城市能级和核心竞争力三年行动计划（2018—2020 年）》[①]，这有助于上海市早日完成 5G 等方面的建设，在新时期全国数字经济发展中独占鳌头。

2019 年 7 月，上海发布了《上海市人民政府办公厅关于成立上海市智慧城市建设领导小组的通知》，决定将上海市智慧城市建设工作领导小组、上海市智慧公安建设领导小组、上海市推进无线城市建设联席会议、上海市光纤到户工作推进联席会议、上海市三网融合工作协调小组等合并，成立上海市智慧城市建设领导小组。该领导小组由上海市市委副书记、市长应勇任组长。[②] 同年 8 月，上海市商务委、市发改委等 9 部门联合发布了《上海市数字贸易发展行动方案（2019—2021 年）》，提出了上海要加快建设“数字贸易国际枢纽港”的总体思路。[③]

三　上海数字经济竞争力分析

（一）数字基础设施

数字基础设施是连接物理基础设施与数字经济世界的纽带，是现代生活不可或缺的一种工具，对于数字经济的发展发挥着至关重要的作用。上海是我国数字基础设施建设水平最高的城市之一。2018 年 5 月，腾讯研究院与腾讯云编制了覆盖全国 351 个地级以上城市的“用云量”指标，对外发布了《用云量与数字经济发展报告（2017）》。该报告将“用云量”定义为客户使用包括服务器、存储产品、数据库等数十种 IaaS 服务项目，云安

① 《上海市人民政府办公厅关于转发市经济信息化委制定的〈上海市推进新一代信息基础设施建设　助力提升城市能级和核心竞争力三年行动计划（2018—2020 年）〉的通知》，http://www.shanghai.gov.cn/nw2/nw2314/nw2315/nw43978/u21aw1348755.html?from=timeline&isappinstalled=0，2019 年 7 月 2 日。

② 《上海成立智慧城市建设领导小组，应勇任组长》，https://www.thepaper.cn/newsDetail_forward_4032285，2019 年 8 月 2 日。

③ 《上海加快建设“数字贸易国际枢纽港”》，https://www.businesstimes.cn/articles-294236-20190815-w1125e1083t8549.htm，2019 年 7 月 2 日。

全、大数据和人工智能等十多种 PaaS 服务项目，域名、中间件等十多种 SaaS 服务项目在内的标准化后加权平均的总和指标。通过编制“用云量”指标来比较全国各大城市云计算市场的发展规模和速度。北京、上海和深圳三个城市在 2017 年用云量占全国总量的 65.3%，其中上海排名第二，仅次于北京。① 另据《上海市智慧城市发展水平评估报告 2018》，上海信息基础设施能级建设与应用感知水平的持续全面提升，宽带城市与无线城市建设效果不断体现。“i-Shanghai”覆盖率与带宽不断增长；固定宽带速率方面，上海平均下载速率连续多年领跑全国。移动通信方面，根据相关测评结果，上海的移动通信用户感知综合评分与数据下载速率均呈现明显上升趋势。②

（二）数字产业

数字产业作为新兴产业，其产业边界比较模糊，涵盖了软件和信息服务产业、文化创意产业、数字贸易等。上海在数字产业领域有着不错的表现。2018 年，上海软件和信息服务业实现营业收入 8690.52 亿元，比 2017 年增长了 11.2%，实现增加值 2387.87 亿元，其中新兴信息服务业的发展正成为拉动上海软件和信息服务业增长的重要支撑。③ 上海市商务委发布的统计报告显示，上海电子商务在 2019 年上半年的增长速度达到了 16.9%，电子商务交易额为 1.53 万亿元。其中，网络购物交易额为 5894.00 亿元，同比增长 29.8%。上海电子商务领域特别是网购领域的新技术新应用水平在全国遥遥领先。

2018 年上海共实现数字贸易进出口 260 亿美元，同比增长 16%。同时，作为上海数字贸易的两大支柱领域，2018 年上海数字内容和数字服务出口

---

① 《“用云量”将成数字经济发展重要指标》，https：//www.ccidgroup.com/sdgc/11467.htm，2019 年 7 月 2 日。

② 《上海市智慧城市发展水平评估报告 2018》，http：//www.sheitc.sh.gov.cn/res_ base/sheitc_ gov_ cn_ www/upload/article/file/2019_ 1/1_ 11/i7t5jqrsk59o.pdf，2019 年 7 月 2 日。

③ 《上海软件信息服务业增长快　上年实现营业收入 8690.52 亿元》，http：//sh.people.com.cn/n2/2019/0316/c134768 - 32744535.html，2019 年 7 月 8 日。

额分别达到27亿美元和143亿美元。[①] 目前，上海数字贸易市场主体基本形成，上海优刻得信息科技有限公司、七牛云等本地企业已成长为中国领先的云计算服务商，亚马逊、微软等全球知名云服务供应商也纷纷在上海设立营运中心和研发中心。阅文集团、喜马拉雅、哔哩哔哩等已成为中国领先的数字内容标杆企业。IBM、SAP、阿里巴巴、百度等国内外主要企业，均已在上海设立地区总部。携程集团、支付宝、阿里体育等一批致力于数字技术和垂直领域相融合的龙头企业和高成长型企业在上海快速发展。上海数字内容领域占全国市场份额较高，其中网络文学占比达90%、网络游戏占比超30%、网络视听产业占比达25%。集传统服务外包和技术贸易于一身的数字服务更是上海服务贸易的强项，业务规模居全国前列，服务领域覆盖制造、交通、检验检测、制药等，已经形成完整的数字服务体系。[②]

（三）数字创新

上海有着非常强大的数字人才储备。清华大学、领英等单位联合推出的《长三角地区数字经济与人才发展研究报告》显示，上海的数字人才在行业分布上比较均衡，信息通信技术、制造、零售、医疗、金融等行业具备良好的数字人才基础，在长三角地区的人才发展方面处于领先位置。[③] 领英发布的《全球AI领域人才报告》显示，上海人工智能领域专业技术人才全国占比33.7%，超过1/3，仅次于北京。[④]

从高校科研院所来看，上海大数据产业科研院所主要是复旦大学大数据研究院、上海华东电信研究院、上海开源大数据研究院和上海超级计算中

① 《上海建数字贸易国际枢纽港　2021年进出口额四百亿美元》，http://sh.sina.com.cn/news/economy/2019-08-15/detail-ihytcitm9276870.shtml，2019年8月19日。

② 《发展数字贸易　上海开始“加速跑”》，http://www.cinic.org.cn/xy/gdcj/587100.html，2019年7月2日。

③ 《引领长三角数字经济发展　上海高水平人才数字人才优势明显》，http://sh.xinhuanet.com/2018-10/31/c_137570775.htm，2019年7月2日。

④ 《数读上海这一年：三分之一的人工智能行业人才在上海》，https://www.jfdaily.com/wx/detail.do?id=122617，2019年7月2日。

心。从功能平台来看，上海大数据产业科研院所主要有上海大数据中心、上海亚马逊 AWS 联合创新中心、上海数据交易中心、上海市大数据产业基地、旅游大数据联合创新实验室、上海大数据应用创新中心、城市管理大数据联合创新实验室、上海市大数据创新基地、大数据流通与交易技术国家工程实验室、同济大学 CIMS 研究中心、上海大数据金融创新中心、同济大学大数据与网络安全研究中心、上海市新能源汽车公共数据、大数据试验场开放数据大数据联合创新实验室、采集与监测研究中心、能源大数据联合创新实验室、交通大数据联合创新实验室、金融大数据联合创新实验室、医疗大数据应用技术国家工程实验室、上海交通大学大数据工程技术研究中心和医疗大数据联合创新实验室。[①] 目前，上海有 13 所高校和众多科研院所设置了与人工智能相关的专业学科，依托自身特色和优势开展人工智能领域的科研和教育。比如上海交通大学人工智能教育部重点实验室在 2018 年 9 月 12 日通过专家组认证，上海交通大学电子信息与电气工程学院从 2019 年开始将开设人工智能本科专业，上海财经大学统计与管理学院和学院信息管理与工程 2018 年秋季学期新增两门“数据科学与大数据技术”专业，华东政法大学成立人工智能与大数据指数研究院开展人工智能法律研究，上海外国语大学成立“脑与认知科学应用校重点实验室”展开脑科学与认知神经科学研究等。[②]

（四）数字治理

上海不断加强数字经济发展环境建设，建成了市政府数据资源目录管理系统和上海政府数据服务网两个子系统，推动一批政府数据资源向社会公众开放。目前已开放了超过 2100 项公共数据，基本覆盖 44 家市级部门的主要业务领域，包括 12 个重点领域、11 个应用场景。上海市政府数据开放工作已连续三年排名全国地方政府第一，并被确定为国家五个公共信息资源开放试点城市之一。

---

① 《产业地图：上海大数据产业布局分析　静安区企业占比近三成（图）》，http://www.askci.com/news/chanye/20190108/1812511139897_3.shtml，2019 年 7 月 2 日。

② 《上海高校发力人工智能人才贯通培养　应对百万人才缺口》，http://www.cbdio.com/BigData/2018-09/19/content_5889182.htm，2019 年 7 月 2 日。

2018 年 4 月，上海成立了市级层面的大数据中心。该中心的成立，有利于使全市分散、孤立的数据汇集整合，有助于推动技术融合、业务融合、数据融合，打通信息壁垒，推动政务服务从“群众跑腿”向“数据跑路”转变，更好地支撑本市全面推进“一网通办”、加快智慧政府建设。同时，由上海市政府法制办、市大数据中心、市经济信息化委共同研究制定的《上海市公共数据和一网通办管理办法》，在 2018 年 11 月 1 日以地方政府规章的形式正式启动实施。该办法将公共数据与“一网通办”有机融合，让每一个管理环节都有章可循，“一网通办”是前台，公共数据管理是后台。这将有效聚焦实际工作中的难点问题，在立法层面予以突破。规章在不与上位法相抵触的前提下，为加强公共数据管理和“一网通办”工作提供了有力的法制支撑。① 上海正抓紧制定的《上海市公共数据开放管理办法》在制度设计上创新机制，做出了细化规定，将会重点推进上海公共数据分级、分类开放。同时，将重点考虑四大关系，包括公共数据开放的责任性与服务性、数据开放与数据安全、国际原则与上海实际、统一开放与多元合作。而且，有四大创新机制，包括对公共数据分级分类，根据数据不同形式采取不同开放方式；建立专家议事协调机制，建立专家委员会开展专业建议；做好安全保障，并打造多元生态，鼓励多种生态合作，全面赋能各行各业。② 另外，上海有序推进网络信息安全保障工作，比如已经连续多年举行网络安全宣传周，通过高峰论坛、安全技能竞赛、网络安全知识展览等多种形式大力宣传网络安全知识和《网络安全法》，提升市民的网络安全素养和技能。

四　上海数字经济发展展望

综合上海数字经济的宏观环境和行业发展趋势可以看出，未来上海数字

① 《2018 年度上海大数据发展十件大事》，http：//www. shanghai. gov. cn/nw2/nw2314/nw2315/nw31406/u21aw1359354. html，2019 年 7 月 2 日。

② 《“公共数据开放”上海率先立法！预计近期发布》，https：//m. mp. oeeee. com/a/BAAFRD000020190808191523. html，2019 年 8 月 10 日。

经济的发展将呈现以下态势。

1. 随着5G试点工作的推进，上海各行业网络化、数字化、智能化转型会进一步加速

2019年6月，国家工信部向中国移动、中国电信和中国联通三大运营商和中国广电发放了5G商用牌照，这宣告了我国5G商用元年的到来。上海是全国唯一同时被三家运营商选中的首批5G试点城市，2019年下半年将大规模启动5G网络建设，而上海虹口已建成全球首个行政区5G网络，并开始试运行。以5G为引领的新一代信息基础设施将会是上海建设具有全球影响力的科技创新中心的战略性基础资源，以5G为代表的新一代信息通信技术将会是推动和帮助上海各个行业网络化、数字化、智能化转型发展的土壤和催化剂，同时还会催生一批新兴产业，吸引产业链上下游相关企业前来上海投资，未来上海将会打造全球5G应用创新的新高地，这将会进一步激发上海数字经济发展的新空间。

2. 在一系列政策和法规的支持下，上海人工智能领域将会实现持续发展

人工智能技术和应用代表着未来的发展趋势，这对上海数字经济发展有着重要意义。上海发展人工智能有数字基础设施、数据、应用场景、人才、资本等先天优势。另外，上海市政府非常重视人工智能的发展，在2017年10月和12月相继发布了《关于本市推动新一代人工智能发展的实施意见》和《上海市人工智能创新发展专项支持实施细则》，从资金、产业、服务等方面对上海人工智能发展进行了全方位部署。2018年9月，又发布了《关于加快推进人工智能高质量发展的实施办法》，在原来两份文件的基础上，围绕着人才、数据、资本三大重点推出了22条实施细则，这将缩短人工智能项目的落地时间。从2018年9月召开的第一届世界人工智能大会开始，该平台将持续扮演引进国内外人工智能企业和优秀人才的作用。2019年5月，上海（浦东新区）人工智能创新应用先导区和上海国家新一代人工智能创新发展试验区经工信部批准启动建设，这将有助于打造一批人工智能示范项目，进而带动全国人工智能的发展。另外，随着上海市大数据中心、上海数据交易中心、《上海市公共数据和一网通办管理办法》和《上海市公共

数据开放管理办法》（正在制定中）的出台和发挥作用，其将进一步释放上海的数据优势，持续推进上海人工智能发展。

3. 5G、人工智能和大数据会推动工业互联网发展，但也会催生一系列安全风险

随着5G、人工智能和大数据技术的发展和应用，工业互联网作为新一轮工业革命的重要支撑，同时也是数字经济领域非常重要的组成部分，将会实现飞速发展。2017年1月，上海发布了《上海市加快制造业与互联网融合创新发展实施意见》和《上海市工业互联网创新发展应用三年行动计划（2017—2019年）》两个重磅文件，这有助于上海工业互联网产业的发展。但是，工业互联网“人—机—物”全面互联的重要特征，已将传统工业企业较为封闭的特征加以去除，这会催生一系列安全风险，让网络安全和数据安全问题在工业互联网领域全面爆发，这将会极大地影响工业企业的正常运行，甚至对国民经济和国家安全造成威胁。因此，有关部门和企业要创新安全防护的理念，合作研发新型防护技术和工具，打造工业互联网新型安全防护体系，有效维护工业互联网网络安全和数据安全，提升上海数字治理的竞争力。

B.11
渥太华数字经济发展报告（2019）

杨 凡*

摘 要： 从加拿大数字经济发展情况看，作为传统的科技中心，渥太华在数字经济发展方面处于领先地位。本文概述了渥太华的经济科技状况和数字经济发展优势，并着重从数字经济战略、数字基础设施和数字产业三方面解读渥太华的数字经济发展，最后对渥太华数字经济发展进行了展望。

关键词： 加拿大 渥太华 数字经济 数字产业

一 加拿大数字经济发展概况

2018年加拿大统计局对数字经济进行了首次专门调查，数字经济被认定为所有受数字化影响和推动数字化发展的经济活动，包含电子商务、电子通信以及其他通过互联网提供的个人及商业服务，相关统计数据表明，加拿大数字经济在快速增长，对全国经济发展的重要性不断提升。[①] 在数字经济中，通信业的占比最高，但从2010年的37%下降至2017年的29%，而电子商务的占比增速最快，从6%上升至12%。[②] 2010~2017年，加拿大数字

* 杨凡，理学博士，上海社会科学院信息研究所助理研究员，研究方向为科技创新与区域经济。

① Statistics Canada to Launch Survey to Collect Data about Digital Economy, https://business.financialpost.com/pmn/business-pmn/statistics-canada-to-launch-survey-to-collect-data-about-digital-economy.

② Measuring Digital Economic Activities in Canada, 2010 to 2017, https://www150.statcan.gc.ca/n1/daily-quotidien/190503/dq190503a-eng.htm.

经济规模增长了40%，而其他行业的平均增速仅为28%，数字经济规模超过800亿美元，在经济总量中的占比接近6%，尽管落后于制造业（10%）、建筑业（8%）、医疗保健业（8%）和金融保险业（7%），但已超越采矿、石油和天然气业（5%），零售业（5%）和农林渔牧业（2%）等传统支柱产业。此外，加拿大数字经济发展对就业的贡献越来越大，在2017年，数字经济的就业人数比2010年增长了37%，而其他行业同期平均仅增长了9%，同时，数字经济的就业人数占比约5%，吸纳了近90万劳动力，是农林牧渔业与采矿、石油和天然气业两大传统支柱产业总就业人数的3倍。[①]

从数字经济发展的区域差异看，加拿大各省的数字经济都在发展，除了曼尼托巴、育空和努纳武特外，其他各省的数字经济发展速度都快于其他行业的平均增速，其中，曼尼托巴是资源型省份，以资源开发和农牧业为主要支柱产业，而育空和努纳武特两省位于加拿大最北部，人烟稀少，经济主要依靠农林渔牧业和旅游业。如图1所示，安大略、魁北克和英属哥伦比亚是人口最多的三个省，数字经济规模也最大，但只有安大略和魁北克的数字经济占经济总量的比重超过了加拿大的平均值，其中，安大略的占比最高，达到7.1%。渥太华和多伦多是安大略数字经济发展的两个主要城市，相比较而言，多伦多的经济多样性更高，更侧重于金融业，而渥太华作为加拿大的首都，除政府公共部门外，在数字经济、高科技产业、创意产业等方面的发展活力往往被低估，近年来在数字经济领域上已逐渐超越蒙特利尔、温哥华、卡尔加里和埃德蒙顿等城市。

二　渥太华经济科技概览

从城市的行政统计边界看，渥太华可指市区（City of Ottawa）或大都市区（Ottawa CMA），后者除包含渥太华市外，还涵盖了加蒂诺（Gatineau）、

① Digital Economy is Bigger than Mining，Forestry，Oil and Gas，StatsCan Says，https：//www.cbc.ca/news/business/digital－economy－jobs－1.5121594.

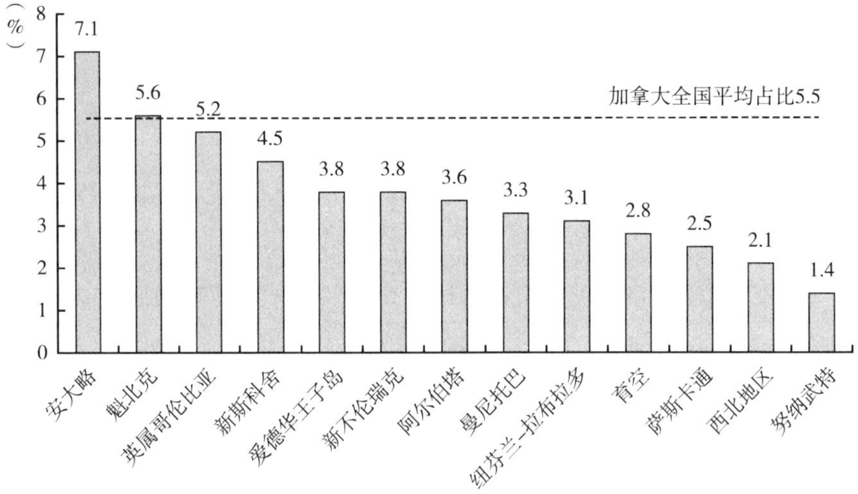

图1　2017 年加拿大各省数字经济占经济总量的比重

资料来源：加拿大统计局。

拉塞尔（Russell）、克拉伦斯 - 罗克兰（Clarence-Rockland）和北格伦维尔（North Grenville）四个市镇。2018 年，渥太华大都市区的 GDP 超过 660 亿美元，在加拿大的大都市区中排名第六，总人口约 132 万人，劳动力总人口约 76 万人，渥太华市的总人口约 100 万人，是加拿大的第四大城市，劳动力总人口接近 60 万人，年新增岗位 16200 个，失业率仅为 5% 左右。[①]

渥太华拥有超过 1800 家高科技企业，共雇用了约 8 万人，是加拿大重要的科技创新中心。渥太华的高科技产业主要集聚在城市西郊的 Kanata 地区，该地被称为“北方硅谷”。KRP 地产（原卡纳塔研究公园公司）是位于卡纳塔的一家租赁和开发商业地产的房地产公司，旗下经营了卡纳塔研究园（Kanata Research Park）和卡纳塔北科技园（Kanata North Technology Park）两个科技产业园区。许多全球知名企业都位于这两个园区内，如爱立信、诺

① Economic Development Update, https://ottawa.ca/en/economic - development - initiatives/economic - development - update.

基亚、亚马逊、戴尔、华为、思科等。[①] 如表1所示，在Expert Market咨询公司发布的加拿大最适宜生活和工作的科技城市中，渥太华排名首位，多数分项指标都排名前列。[②]

表1　2016年加拿大最适宜生活和工作的科技城市排名

综合排名	城市	科技岗位	平均工资	工资增幅	科技多样性	生活成本	平均房租	平均通勤时间
1	渥太华	3	2	5	1	1	6	5
2	卡尔加里	5	1	1	2	7	7	6
3	蒙特利尔	2	7	3	4	3	3	8
3	多伦多	1	4	4	2	4	8	7
4	哈利法克斯	7	8	2	2	8	4	2
5	埃德蒙顿	6	3	7	3	6	5	4
6	温尼伯	8	9	8	4	2	1	3
7	滑铁卢	9	6	9	6	9	2	1
8	温哥华	4	5	6	5	5	9	9

资料来源：Expert Market咨询公司网站。

三　渥太华数字经济发展优势

在2016年安永（Ernst & Young）发布的“G20数字创业晴雨表”报告中，加拿大在获取融资、创业文化、数字技能、创业培训、ICT市场五个指标上都居前五位，其中，获取融资排名首位。渥太华投资署（Invest Ottawa）认为，渥太华是加拿大能够在数字经济创业和数字化转型中处于领先地位的

① KRP Properties，https：//en. wikipedia. org/wiki/KRP_ Properties.

② Canada's Best Tech Hubs to Live and Work in，https：//www. expertmarket. com/focus/top - tech - hubs - canada.

一个缩影，主要优势表现在五个方面。①②

一是渥太华的高素质劳动力资源居加拿大首位。渥太华高等教育资源丰富，拥有两所著名的公立大学——卡尔顿大学和渥太华大学，以及阿冈昆学院、城市学院、多米尼加大学学院、圣保罗大学、魁北克大学渥太华河区分校等多所高校。从 2006 年至今，渥太华拥有大学学历的人口数量平稳上升。如图 2 所示，根据 2011 年加拿大全国家庭普查，15 岁以上拥有大学学历人口占比最高的是渥太华大都市区。

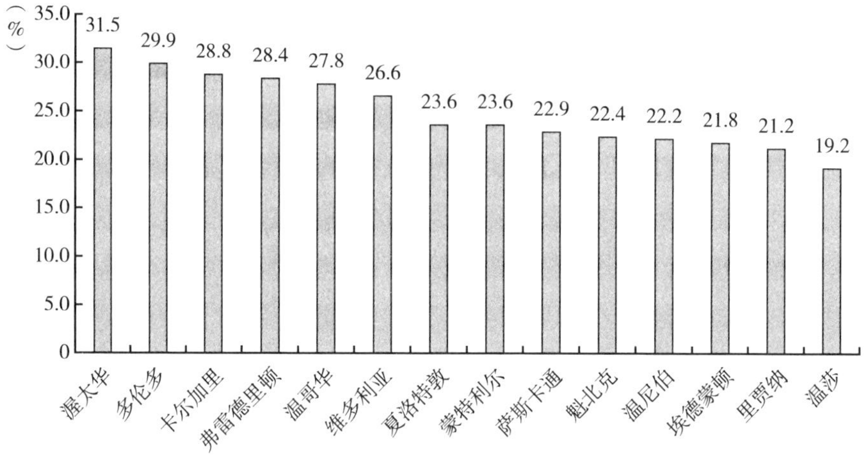

图 2　加拿大主要城市 15 岁以上拥有大学学历人口占比

资料来源：2011 年加拿大全国家庭普查统计和《国家邮报》（*National Post*）。

二是渥太华的年轻企业家、科学家和工程师等优质人才资源丰富。根据安永报告，数字技能和创业培训是推动年轻人投身数字经济行业的两大主要驱动因素。渥太华在科学家、工程师和拥有博士学位等人才的集聚度上是加拿大最高的，在劳动力总人口中的比例接近 1/9，就北美地区而言，仅次于

① 3 Reasons Ottawa is Best in the World for Digital Entrepreneurs，https：//www. investottawa. ca/blog/3 – reasons – ottawa – is – best – in – the – world – for – digital – entrepreneurs/.

② TOP 6 Advantages to Establishing Your Company in Ottawa，https：//www. investottawa. ca/why – ottawa/.

硅谷。事实上，在渥太华的主要大学有近 13 万师生，其中约 20% 属于 STEM（科学、技术、工程、数学）领域。

三是渥太华的营商成本低和环境友好。渥太华拥有加拿大最宜居、宜业、宜商的城市环境，在美世咨询（Mercer）发布的城市生活质量排名中常年高居全球前 20 位。渥太华是世界级都市，具有社区友好、文化多元、犯罪率低、可承受的房价、极具竞争力的税率、良好的基础设施、优美的自然风光、完善的医疗保障，以及浓郁的体育艺术文化等众多区位优势。

四是渥太华是加拿大的科技之都。渥太华拥有众多知名的本土和跨国高科技企业。渥太华的科技生态系统在培育本土高科技企业方面尤为成功，高科技企业通过 IPO 募集的资金比加拿大其他所有城市的总和还要多。此外，渥太华的人均研发支出在加拿大居首位，同时，渥太华拥有下一代互联网中心（The Centre for Next Generation Networks）等技术转化中心，以及 Lead to Win、Startup Garage、The Code Factory 和 L – SPARK 等科技孵化器或加速器。

五是渥太华是北美市场的门户。渥太华位于安大略省东部中心地带，与北美的主要大市场的航空时间距离不到两小时，包括多伦多、蒙特利尔、纽约、波士顿、芝加哥等城市。渥太华与欧洲的中心城市也有直达航班，包括伦敦、法兰克福等。渥太华的全球交通枢纽地位为企业邻近主要客户和消费者提供了便利。

四　渥太华数字经济发展战略

渥太华创新研究中心（Ottawa Centre for Research and Innovation，OCRI）制定了一份数字经济发展战略报告，这份报告以渥太华大都市区为案例进行分析，致力于推动地区数字经济发展及增强其竞争优势。该报告分析了渥太华的经济转型，渥太华已经进入创新驱动财富创造的发展阶段，并且经济部门结构已经被重塑，由以政府和公共机构为主导，转向政府和公共机构、高科技产业、旅游等部门构成的更多样、更均衡的组织结构，其中，高科技产业的内部构成也在调整，从以大企业为主导转向以大企业和中小企业共同主导。

报告指出，渥太华的数字经济正在成为地区经济发展的重要推动力和核心竞争力，必须认识到新兴的数字经济是由知识、创新和创造力来实现全球商业化和扩展，而不是依靠制造业，同时，可持续的企业将更小、更灵活、更适应市场，并与经济合作伙伴（包括政府、企业和学术界）一起利用它们的技术，政府、企业和学术界的深入合作和制度构建是保障数字经济发展的关键。为此，OCRI 于 2009 年底成立了渥太华技术圆桌会议（Ottawa Technology Roundtable，OTR），OTR 由联邦和省内阁部长、大学和学院院长以及企业首席执行官和总裁组成，主要目标是为渥太华确定一个创新体系架构，推动渥太华科技创新发展。在以往的圆桌会议中，主要讨论了五个主题：新兴经济部门、区域能力营销、人才培养、公司融资和合作伙伴关系。OTR 提出的若干建议涉及数字经济发展战略的相关内容。[①]

（1）发展信息与通信技术产业

一是认识到信息和通信产业和技术是经济发展的主要支柱；二是改善对初创企业和中小企业的财政和金融支持；三是对高端技术型劳动力采取更积极的移民政策；四是加大政府对新技术产品的采购力度。

（2）打造数字经济的内容优势

一是支持内容开发基础设施，如游戏公司和其他集群/孵化器；二是提高无线电通信产业竞争力，降低无线电通信费用；三是鼓励政府提供数字内容；四是鼓励启用通信的应用程序（Communications Enabled Applications，CEA）。

（3）培养未来的数字技术人才

一是促进数字产业与大学之间更紧密的合作；二是建立更多早期鼓励 STEM（科学、技术、工程和数学）和创业教育的项目；三是对未来可能出现的工作提前布局；四是制定人才战略以吸引、保留和利用技术人才。

---

① OCRI's Contribution to Canada's Digital Economy Strategy，http：//www. digitaleconomy. gc. ca/eic/site/028. nsf/eng/00335. html.

五　渥太华数字基础设施发展

数字基础设施是创新的必备条件，有望推动未来经济发展，就像铁路和公路在几个世纪前所做的那样。渥太华正在建设所需的数字基础设施，以帮助本地科技公司开发人工智能、自动驾驶汽车和先进制造业等新兴领域的新产品，同时创造更多就业机会。近期，渥太华所进行的主要数字基础设施投资是下一代互联网项目（Next-Generation Network Program，NGNP），该项目与下一代互联网卓越中心（Centre of Excellence in Next Generation Networks）和渥太华卓越中心（Ontario Centres of Excellence）共同合作完成，共计投资约5000万加元。①

下一代互联网是软件控制的平台，可显著提高带宽并允许所有通信技术之间的无缝连接。该项目将建立一个高速计算机网络，通过云基础设施将渥太华及安大略的区域创新中心与产业和学术界连接起来，使它们能够远程共享资源和服务。特别是在和大学的合作中，除技术开发外，还为研究生和博士后研究人员提供接受新技术培训的机会。将研究人员与产业中的领导者联系起来，通过产业中的领导者来指导研究人员的工作，并引导其走向实际应用和商业化。同时，这项投资将使渥太华及安大略的中小企业、政府和大学能够开发、试验和展示新技术、软件和服务，帮助填补研发与商业化之间的转化鸿沟。迈向下一代互联网将为消费者创造价值，并帮助企业加快创新速度从而在全球竞争。此外，这项对下一代互联网的投资也是加速开发和采用变革性技术的一揽子投资的一部分，包括人工智能、5G无线通信技术、互联和自动驾驶汽车、大数据分析、先进制造业和网络安全。

① Building Digital Infrastructure in Ontario to Develop New Tech Products，https：//news. ontario. ca/medg/en/2018/01/building - digital - infrastructure - in - ontario - to - develop - new - tech - products. html.

六 渥太华主要数字产业发展

渥太华作为加拿大的科技中心，主要数字产业有传统的通信产业、软件产业，以及新兴的数字媒体产业。各产业的龙头企业是研发投入的主力，同时也壮大了地方的人才库，并进一步吸引其他相关投资和企业进驻。

（一）通信产业

渥太华是全球知名的通信技术卓越中心，有超过250家企业和21000名从业人员，持续不断地推动着世界无线电通信行业的技术革新。作为全球五大移动回传设备市场供应商、十大光纤网络硬件供应商的重要基地，同时，在通信技术领域占加拿大研发支出的比重高达90%的科研重镇，渥太华是未来通信网络技术开发的全球领导者。[①]

渥太华通信技术集群的加速成长依赖于一批拥有研发基础设施的高水平研究中心，这些机构在与黑莓的QNX、华为、诺基亚、思科、讯远等跨国企业的合作技术研发中发挥了重要作用。主要有以下五大研究机构：①通信研究中心（Communications Research Centre，CRC），由联邦政府资助的、专注于无线电通信技术研发的卓越中心；②加拿大光子制造中心（Canadian Photonics Fabrication Centre，CPFC），北美唯一的专业光学制造中心；③下一代互联网卓越中心（Centre of Excellence in Next Generation Networks，CENGN），汇集了行业内全球领导者的供应链，通过提供世界一流的，可对先进产品、应用程序和服务进行试验的平台，来消除科技成果转化和商业化障碍；④大卫佛罗里达实验室（David Florida Laboratory，DFL），是加拿大宇航局的航天器组装、整合和测试中心；⑤加拿大国防研究与发展署（Defence Research and Development Canada，DRDC），是加拿大国防和安全科技领域的领导者。

---

① https：//www. investottawa. ca/communications - technology/.

以下简要介绍华为、讯远（Ciena）、爱立信（Ericsson）和诺基亚（Nokia）这四家通信业巨头在渥太华的运营情况。

华为是智能手机市场的全球领导者，也是加拿大最大的企业研发投入者，主要投资在5G先进通信研究领域。这项研究即将取得突破，有望为自动驾驶汽车和物联网发展铺平道路。渥太华是华为研发实验室的所在地，占华为加拿大员工人数的一半以上。

讯远是全球第二大光学技术供应商，提供当今互联网能够高速传输的核心技术。在2010年，该企业收购了位于渥太华的前科技巨头北方电讯（Nortel Networks）的以太网和光学网络部门，逐渐使渥太华成长为该科技领域的全球研发中心，并已成为该地区仅次于诺基亚的第二大雇主。

爱立信在渥太华建立了研发实验室，为世界各地的客户研制最先进的产品。作为渥太华的通信技术领导者，爱立信与渥太华政府、罗杰斯通信公司（Rogers Communications）合作，为渥太华大都市区的八条河流和溪流安置了自动化无线传感器，可用于监测水温、水质和其他变量的波动，从而检测供水中可能存在的异常毒性水平。如果检测到水道存在任何潜在问题，传感器会向市政府官员发送信号警报。爱立信的互联水方案不仅效率高，而且为渥太华市政节约了成本，每个传感器的成本估计比市场上的其他解决方案节省了4000美元。

诺基亚正在引领下一代通信服务，彻底改变了5G和物联网的未来。诺基亚在渥太华的业务主要集中在研发方面，产品线则侧重于为高端住宅、商业和移动服务提供高性能网络。这家芬兰跨国公司与渥太华当地大学有着长久的合作关系，以培养未来的科技人才和搭建高质量知识的流动管道。例如，诺基亚将其实验室设备虚拟化，方便卡尔顿大学学生远程访问，以获得试验、排错和配置网络的实践经验。

（二）软件产业

作为数字经济中的传统产业，渥太华的软件产业一直蓬勃发展，拥有超过560家企业和22000名从业人员。软件服务（Software-as-a-Service，SaaS）、数据分析和基于人工智能的解决方案是渥太华软件产业的三大发展领域，旨在为自动驾驶汽车、电子商务、智慧城市计划和物联网发展提供服务及技术支持。①

渥太华是世界级的软件中心和创新的开拓者，聚集了一批优秀的软件企业，拥有全球排名前五的企业软件供应商，包括微软（Microsoft）、甲骨文（Oracle）、企业管理解决方案（SAP）、国际商业机器公司（IBM）和戴尔-易安信（Dell-EMC），以及黑莓的 QNX、ProntoForms、You. i TV、Martello 科技和 Page Cloud 等在全球享有知名度的本土企业。

渥太华的本土软件产业还在持续快速成长，平均每 16 家快速成长的企业中有 12 家是 IT 和软件企业。Halogen、Kinaxis 和 Shopify 三家软件公司在 IPO 市场上获得巨大成功，募集资金高于其他加拿大城市的总和。再加上有加拿大首个企业软件服务加速器（L-SPARK）和领先的加拿大企业软件服务会议（SaaS North）的助力，渥太华是全球软件创新和技术人才的首选目的地。

以下简要介绍黑莓的 QNX（BlackBerry QNX）、Shopify、IBM Watson 和福特（Ford）这四家软件业巨头在渥太华的运营情况。

黑莓的 QNX 是安全、可靠且值得信赖的操作系统、开发工具和提供连接嵌入式系统等专业服务的全球领先供应商。福特、奥迪、思科、通用电气、洛克希德·马丁和西门子等全球领导者都依赖黑莓的 QNX 技术，提供下一代的车辆安全平台、网络路由器、医疗设备、工业自动化系统、国防系统，以及其他与生命安全相关的应用软件服务，其中包括通过安全的空中软件更新进行完整的软件生命周期管理。BlackBerry QNX 成立于 1980 年，总部位于渥太华，产品销往全球 100 多个国家和地区。为了充分利用渥太华的科研能力，BlackBerry QNX 在当地建立了自动驾驶汽车创新中心（Autonomous Vehicle Innovation Centre，AVIC）。

Shopify 最初是一个销售滑雪板的平台，凭借基于云的电子商务平台，

① https：//www. investottawa. ca/software/.

现已成为软件服务领域令人兴奋的创新型企业。Shopify 的快速发展开启了在线零售业的革命，颠覆了传统的实体店，并重新定义了在线商店，使任何人都可以在一天内推出自己的商店。目前，Shopify 在大约 150 个国家和地区为超过 377500 家企业提供服务，同时，也是渥太华最大的研发支出者之一。

IBM Watson 是认知计算系统的杰出代表，也是一个技术平台。认知计算代表一种全新的计算模式，它包含信息分析、自然语言处理和机器学习领域的大量技术创新，能够助力决策者从大量非结构化数据中揭示非凡的洞察。而该系统的机器学习大脑的关键组件就是在渥太华研制出来的。IBM Watson 正在彻底改变医疗保健、网络安全、物联网，甚至世界各地的游戏节目。最近，渥太华大学和其他学术合作伙伴宣布与 IBM 合作，对 Watson 进行网络安全语言培训。

在 2017 年，加拿大福特汽车公司（Ford Motor Co. Canada）宣布，将斥资近 3.4 亿美元在渥太华新建一个研发中心，专注于开发自动驾驶汽车，预计将雇用数百名新员工。这一举措充分体现了其对渥太华在汽车自动驾驶和安全系统等方面的软件开发能力和科技人才水平的高度认可。

（三）数字媒体产业

渥太华的数字媒体产业涉及面较广，包含从游戏、动画到虚拟、增强和混合现实的一系列广泛活动，拥有超过 170 家企业和 1600 名从业人员。特别是在当地政府激励措施等有利条件的推动下，渥太华在游戏和动画产业方面达到了行业领先、国际公认的高水准。总部位于渥太华的数字媒体企业可以借助行业特定的税收抵免来开发具有全球竞争力的成本结构，以推动行业的快速发展。例如，安大略互动数字媒体税收抵免（Ontario Interactive Digital Media Tax Credit，OIDMTC）、安大略电影和电视税收抵免（Ontario Film & Television Tax Credit，OFTTC）和安大略动画和特效税收抵免（Ontario Computer Animation and Special Effects Tax Credit，OCASE）。结合其他优惠的税收抵免政策，如科学研究和实验发展（Scientific Research and

Experimental Development，SR&ED）、产业研究援助计划（Industrial Research Assistance Program，IRAP）、加拿大媒体基金（Canada Media Fund，CMF）和安大略卓越中心（Ontario Centers of Excellence，OCE）。[1]

渥太华数字媒体产业的发展还得益于地方大学在该领域的科研能力和人才培养。阿冈昆学院的动画项目、渥太华大学的电脑游戏动画和模型制作项目，以及卡尔顿大学的电脑游戏开发和交互多媒体设计项目等为行业发展输送了大量优秀人才。渥太华当地的创意产业中许多艺术家和创新者也对数字媒体产业发展发挥了积极作用。

凭借在全球舞台上的巨大竞争力，渥太华已成为迪士尼（Disney）、梦工厂（Dreamworks）、孩之宝（Hasbro）、加拿大儿童电视网（Teletoon）、皮克斯（Pixar）和纳斯卡尔（Nascar）等全球知名制片公司藏得最深的秘密，这些公司历来与渥太华的数字媒体企业有密切合作。此外，渥太华国际动画节是北美地区最大的动画行业盛会。在软件技术和数字媒体艺术的交互叠加作用下，渥太华已形成了充满活力的由电子游戏、虚拟现实技术和动画产业构成的数字媒体创新生态系统。

以下简要介绍 Simwave 咨询、Brinx、水星影业（Mercury filmworks）和 Fuel Youth Engagement 这四家数字媒体业巨头在渥太华的运营情况。

渥太华初创企业 Simwave 咨询公司是不断扩大的虚拟现实领域（Virtual Reality，VR）隐藏的宝石之一。这家新企业首次亮相时，将 4D 和 VR 技术相结合用于模拟第一次世界大战中的维米岭战斗，画面、枪声、爆破、震颤、风和热等可被完整体验。这项技术与加拿大战争博物馆合作开发，应用范围广泛。Simwave 咨询公司正在为加拿大科技博物馆开发蒸汽机模拟，这家博物馆以其高耸的 19 世纪火车而闻名，但现在已有 VR 设备可以模拟快速移动的火车头。

渥太华初创公司 Brinx 成立于 2015 年，它利用虚拟现实技术来彻底改变视觉艺术。这家创新型公司最近推出了 3D 建模项目（称为“杰作 VR”），

---

① https：//www.investottawa.ca/digital - media/.

该技术使人们能够将视觉概念转换为虚拟的雕塑和绘画。Brinx 的首席执行官乔纳森·加涅（Jonathan Gagne）指出，一个大学生需要 270 个小时才能掌握雕塑或绘画的建模基本原理，如果使用“杰作 VR”，一个 8 岁的孩子可以在一分钟内开始建模。

渥太华拥有约 2000 名动画设计师，阿冈昆学院的动画项目还在源源不断地输送毕业生，渥太华有充裕的动画设计人才。水星影业利用这一人才优势，已成为儿童电视动画的成功标杆，曾为迪士尼公司制作的系列电影广受好评，如获得艾美奖的《米老鼠》（*Mickey Mouse*）卡通短片，还有“魔法奇缘系列”（Tangled：The Series），《潘恩·泽罗：兼职英雄》（*Penn Zero：Part-Time Hero*），以及为加拿大儿童电视网制作的《原子木偶》（*Atomic Puppet*）。水星影业还为迪士尼频道开发了动画电视《狮子卫士》（*The Lion Guard*），是一部奥斯卡获奖电影《狮子王》（*The Lion King*）的衍生剧。

Fuel 的总部位于渥太华，是一家全球性的创意机构，因制作电子游戏赢得了多项荣誉。这家电子游戏和定制娱乐公司是大型跨国企业，是迪士尼、微软、孩之宝、芭比娃娃、DC 漫画、大富翁和 NASCAR 等各大品牌游戏企业背后的主要策划者。它们还制作了互联城市的 VR 展示，利用大数据和虚拟现实来窥探城市管理的未来，并在 2016 年 Salesforce 举办的 Deamforce 会议①上首映。

七　渥太华数字经济发展展望

渥太华拥有成功的科技企业发展史、世界级的研发能力、根深蒂固的创新文化，以及对所有规模企业的政策支持，是加拿大重要的科技创新中心，但区域性竞争压力较大。渥太华在地理上位于多伦多和蒙特利尔两个强劲的科技中心之间，但多伦多和蒙特利尔都有与硅谷的直飞航线，而渥太华却没

① Salesforce 及其子公司以组织活动和会议而闻名，Dreamforce 是世界上规模最大、最知名的活动之一。

有。从数字经济的就业人数看，渥太华的数字经济体量也远不及多伦多和蒙特利尔，以 ICT 产业为例，渥太华的就业人口为 6.5 万人，多伦多和蒙特利尔则分别为 31.5 万人和 19.3 万人。此外，从数字创新能力看，渥太华也有较大的提升空间，在 2010 ~2019 年，与数字经济相关的 PCT 专利申请总量为 359 件，略高于蒙特利尔（243 件），但明显低于多伦多（648 件），但由于人口规模较小，渥太华的人均 PCT 专利申请量是最高的，表明虽然渥太华的数字创新规模不大，但数字创新的密度较高。[①] 总的来看，渥太华的数字经济拥有较强的实力，但未来发展仍面临来自周边其他科技城市的较大挑战。尽管有渥太华投资署（Invest Ottawa）的助推，但如何稳固和促进自身数字经济的发展，渥太华还需进一步挖掘新的区域吸引力和数字产业增长点。此外，关于渥太华的科技行业，一个不可避免的事实是，这里的投资没有达到与其他市场相同的高度，新创企业没有获得足够的风险资本的支持。根据加拿大风险投资与私募股权协会在 2016 年的市场审查报告，渥太华的 24 宗风险资本交易总投资额为 1.1 亿美元。相比之下，滑铁卢有 30 笔交易，价值 3.7 亿美元；多伦多有 139 笔交易，价值 9.5 亿美元。但需要注意的是，随着 Uber 和 Airbnb 等共享经济的政府审核通过，共享经济的发展潜力被释放，同时，随着智慧城市规划和数字服务战略（Digital Service Strategy，DSS）的制定实施，服务业的数字化创新将有望成为渥太华数字经济发展的新热点。

① 根据 PCT 专利的国际分类标准，选取基础通信、数字通信、计算机科学、半导体、IT 管理领域来近似表征数字产业，本文数据统计的截止时间为 2019 年 8 月。

产 业 篇

Industry Reports

B.12 全球人工智能产业发展报告（2019）

曹祎遐　周庆运*

摘　要： 人工智能逐渐成为经济增长新引擎，从单个企业创新到驱动行业重塑，从理论可行性研究到推动技术变革，从畅谈应用价值到集聚全球目光。本文将梳理全球人工智能发展的趋势，解析中国人工智能产业发展态势，并针对人工智能带动产业链颠覆式发展进行着重分析，为人工智能推动市场生态的构建提供路径参考。

关键词： 人工智能　数字产业　生态构建

* 曹祎遐，上海社会科学院应用经济研究所副研究员，管理学博士，应用经济学博士后，长期从事创业与创新管理、文化创意产业相关研究；周庆运，上海市黄浦区发改委产业发展科，区域经济学硕士，长期从事产业研究。

2018年10月，习近平总书记强调要充分发挥好人工智能的“头雁”效应，同年11月德国政府提出新一轮人工智能战略计划，次年2月美国启动美国人工智能计划。[①] 2018年世界人工智能大会为参会观众带来具有未来感的沉浸式AI+体验，将人类科技文明的新水平线无限延伸至生活的每个角落，11月的第五届世界互联网大会，新华社联合搜狗发布的全球首个“AI合成主播”再一次让新闻界为之震动。2018年10月酷跑机器人“Atlas”一夜爆红，最具活力的强智能机器人问世，次年2月高通发布7nm 5G基带芯片，在5G的支持下其可实现最高达7Gbps的下载速度和最高达3Gbps的上传速度。近期，政府、学界、企业方面的种种围绕着人工智能的创新突破，已然成为最重要的基础性技术变革，如果说2017年还在讨论未来人工智能发展的展望，近年来人工智能在突破发展方面颠覆性之强、速度之快，让人切实感受到人工智能的未来，其实人工智能已然通过驱动相关产业高速发展，让未来已来。

回顾人工智能突破发展的历程，从计算机应用层面的技术推理，到拟实践阶段的模型推理，再到技术层面的实践成熟，然后到实用场景的抓紧落地，以大数据为基础、以计算通信业务为内核的人工智能逐渐成为世界产业迭代更新的引擎。为了厘清人工智能产业发展态势以及人工智能产业为中国产业带来颠覆性革命的情况，我们期待通过系统研究回答以下几个问题：全球人工智能产业发展的整体情况如何？中国是如何布局人工智能产业发展的？人工智能产业发展是怎么促进中国产业跨越式发展的？在未来如何更好地理解人工智能产业市场生态的整体构筑？

一 全球人工智能产业发展趋势

1. 人工智能发展现状

（1）人工智能的概念、发展历史

人工智能的概念到现在尚未有统一的定义，涉及计算机学与生物仿生学

① 孙柏林：《美国新的人工智能报告及其对我们的启示》，《自动化技术与应用》2017年第10期。

的交织，涉及即时仿生反应系统与自主开展行动个体，本文综合各方意见，认为人工智能是以人类思维完成智能行为应用的统称。据此可以按照人工智能智能化强度划分为：①弱人工智能，表现为仅对接收到的刺激通过自主反应给予反馈，形象的表现形式如经过训练的狗与人之间的互动；②强人工智能，表现为具有自主的学习和反馈能力，可以根据外界环境的改变而相应做出智能反馈，形象地表现为脱离特定领域、规则，富有一定的感情，可以自主深度学习和自主选择；③超人工智能，表现为可以做到人类智能的极限，拥有最为丰富的情感，可以做到世事洞悉，人情练达，形象地表现为拥有超级丰富记忆、超级学习能力、超级行动活力的超人。

回顾人工智能的发展历史，不难发现人工智能总是随着新兴问题的解决和过难问题的难以解决，在发展的过程中呈现“热季”和“寒冬”相互交织的周期性螺旋式发展。整体经过了三个“热季”和两个“寒冬”（见图1）。

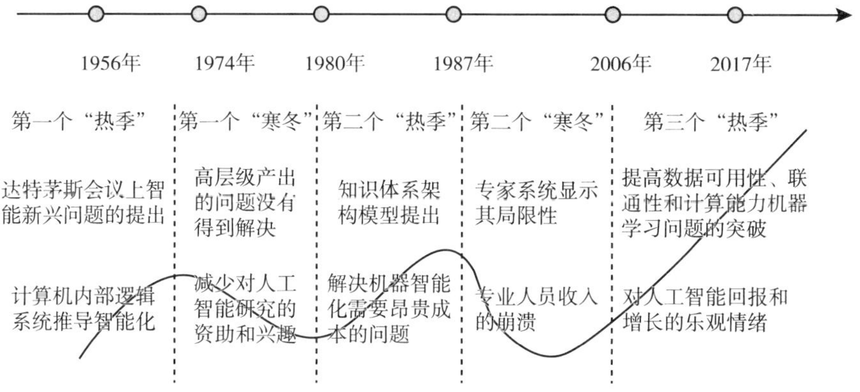

图1　全球人工智能发展阶段

1956～1974年，达特茅斯会议上智能新兴问题的提出，同年计算机内部逻辑系统推导智能化的解决促成了“热季”效应，提出政府有希望的、基于逻辑的解决资金问题的方法。

1974～1980年，机器计算能力低下，如何实现高层级产出的问题没有得到解决，导致第一个“寒冬”的到来，人们大幅减少对人工智能研究的资助和兴趣。

1980～1987 年，通过知识体系架构模型可以系统解决机器智能化需要昂贵成本的问题，迎来了“热季”效应，研究重点发生变化和为知识架构智能提供资金。

1987～2006 年，专家系统显示其局限性并证明更新和维护成本高昂的问题没有解决，“寒冬”由专业人员收入的崩溃引发，同时影响投入因素。

2006 年至今，提高数据可用性、联通性和计算能力机器学习问题的突破，带来了至今持续时间最长的“热季”，在神经网络和深度学习中，对人工智能回报和增长抱有乐观情绪，数据驱动、高计算能力的人工智能成为追逐的焦点。

（2）人工智能产业发展的生态圈层

人工智能产业生态是人工智能在多层级、多领域研究、创造、应用、实用的分布情况，从产业的维度来讲通常分为三个层级：基础层、技术层、应用层。

基础层：聚焦在计算机硬件应用，体现在收集数据和加工成结构数据的传导环节，具体表现形式为芯片、传感器、服务器，以及数据梳理技术。

技术层：聚焦计算机软件技术，体现在生物板块、物理板块、材料板块与计算机通用技术之间的相互碰撞，形成计算机自主学习与深度学习的知识图谱。

应用层：人工智能集成功能的具体体现形式，通过产业赋能在各个领域的创新应用。

（3）人工智能产业发展动态趋势

人工智能产业的认知度和感受度在近几年达到前所未有的浪潮，波士顿 2017 年的一项调查表示，63% 的高管认为人工智能会对他们的公司在未来五年内产生巨大影响。[①] 2018 年 Forrester Consulting 采购与供应链领导者调查发现，在接下来的 12 个月里有 55% 的企业计划主要是人工智能投资。麦

---

① BCG. Reshaping Business With Artificial Intelligence . BCG. com，2018.

肯锡全球研究所估计，到 2030 年人工智能产业可以为世界增加 13 万亿美元经济，人工智能对于经济的贡献将远超过蒸汽等变革性技术对于世界经济的促动。承接上述调查及预测的载体是全球人工智能产业发展的几大趋势。

一是人工智能算法能力的高速演进。深度学习框架的进一步构建和开源框架的基础落地，同时具备了高生物反应体系和高迭代升级能力，大幅提升技术的实用效应以及大幅降低企业运行成本，重点单位纷纷在此聚焦，如谷歌的神经网络开源库、DMC 社区的深度学习开源库，以及加州大学伯克利的卷积神经网络开源框架。

二是人工智能算法能力的高速提升。从第一代大型机的每秒百次计算能力到现在万物互联情形下的每秒万亿次计算能力，逐渐实现海量数据计算能力和密集线性代数计算要求。IP 核智能提升，以及芯片技术从云端到端侧大幅升级。技术框架下沉，人工智能专用芯片加速开放逐渐取代通用芯片，更具专业化的计算导入进一步促进算力提升。

三是数据已经成为一种资源。在各个行业都开始意识到数据的资源属性时，数据策略上升为公司战略，最能利用数据的公司将成为行业中的赢家，基于数据的人工智能将从根本上影响公司相互合作，尤其是在采购方面的服务和商品，重新定位其价值锁链以及它们如何分享知识。另外，海量的数据不断产生，全球互联网用户数已经突破 41 亿户，全球独立移动设备用户渗透率达到了总人口的 67%。①

四是应用领域的加快落地。近几年一个很明显的表现——专利申请和科学人数比例下降，表明了从理论研究到人工智能的应用商业产品技术和服务的一种转变，正在申请的专利类型大部分基于技术成效的落地。

五是互联互通的常态化传递。通信技术从 1G 时代跨越到 5G 时代，高带宽和低时延成为常态，高频率和低损耗成为聚焦点。通信基站在各国加速布局，空间上的距离在互联网化的时代背景下进一步缩小，交互的演变在更大范围影响生活方式的转变。

① 中国信通院：《2018 世界人工智能产业发展蓝皮书》，2018。

2. 人工智能产业分布情况

（1）人工智能企业重点分布领域

近年来，人工智能企业在全球范围内呈现井喷式增长，尤其2016年和2017年是人工智能企业快速增长的波峰期，如深度学习相关技术研究企业呈现惊人的增长速度，仅三年就增长了175%，截至2019年3月底在全球范围内有5386家核心人工智能企业。

从人工智能企业的区域布局来看，全球人工智能企业数呈现双头领跑、多点分布的格局，美国继续以全球总企业数的40%左右领跑世界，其次是中国奋力直追排在第二，其后是英国、加拿大、印度、以色列、法国和德国等平分秋色，领跑者、紧随者、追逐者三个层次显而易见（见图2）。

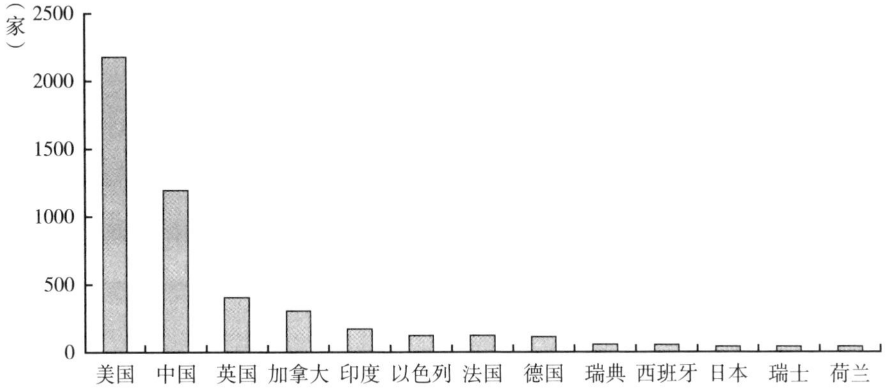

图2　全球人工智能核心企业数

从人工智能企业的领域布局来看，全球人工智能企业以应用层的垂直领域赋能为主轴，技术层的自然语言处理、视觉、智能机器人成为企业争相进驻的领域，此外，基础层的数据服务以及芯片硬件制造领域也设立多家企业（见图3）。

（2）人工智能产业投融资情况

融资数量、融资金额以及融资构成是衡量产业发展所处阶段的一个重要判断基础。人工智能投融资一直处于热点，投融资金额呈现持续上升态势，

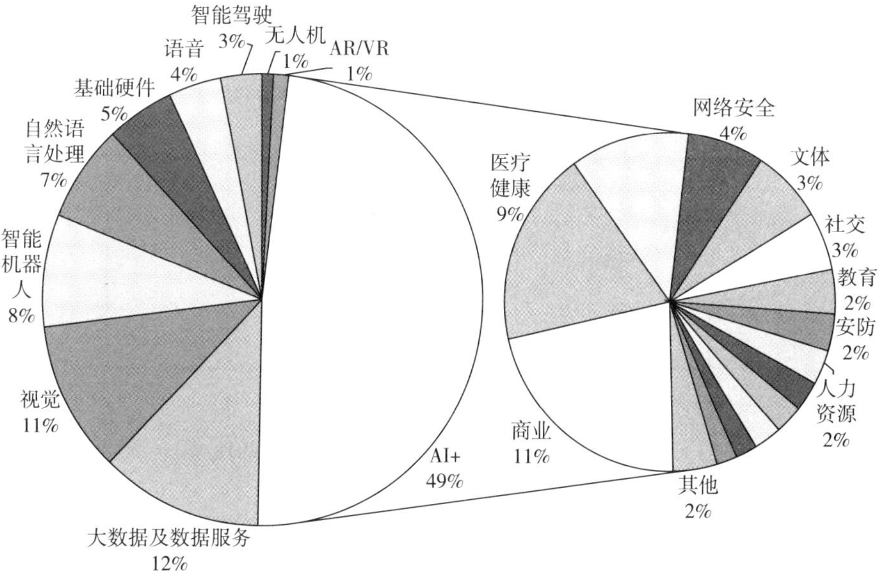

图3　全球人工智能核心企业领域分布

资料来源：中国信息通信研究院。

仅2018年就发生了784.8亿美元的投融资金额，整体显示整个行业属于上升时段。

人工智能的投融资笔数自2013～2017年一直处于快速上升的周期内，反映为产业的快速成长期，同时2018年的融资频次有所下降但是仍然处于近几年融资笔数的次高峰（见图4）。同时自2013年起到2016年最早期的天使轮在总投资中的笔数基本维持在50%左右，并从2017年跌破50%的比例后，顺势而下，到2018年天使轮的占比已经不足40%，与此同时B轮以上的投资笔数在逐年增长（见图5）。结合总融资额持续上升的实际，可以清晰地看到全球视野下，资本市场更加偏好A轮及以上有一定成熟运行经验的企业，也可以进一步显现在概念化的疯狂增长后，人工智能产业市场进入中后增长期。

（3）人工智能技术创新情况

人工智能的技术创新最直观的体现就在于发明专利的申请和获得。

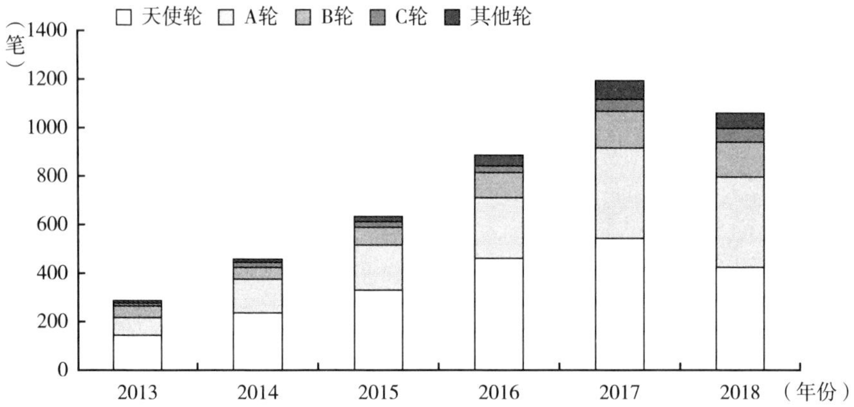

图 4　全球人工智能产业投融资笔数（2013～2018 年）

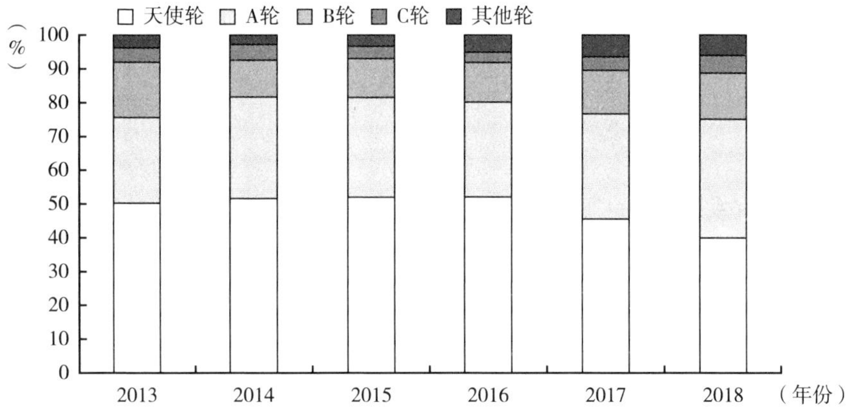

图 5　历年人工智能产业投融资笔数轮次比例（2013～2018 年）

WIPO 在 2019 年发表的报告称①，自 2013 年起人工智能的专利申请数量呈现与日俱增的态势，在过去的 5 年申请的专利数量超过此前 60 年申请总量，当年人工智能专利申请的总数已经超过 17 万件。

专利备案量呈现两个特征，第一个特征是总有一个国家成为专利申请、

① WIPO. *Artificial Intelligence*. 2019：1－4159.

备案的龙头，日本、中国、美国占了全球人工智能专利申请量的75%以上，拥有绝对的话语权。与此同时，这三个国家的专利申请呈现此消彼长的情况，在20世纪80年代日本专利局最早设立与人工智能相关的第一批专利，随后日本的申请停滞不前。紧接着美国专利申请量与日俱增，随后在2014年中国当年专利申请备案量超过美国，随后一直持续拉开差距，到2018年中国当年AI专利申请数量大约是美国同年度的3.5倍，中国AI专利总量在不久的将来将超越美国成为世界第一AI专利拥有国。第二个特征是技术层面的专利总是以一个范围为主体进行申请，但是基础层面的专利，尤其是芯片设计制造类IP专利通常不是由一家公司控制而是由多家公司通过联合持有多项申报从而达到共同应用的目的，同时中国企业在IP类专利领域几乎是空白。

3. 各国人工智能发展简析

（1）各国支持人工智能发展的政策及思路

人工智能为主的智能时代革命逐渐成为评定大国能力的关键因素，大力发展人工智能战略逐渐变成各国新一轮科技竞争的焦点所在。同时各个国家的产业布局、发展环境和科技基础能力有所差异，每个国家都根据自身发展的重点大力推动人工智能产业发展，人工智能在各国之间的竞争日趋白热化。2016年起，与人工智能相关的国家级战略密集出台，社会关于人工智能的大讨论激烈展开，各国政府关于人工智能发展的思路也逐渐清晰（见图6）。

推动人工智能产业发展的国家战略密集发布在2016年以后，在美洲和欧洲几乎同时颁布人工智能发展规划，但二者也存在着差异，美国战略规划偏向于产业升级再造和创新实践，欧洲的战略规划基于道德伦理拟在人工智能发展的关键环节创造可掌控的道德、理论标准。亚洲方面，中国继互联网发展之后顺承而下大力推进数字经济，拟在人工智能的理论、技术和应用多个层面拥有主导话语权；日本、韩国凭借已有机器人应用基础，在智能机器人和精密基础仪器方面发起冲击，印度则依托软件行业的优势和移动互联同步推进的大规模发展，拟实现人工智能对于整个产业链的应

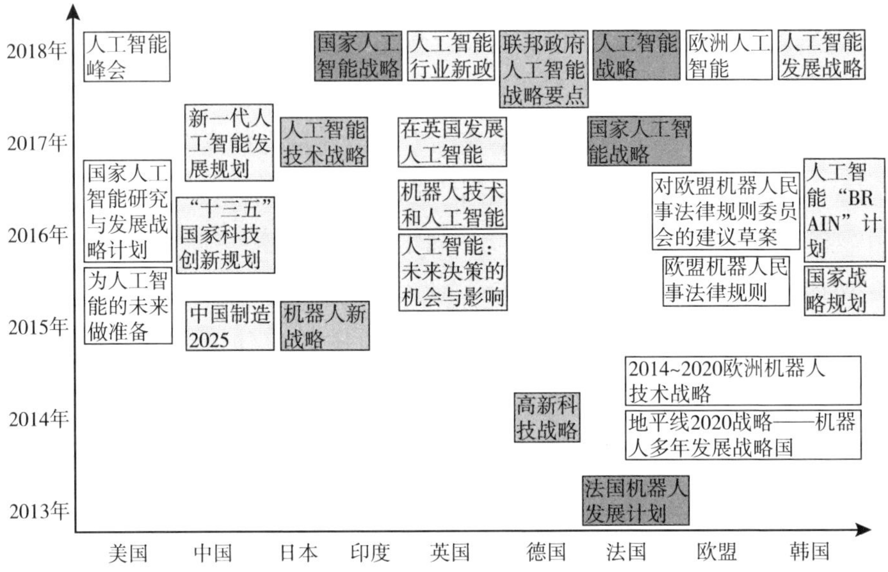

图6　各国人工智能政策发布情况

资料来源：深圳创新设计研究院。

用改变。①

（2）中美人工智能产业链对比

从综合产业发展能力、企业发展动能、科技创新策源力等角度来看，目前人工智能产业发展以中国和美国为首，并且政策战略层面有相似的地方，即都是构建一个全方位的人工智能产业。基于产业链从企业要素、融资要素、公众认知三个维度来比较分析中美的 AI 产业发展，可以更加了解全球人工智能产业发展的趋势。

从企业要素维度、企业数量来看，中国仅次于美国拥有全球最多的人工智能核心企业，中国的 AI 层级企业主要集聚在应用领域和技术领域，占总企业数的 97.6%，在基础层的企业数量仅为美国的 42%。从行业分布来看，中国企业更多分布在计算层面计算机视觉与图像等成熟技术的突破，美国则

① 田丰、任海霞：《人工智能：未来制胜之道》，《杭州科技》2017 年第 1 期。

更多地关注后续突破发展层面机器学习应用。企业的分布和产业的发展相辅相成，中国拥有全球最大的互联网系统，在应用领域可以更快突破，美国拥有供给侧研发的基础（见图7）。

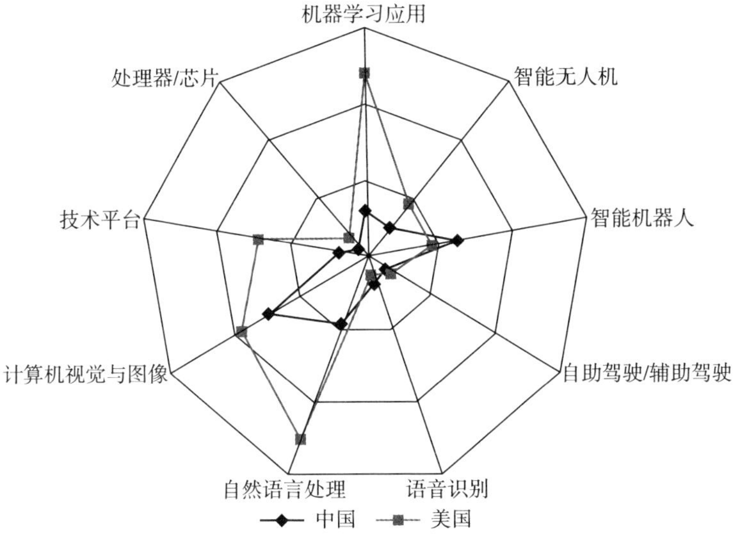

图7　中美企业分布情况

从融资能力维度来看，中国人工智能受到市场强烈的追捧。2017年中国融资金额约为美国的2倍，2018年上升至3倍。人工智能的融资笔数2018年在2017年的基础上大幅上升，目前中国和美国具有几乎相同的融资笔数。值得注意的是，中国人工智能产业的单笔投融资2017～2018年基本稳定在美国的2.9倍以上，从投融资市场的景气度来看，中国人工智能产业更受资金追捧（见图8）。

从公众认知维度来看，中国对于AI产业更偏向于积极一面，对于AI改变生活创造优越条件的认同感明显高于同一时期的美国，对于推进AI应用方面的落地阻力相对较小（见图9）。

中国在企业融资数量和公众认知方面超越了美国，但是在基础层核心技术掌握上是望其项背的情况。中国和美国反映了两种不同的促进产业发

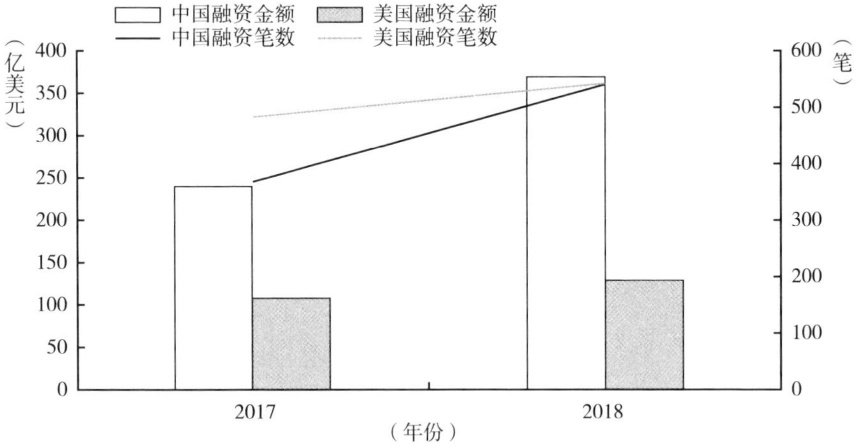

图 8　2017～2018 年中美融资金额及融资笔数

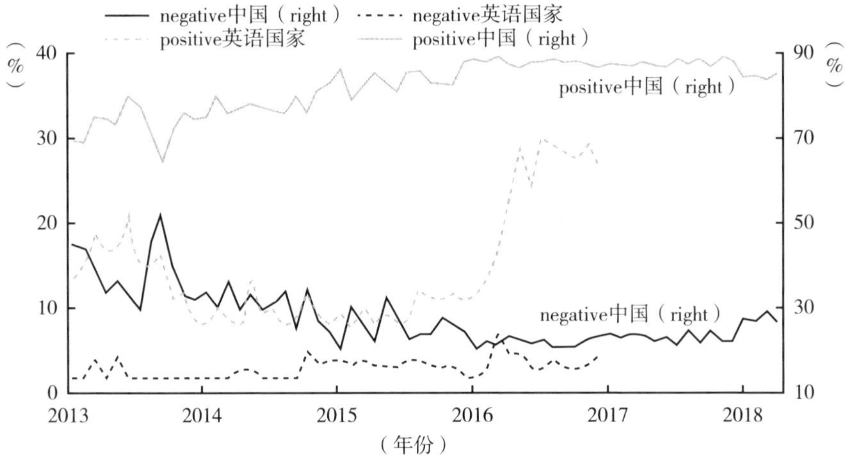

图 9　中国、全球（英语国家）人工智能文章正负比例

资料来源：长江商学院。

展的模式。中国是从需求侧出发，在互联网结合人工智能技术层面的创新下，通过对于人工智能产业的需求来促进产业整体带动。美国是从供给侧出发，通过理论基础层面大幅创新，带动相关产业变革，从而促进人工智能产业的认知以及后续发展，同时这两种模式也基本概括了全球人工智能发展的大致路径。

二　中国人工智能产业发展态势

1. 发展战略与政策环境

（1）进展、优势及困境

中国人工智能产业起步不早，底层技术也不够扎实，但是伴随着全民互联网化的普遍接受，中国有巨大的需求市场可以充分接受技术变革给生活带来的革新，同时中国拥有最为健全的应用场景，此外中国正处于产业结构深度调整时期，服务业将在未来产生更大的支撑作用，最重要的是中国政府和人民高度关注人工智能的发展，在 2017 年和 2018 年连续两年的政府工作报告中提到人工智能，中国已然将人工智能发展放在推进中国产业跨越式发展中最为重要的一环来思考推进。在众志成城和环境因素的共同促进下，中国人工智能产业在全世界形成引领效应，2018 年中国人工智能核心产业规模超过千亿元，到 2030 年有可能会形成万亿元级的市场。

在种种成绩面前也不得不面对中国在发展人工智能产业时遇到的四个方面短板。①时间的滞后性。在人工智能产业大兴之前，其基础层的研究都是以大范围合作形式存在，国外各大公司相互持有股份以及专利，通过 IP 之间的相互授权完成技术之间的运用以及保证基础产品的不断档、不落后，中国人工智能产业因为种种原因错过了当时发展的浪潮，在一些关键领域没有形成交错互利性的研发，如我国的芯片产业就极少参股或者拥有相关最新的 IP 产权，导致中国在人工智能基础层明显落后。②结构的低端性。中国经济结构在持续优化过程中仍然存在诸多领域的突出短板，在高端服务领域的覆盖能力以及服务质量等问题尚未破题，人工智能可能会导致未转先衰，人工智能行业的用工需求尚未充分体现的时候，低端化产业会出现崩盘的可能性。③资金的短视性。中国市场存在大量热钱效应，在行业开始发展时热情对于行业有直观的促进作用，随着现今人工智能的成熟化和实用化，大量的热钱有套利的需求，却少有合理推出的途径。④管理的滞后性。人工智能的应用正在也必然会打破诸多原来管理上的范式，更多的行业将会在是否合规上需要重新定义，从政府接受反馈到着手制定规定之间存在大量空窗期，不利于拓展创新。

（2）各地支持人工智能政策

自从《新一代人工智能发展规划》发布以来[①]，各省区市结合自身发展特点和地区实际，密集出台了大量支持人工智能发展的专项政策，截至2019年1月底，已有30个省份出台相关支持政策、发展规划、行动计划以及白皮书（见表1）。

表1　截至2019年1月底印发扶持政策汇总

单位：项

层级	主体	数量	主要特征
中央相关部门政策	国务院、国家发改委、工信部、科技部	15	从规划、计划层面的顶层设计；从行业上放宽准入、监管
省、自治区、直辖市政策	上海市、安徽省、贵州省、北京市	30	以行动方案为主，基本会明确发展目标
市级以下政策	合肥市、南京市等	20	主要设立产业基金；制定专项扶持办法

在国家支持方面，除去整体推进的顶层设计外，进一步放宽行业的准入门槛，就医疗行业为例，进一步放宽乙类医疗器械的采购、销售限制，助力AI+医疗的开发。在省级层面上对于核心产业的市场规模进行进一步的自我加压，仅上海就要完成1000亿元核心产业规模，占到全国目标1500亿元的2/3。在市级层面上进一步落实相关支持政策的设立落地，重庆提出要设立一批重大专题专项，每个专项投入财政科研奖金100万~1000万元。

2. 人才投入与技术环境

（1）人才情况

中国人工智能人才一直处于紧缺状态，中国人工智能核心企业从2017

① 高芳：《全球知名智库对中国〈新一代人工智能发展规划〉发布与实施情况的评价及启示》，《情报工程》2018年第2期。

年的592家上升到2019年5月的1189家，人工智能核心企业的用工缺口持续扩大，人才缺口至少在100万人以上。

从人才梯队来看，AI人才根据人工智能层次角色可以分为顶尖科学家、技术贡献者、应用工程师和基层数字处理者四类。顶尖科学家对应顶尖的科研机构和实验室，整体人员相对固定，中国的清华大学、北京大学、哈尔滨工业大学、中国科学院和浙江大学5个院所位列其中，占顶尖学校的1/10。技术贡献者对应的是专利的发明者，近年来在这块中国成为世界第一名，年增长量远超世界其他国家。应用工程师对应的是深度学习系统构建、技术领域专项研究落地的工程师，BOSS直聘估算，如构建算法领域落地的人才的供需指数已经降到0.4，人员缺乏的情况日益严峻。基础数字处理者可以理解为非结构化数据的收集清洗员，更可以理解为一般性的码农，在这一圈层中国每年可以贡献上百万名应聘者。从人才梯队分析来看，中国人工智能人才呈现葫芦形，底部和中上部人才较能满足需求，但是腰部和头部的人才极其稀缺。

从人才行业分布来看，虽然AI+医疗相当火爆，新设立企业也层出不穷，但是从统计数据来看，企业招工需求显现，更多企业呈现自产自销的情况。最火爆的属于智慧农业，在物联网的背景下，除去天气因素，现代化农业可以更加精准地计算，也可以更加清晰地认知到可能产生的反馈，用工要求不苛刻，成为最受智能支持的行业。其次是急需大量算法设计、语言设计来应对人工客服持续减少的金融科技行业（见图10）。

（2）专利产出

专利的申请在各个人工智能高速发展的国家直接呈现交替式的轨迹。近两年中国的专利申请量几乎呈直线上升的趋势，成为全球第一大专利增长国。

从专利应用能力看，总体来说仍然处于强度不够的情况，主要依托语言交互技术商用申请一系列专利，但是大多数专利仍属于理论探讨阶段（见图11）。一是专利转化率低，通过查看前十专利申请人可以看到目前正在进行应用的文本处理、深度学习等方面的专利申请者均为高校，在成果转化中仍有需要大量提升的空间。二是专利强度低，平均专利强度为美国的1/2以下，计算机视觉更是只有美国相同专利强度的1/4。

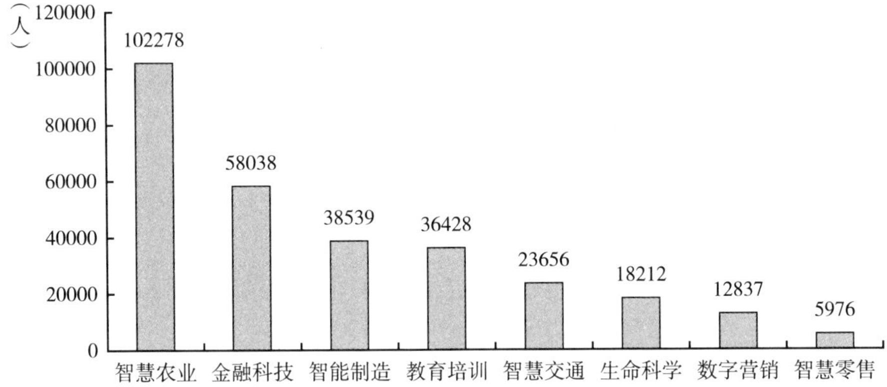

图10　2018年前三季度百度指数、搜索指数行业对比

资料来源：百度指数、搜索指数。

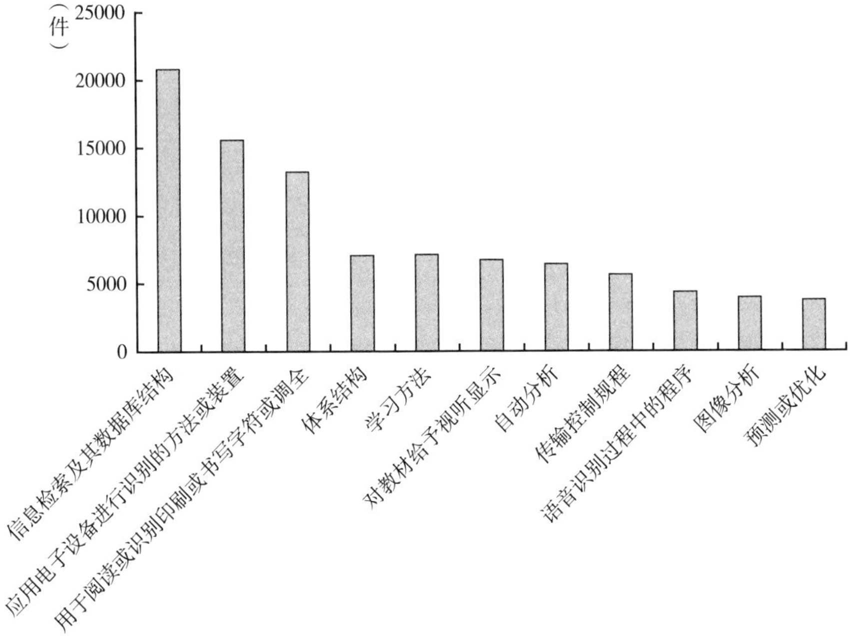

图11　中国人工智能用专利集中项目

人工智能专利领域，中国已经稳稳地站在了申请总量的龙头地位，但是距离应用成熟的“龙头”还相去甚远。

3. 市场结构与融资环境

（1）产业生态图谱

中国人工智能产业门类齐全，应用广泛，可分为底层硬件、通用AI技术及平台、应用领域三个层次。底层硬件主要是已经充分成熟的芯片制造和视觉传感器，通用AI技术及平台主要通过给予技术的成熟度和行业的服务渗透力来划分，应用领域主要包括对于行业的辅能和硬件设备的变革（见图12）。

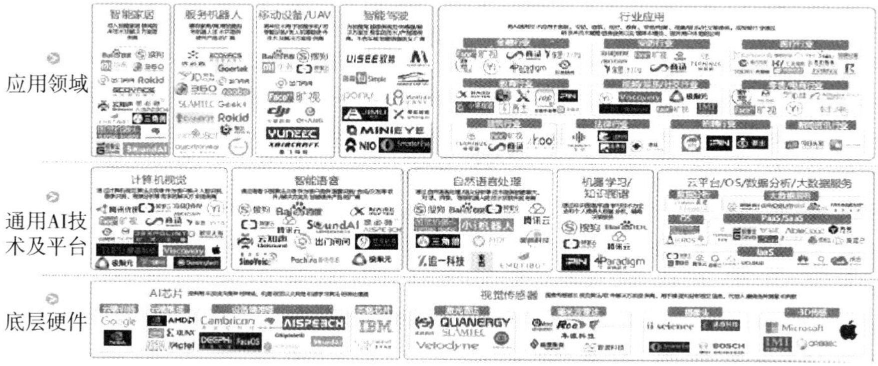

图12　中国AI产业生态图谱

资料来源：易观咨询。

（2）企业结构分布

中国人工智能企业从20世纪90年代开始逐步设立，并在2012年以后开始井喷式增加，大多数企业以信息服务业为依托，从“互联网+”行业布局中转变为“AI+”的变革，集聚在以移动互联为基础的创新解决方案方面，并以此为契机布局线下生产。

从行业集聚度角度来看，创新设立企业都集中在大量数据支撑的企业中，呈现单边集聚效用。得益于信息化的率先完成，金融业、企业服务业、医疗产业设立了大量“AI+”式的新兴企业；得益于计算机视觉技术的突破以及政府智能化管理的需求，安防企业也大量组建。但是也需要注意到的是，新零售并没有想象中的火爆，近几年陆续设立的新零售企业总数尚未突破50家。另外，工业制造业企业远低于预期，竟然少于农业产业的企业数量（见图13）。从产业链延伸引导情况来看，在人工智能集聚的行业仍属于轻资产、泛互联网化延续，尚未形成中国重点产业整体人工智能赋能的情况。

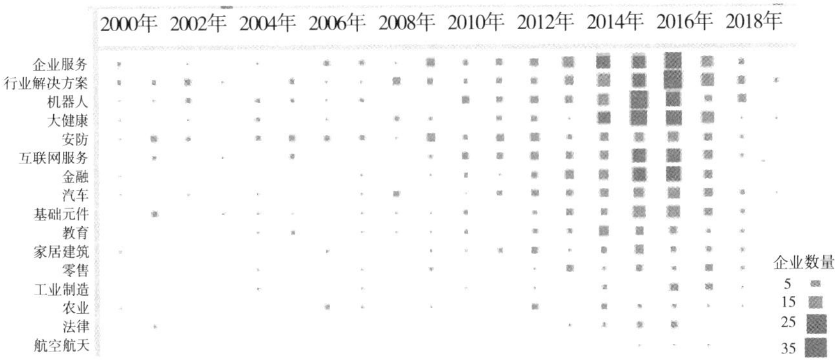

图13　历年中国人工智能新创企业行业分布

资料来源：亿欧智库。

从企业设立数量角度来看，中国人工智能企业在2013～2017年密集设立，在各个领域都有新设企业，并在2016年达到新设企业增量的最大值。同时也可以清晰地看到2017年新设企业数呈现明显的滑坡，2018年仅有机器人和行业服务领域企业数量增长势头有所延续，创业浪潮持续减缓。人工智能企业从初创逐渐走向成熟，行业的进入门槛有所提升，细分行业中的隐形冠军逐步出现，2018年有10家中国人工智能创业公司进入“独角兽”俱乐部，占到全球人工智能“独角兽”企业的31.25%。

（3）投融资情况

正如前文分析，中国人工智能产业在融资笔数、融资金额上居世界前列。2018年中国人工智能产业融资额首次占到全球总额的7%，人工智能产业的吸金效应显现，金融、机器人、汽车、医疗和行业解决方案获得的累计融资额均超过500亿元。

获得 1 次投资和 2 次投资的企业占比超过了 66%，获得多次投资的企业呈现整体下滑趋势，更多企业仅获得初次资金支持，整体行业表现为初创朝阳状态（见图 14）。仅有 14 家企业获得超过 5 次的投资，最获资金追捧的是商汤科技，已经完成 9 次融资。

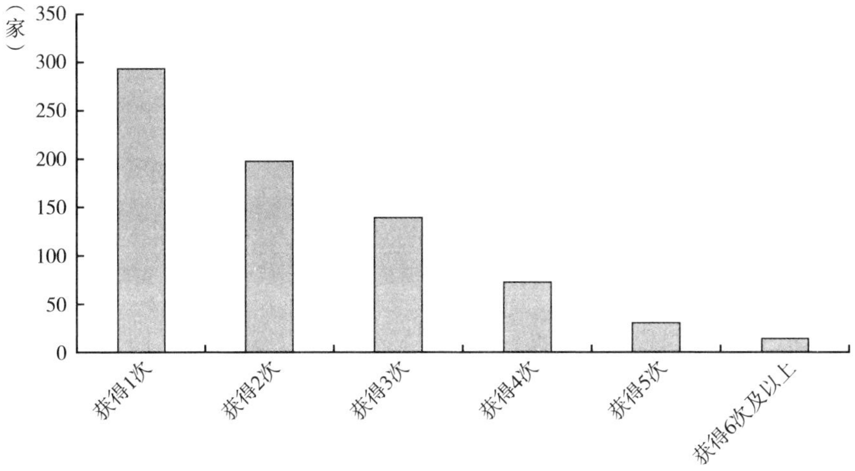

图 14　人工智能企业累计获得投资笔数

4. 重点城市发展布局

（1）北上深居前列

AI 产业在中国区域性布局明显，产业布局和国家核心城市群建设不谋而合，北京、上海、深圳占全国 87.5% 的投融资金额，占全国超过一半的就业人员，成为当之无愧的头雁。

北京依托中关村、中国科学院等顶级科创园和科研院所，成为全国人工智能基础层建设的发源地、知识输出的领航者，集聚如旷视、云知声等一批具备核心技术的龙头企业，率先抢占人工智能产业发展的快车道，成为全球人工智能企业最集中的区域之一。

上海从应用端出发，凭借成熟的金融产业、生物医药产业、集成电路产业在“AI +”应用领域抢占先机，布局上海商汤智能科技、上海依图网络科技有限公司等应用类公司，补足泛互联网化的 AI 应用层产业，上海政府定期举办世界人工智能大会，定期发布上海人工智能应用场景需求。

深圳拥有腾讯、华为等一批世界顶尖公司，具备从设计、制作到应用完整的产业链体系，致力于打造一体化的人工智能科学产业园区。不同于其他地区的科研院所主导的技术创新，深圳市 90% 的更新在企业端完成，已形成一整套稳定的产业生态。

（2）杭合广奋起直追

杭州、合肥和广州政府大力推动智慧、智能城市建设，依托区域内龙头企业的核心技术，加快龙头企业核心技术落地，加速构建一批智能小镇、技术园区、产业园区。杭州依托阿里巴巴大力推进“城市大脑”建设，着重从城市智能化建设方面，加速完成筑巢引凤。合肥着重发挥科大讯飞在语言抓取上的优势，推动中国声谷创建。广州发挥后发优势，着力于吸引一大批顶尖企业落户，成立百亿级别的产业基金支持企业集聚。

（3）苏武南育产引资

苏州、武汉和南京均拥有超强的产业链基础，主要加快未来产业的转型升级，加强龙头产业的扶持培育，持续吸引人力资本集聚。苏州通过园区财政直接投入模式扶持优势企业往龙头企业发展，武汉加大对光谷内产业的扶持力度，通过引导吸引更多人才在武汉落户。南京发挥院校科研优势，在基础研究、关键设备领域发挥产学研资源优势，助推提升城市竞争能力。

三　人工智能带动产业链颠覆式发展分析

1. 重点技术突破带动发展及创新

（1）基础层——芯片破题

人工智能芯片称为 AI 芯片，但是和传统芯片技术有着很大的差异。在人工智能产业跨越式发展中传统芯片（CPU 和 GPU）的劣势逐渐显现，AI 专用芯片（FPGA 与 ASIC）逐步取代它的市场份额（见表 2）。

表2　现阶段应用芯片的优劣势分析

芯片类型	优势	劣势
CPU	强通用性	低效率、低排热、高延时
GPU	强通用性、高效率、高运转	低性能，存在留白区间
FPGA	高性能、可编辑、低能耗，相较 CPU 与 GPU 具备显著的性能和能耗优势	使用简单
ASIC	可实现有针对性的硬件层次优化，具备最佳性能、功耗	设计、制作成本高，研发测试周期长，且不能很快改变架构

虽然现阶段并没有出现最适的 AI 芯片，但是整个芯片行业的跑道因为人工智能而拓展，而且在没有出现最适人工智能应用的芯片产品情况下，AI 芯片将是一个新兴待成长的产业，中国芯片产业从以下三个方面重塑传统芯片寡头垄断的特征。

一是中低端应用领域供需两旺。在开源框架下，基于视觉与语言开发的芯片因不需要进行卷积神经网络（CNN）训练，因此并不需要很高的技术含量，在国内 AI 芯片的开发费为同行估算的 30% ~40%，价格优势明显。在应用推广领域的持续推进下，终端芯片的需求量持续上升，有效破解芯片制造业销售困境。

二是垂直分工模式不断演进。在 AI 芯片行业内如英特尔和三星一样具备研发能力、制造能力的封闭性半导体企业占比持续降低。分工模式成为现今主流模式，在该模式下 IP 设计、芯片设计代工和芯片设计三个环节进行了明确分工。近年来，中国市场上 IP 核的买卖持续火爆，部分领军企业开始构建共享平台，用更低的价格来带动更多企业参与芯片设计。与此同时，没有一家企业拥有完全的自主垄断能力，行业构成相互交错。如台积电是芯片加工制造的龙头企业，但同时台积电加工芯片用的核心设备光刻机并不是自主生产，而是从日本进口。在没有绝对垄断话语权的市场中，拥有强大市场需求和巨大资金支持的中国芯片有望走出一条新路。

三是客户需求成为芯片设计的决定环节。传统芯片设计的概念在于为配合硬件开发来匹配合适的软件技术，现代芯片开发在于硬件设备服务于多变的软件要求。在这一模式下，应用领域算法专项突破将成为芯片设计最大的壁垒，中国企业在应用端的累进积累将成为芯片行业最大的保障。

（2）技术层——竞争焦点

人工智能产业本次前所未有的推进浪潮主要动力在于技术层的突破，正如上文芯片分析中，推出能够实现技术与硬件芯片对接以及与应用场景落地服务的通用性人工智能平台成为巨头争抢的蛋糕。通用性人工智能平台属于留白领域，在这个留白领域中争取到话语权如同微软在电脑端操作系统中一样拥有难以撼动的竞争优势，阿里巴巴、腾讯等企业成果跨越技术壁垒，均推出可以对接深度神经网络架构的结构平台，如百度推出的 PaddlePaddle 非常简单易用，可以直接执行命令替换数据进行训练，在技术博弈中处于后发先至的优势。

另外，人工智能主要技术领域应用不断推进。2018 年计算机视觉、数据挖掘、智能语言技术、机器学习、机器人成为中国技术领域 TOP 5 关注焦点（见图 15）。相较 2017 年，计算机视觉仍稳居榜首，此外 TOP 5 技术领域的应用比例有所波动，但关注重点始终保持稳定。

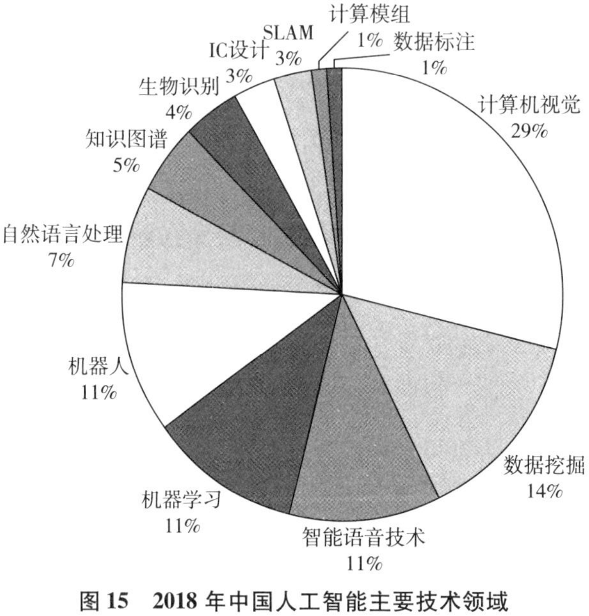

图 15　2018 年中国人工智能主要技术领域

（3）通信赋能——物联巨变

全球5G商用牌照发放，让整个通信行业发展进入全新时代。5G的最直接表象为通信互联的全面提升，完成前所未有的三大场景实现：实现大宽带应用场景从4G的1Gbps上升至20Gbps；实现大规模互动链接从4G的10万/km^{2}直接上涨跃升至100万/km^2；实现超低延时高可靠从4G的10ms延时缩减为1ms。物联空间、物理空间和大数据相互畅联的闭环构筑牢固。5G通信网络的应用实现不仅仅是速度的革命，更重要的是以速度的革命为基础带动整个行业的质变实现。

5G对于人工智能发展的促进作用主要体现在两个方面。一方面是超低延时将成为发挥人工智能作用的主要促进因素，现阶段的无人驾驶在技术链接、算力解决层面已经成熟，通过LTE-V等物联网让无人驾驶成为可能，但是现阶段的传导连接中出现了数据及时送达障碍，百度无人汽车发生的事故原因就在于此，5G的出现可以很好地解决这一系列问题，假设在120码速度下需要紧急刹车的情况，无人驾驶汽车只需滑行3.33厘米就可以完成，同样在4G背景下需要滑行33.3厘米，在复杂环境下发生事故的概率大幅下降，同时实现高精度地图及时传导的可能性，促进反馈信息的及时送达。另一方面是5G在中国的标准输出、率先应用，边缘计算兴起打破了传统物联网体系的壁垒，促进半导体等芯片制造行业的投资布局，全球新建晶圆厂大规模往中国集聚，预计2020年中国大陆产能将达到全球总产能的20%以上。

2. 重点产业发展应用及趋势

人工智能应用领域稳步拓展，“AI+”模式产业领域赋能成为最常见的产业发展应用模式。在众多产业领域中医疗、金融、安防、营销的人工智能化逐渐成熟。

（1）AI+医疗

2014年起，涌现一大批AI+医疗企业。2019年，药明巨诺的CAR-T产品JWCAR029获得CNDA更是引爆了行业的热点，成为当年人工智能产业的吸金大户。目前，AI+医疗产业直击健康医疗领域的难点、痛点、堵点，业务几乎覆盖全产业链，形成服务于基础设施升级、医院能级提升、生物医药研发、健康管理等领域的重量市场（见图 16）。2020 年医疗数据将达 40 万亿 GB，医疗数据共享理念加速普及，为实现人工智能的数据挖掘打下坚实基础。

图 16　AI + 医疗产业图谱

资料来源：易观。

B 端创业企业、互联网巨头、传统医疗企业等纷纷参与人工智能布局。B 端创业最具创新活力，聚焦于医学影像、虚拟助理、辅助诊疗、药物挖掘等 B 端专业服务，供应商通过与医院的深度绑定，建立行业竞争优势。互联网巨头跑步进场，通过用户端的黏性，大力布局疾病风险预测、健康管理、疾病管理等领域（见表 3）。

表 3　互联网巨头布局 AI + 医疗情况

企业	布局	成效
百度	上线医疗大脑，基于数据运算、采集分析，仿真门诊楼流程，体验政策交流，经过反复问答、验证，形成结论	针对患者和医生推出两个平台，分别为患者自诊平台和医生辅助诊疗平台

续表

企业	布局	成效
阿里巴巴	ET 医疗大脑	以助手的身份在患者虚拟助理、医学影像、精准医疗、药效挖掘、新药研发、健康管理等方面给予帮助
	医疗人工智能应用 Doctor You	包含了临床医学科研诊断平台、医疗辅助检测引擎、医师能力培训系统
	与阿斯利康合作开发人工智能筛查和诊断系统	帮助临床医生改善慢性疾病管理和提高诊断效率
腾讯	腾讯觅影产品，具备人工智能医学图像分析和人工智能辅助诊疗两项核心能力	能对海量的影像数据进行学习分析，提高医生看片子的效率；构建"医学知识图谱"和诊断模型，为医生提供诊断决策
	人工智能辅诊引擎，将腾讯觅影人工智能辅诊引擎与医院的 HIS 系统融合	推动医院 HIS 系统具备人工智能辅诊能力

（2）AI + 金融

AI + 金融行业是与"ABCD"结合最为密切的行业，同时也是数据量最为集中的行业。在金融行业发展的进程中完成了信息化、互联网化等升级，随着高端人才成本的剧增、公众对于线上应用场景的认可，金融行业已然大步迈入智能化时代（见图 17）。

图 17　AI + 金融产业图谱

资料来源：艾瑞。

从投融资角度来看，AI + 金融成为人工智能投融资金额最多的应用领域，并且出现两种截然相反的情况，更多的投资聚焦到初创型企业，天使轮和 A 轮占比高达 65%，更多的资金聚焦到行业龙头企业，仅 2018 年就有蚂蚁金服、度小满金融、京东金融、金融壹账通等企业完成超过 10 亿元的融资。

从场景应用来看，智能投顾、智能风控、智能投研、智能理赔、智能支付等应用场景发展迅速。除去智能投顾、智能风控已落地的发展热点，智能投研顺应精细化管理的趋势，在技术层面持续做深做广形成一批有竞争力的企业（见表 4）。

表 4　智能投研企业的 AI + 金融布局

企业名称	定位	产品及优势
庖丁科技	专注于金融文档语义理解	①AutoDoc：分析债券募集说明书、IPO 招股书，实现交叉复核、钩稽关系检查、完备性审核等功能；②Scriber：在长文档中抽取要素；③PDFlux：自动识别出段落、无框线表格、跨页表格、复杂编排页面等；④Foundry：底层 AI 平台
文因互联	监管科技	①构建金融文本自动解析平台，实现搜索、问答、自动生成报告、财务审核等，从非结构化文本中提取结构化数据；②完成金融行业标准化流程的自动化应用
犀语科技	金融行业的文本处理	①犀察：主要应用于金融文本的校验和检查；②犀文：主要是金融文档的提取和结构化处理，包括图片/扫描件；③犀见：主要用于舆情监测、事件影响等

（3）AI + 安防

中国的 AI + 安防产业在全球拥有绝对的话语权，如海康、大华这两家龙头企业占据全球市场 41.7% 的份额。得益于中国安防市场整体体量的庞大、政府的高度关注，以及 AI + 安防技术的先发优势，AI + 安防成为人工智能应用落地的极佳试验田。同时，AI + 安防正在逐渐改变原有渠道、模式以及格局，市场需求方从单纯的政府部门逐步拓展到企业和消费者，安防行业的发展模式也逐步被新技术所转变，从原先简单的对外摄影监控变更为对内的集合视觉、语音等效果的内部管理，并吸纳更多拥有视听核心技术、C端用户的企业入驻竞争，带动整个行业内的触及更迭（见图18）。

图18　AI＋安防产业图谱

资料来源：艾瑞。

此外，政府正在持续加强政企合作，通过签订合作备忘录、提供订单需求等途径，推动AI＋安防产业的商业价值率先落地，促进行业跨界发展。

四　人工智能市场生态构建

人工智能无疑会对数字产业的重塑变革和全球贸易机制的演化推进产生重大影响，在不久的未来，是否成功采用人工智能核心数据，提高洞察力和预测能力，以及开展企业之间的合作，将会成为企业竞争的主要发力点。中国人工智能将会持续整合产业链条上的多元要素，构筑集集成技术突破、要素禀赋突出、多元化产业导入于一体的市场生态。

一是有望实现集成技术突破。集成技术包含硬件方面的AI芯片和深入计算方面的智能载体平台。正如上文分析，AI芯片的需求、方向与传统芯片有着很大差异，现阶段出现两种发展趋势：一种是低代码、低设计、集成化大幅降低了AI芯片的入门成本，企业可以依据专业领域的技术突破引领AI芯片，也可以通过需求端的对接通过资本进行大规模生产。在这种趋势下，中国在技术层面的突破名列世界前茅的同时拥有强大的投融资市场必将有所作为。另一种是各大科技巨头聚焦通用性人工智能平台，通过平台对接起市场的需求以及带动硬件更新迭代，在互联网浪潮下，中国拥有搭建平台经济的经验及实践，BATJ 等巨头的布局也初见成效，在一些细分节点有所创新，但是行业最终话语权尚未尘埃落定。

二是要素禀赋优势逐渐突出。近年来，资金、人才、技术、政策等持续向人工智能产业集中，目前中国是全球最大的投融资市场、专利申请地、学术交流地、政策支持地。在 2018 ~2019 年人工智能产业投融资的寒冬季节，中国在人工智能产业的投融资金额依然稳中有进，更多资本聚焦到成熟的企业，人工智能领域“独角兽”企业增长率和增长量居世界第一。同时，中国高校加速布局人工智能领域教学，复旦大学、清华大学、北京大学等 43 所高校成立人工智能学院。设计编程应用降维学校效应明显，在上海，初高中生学习掌握计算机编程成为标配。中国正处于继日本、美国之后的人工智能专利申请爆发期，人工智能专利总量直逼美国，年均增量居世界第一。政府正在大力推动智慧城区、智慧园区、智慧社区建设，持续举办有世界影响力的峰会，持续推动创新智能产业应用，持续支持人工智能企业发展壮大。

三是多元化产业导入将成趋势。产业链角度目前推进中国人工智能发展的主要动力因素来源于泛互联网化的延伸，即传统互联网企业在线上平台发展逐渐成熟后寻找的新兴领域探索。更值得关注的是通信建设的突飞猛进，中国率先在 5G 方面投入运用将有效解决精密制造业数据量大、需要迅速反应能力的诉求，更成熟的物联网体系必会出现，产业将出现跨领域的迭代，更多的产业将加入泛人工智能体系中。

B.13

全球芯片产业发展报告（2019）

马 双*

摘 要： 芯片是关系制造业发展全局和国家安全的基础性、先导性和战略性领域。作为高科技皇冠上的明珠、信息产业的基石，芯片也是各国抢占科技制高点、维持竞争力的焦点。本文从产业内涵、组织结构、关键特征、产业链环节等方面对芯片产业做了概述，并从市场规模、技术水平、进出口贸易、产品结构、重点区域、重点企业等方面全面梳理全球和中国的芯片产业发展情况，以期为未来发展实践提供有益参考。

关键词： 芯片产业 竞争力 全球 中国

一 概述

芯片，又称微电路（microcircuit）、微芯片（microchip）、集成电路（integrated circuit，IC），是指内含集成电路的硅片，体积很小，常常是计算机或其他电子设备的一部分。芯片是半导体元件产品的统称，是集成电路的载体，由晶圆分割而成。

芯片是集成电路经过设计、制造、封装、测试后形成的可立即使用的独立整体，集成电路必须依托芯片来发挥其作用。芯片组则是为发挥更大功

* 马双，理学博士，上海社会科学院信息研究所助理研究员，主要研究方向为产业经济和区域创新。

效，由一系列相互关联的芯片构成的组合。芯片及芯片组几乎决定了主板的功能，进而影响到整个系统性能的发挥。可以说，芯片是电子设备的灵魂，是电子设备实现各种功能的重要载体。

芯片可依据材料、集成电路、芯片功能、芯片设计方式等角度划分成不同种类。根据晶体管工作方式的不同，可以划分为数字芯片和模拟芯片。数字芯片主要用于处理各种数字信号，用半导体来控制电压高低用以代表1和0，并依次进行逻辑计算。模拟芯片主要用于模拟信号处理领域，比如处理声、光、无线信号等物理现象。根据芯片功能的不同，可以划分为处理器芯片、记忆和存储芯片、特定功能芯片。处理器芯片也就是所谓的CPU，是一个电子设备的心脏，承担着最重要的数据计算和处理功能，CPU主要存在于计算机、手机、平板、电视、机顶盒等电子产品中。记忆和存储芯片负责数据的保存和管理，常见的有DRAM、NAND等。特定功能芯片则是为了某些功能而开发的芯片，比如WiFi芯片、蓝牙芯片和电源管理芯片等。

芯片产业链包括芯片设计、芯片制造、芯片封装、成品测试等环节（见图1）。其中，芯片制作过程最为复杂，而精密芯片的制作过程尤为复杂。

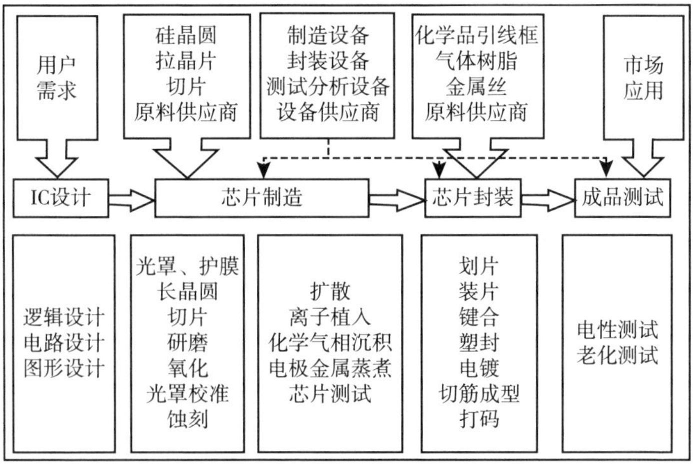

图1　芯片产业生产链

芯片硬件成本包括晶片成本、封装成本、测试成本、掩膜成本四部分。①晶片成本：从二氧化硅到市场上出售的芯片，要经过制取工业硅、制取电子硅，再进行切割打磨制取晶圆。晶圆是制造芯片的原材料，晶片成本可以理解为每一片芯片所用的材料（硅片）的成本。一般情况下，晶片产量以亿为单位计算，且拥有自主知识产权，因此晶片成本占比最高。②封装成本：将基片、内核、散热片堆叠在一起形成 CPU 的过程即为封装，封装成本就是这个过程所需要的资金。在产量巨大的一般情况下，封装成本占总硬件成本的 5%～25%。③测试成本：测试可以鉴别出每一颗处理器的关键特性，比如最高频率、功耗、发热量等，并决定处理器的等级，并依据等级制定不同的售价。如果芯片产量足够大的话，测试成本可以忽略不计。④掩膜成本：采用制程工艺所需要的成本，不同工艺的掩膜成本不尽相同。

此外，ARM 阵营（ARM 是由英国 Acorn 有限公司设计的低功耗成本的微处理器）的 IC 设计公司要支付给 ARM 设计研发费以及每一片芯片的版税，而自主 CPU 和英特尔这样的巨头，则没有购买 IP 的成本。芯片的硬件成本还需要考虑到测试封装可能会产生废片。因此，芯片硬件设计成本如下：

芯片硬件成本 =（晶片成本 + 测试成本 + 封装成本 + 掩膜成本 + IP 购买成本）/最终成品率

相比硬件成本，芯片的设计成本较为复杂。设计成本包括工程师的工资、EDA 等开发工具的费用、设备费用、场地费用等。此外，对于 ARM 阵营的 IC 设计公司而言还有一大部分是 IP 费用。

二　全球芯片产业发展情况

（一）市场规模情况

目前，全球芯片行业高度景气，费城芯片产业指数和中国台湾芯片产业指数屡创新高。根据世界半导体贸易统计组织（WSTS）发布的最新数据，

2018 年全球芯片产业总销售额达 4688 亿美元，同比增长 13.7%（见图 2），其中存储器占芯片产业总收入的 33.7%，高于 2017 年的 30.1%；2018 年芯片总销量达 10045 亿颗，同比增长 7.4%；2018 年平均销售价格（ASP）为 0.467 美元，同比增长 5.9%。从 2018 年各个季度数据看，全球芯片产业虽仍保持上升态势，但增速略微下跌。

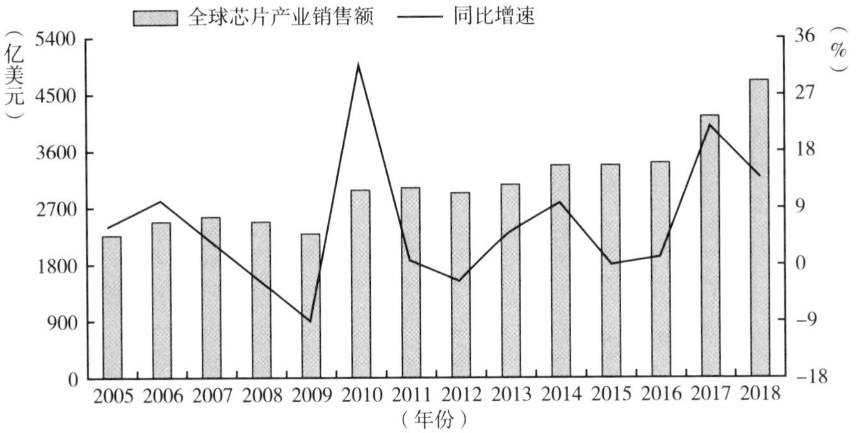

图 2　2005～2018 年全球芯片产业发展趋势

从产品类型看，2018 年，全球市场份额最高的为存储器，规模达到 1579 亿美元，同比增长 27.4%，其次为 1093 亿美元的逻辑芯片、672 亿美元的处理器、587 亿美元的模拟芯片，增速分别达到 6.9%、5.5% 和 10.8%（见表 1）。

表 1　2018 年各类芯片产品销售额情况

单位：亿美元，%

产品类型	销售额	占比	增长幅度
存储器	1579	33.7	27.4
逻辑芯片	1093	23.3	6.9
处理器	672	14.3	5.5
模拟芯片	587	12.5	10.8
其他	757	16.1	9.0
总计	4688	100.0	13.7

从区域分布情况看，2018 年美国、日本、欧洲、中国、亚洲（除中日外）的芯片市场销售额分别达 1030 亿美元、400 亿美元、430 亿美元、1584 亿美元和 1244 亿美元，同比增长 16.4%、9.2%、12.1%、20.0%和 6.6%（见表 2）。

表 2　2018 年各国家/地区芯片产业销售额情况

单位：亿美元，%

国家/地区	销售额	占比	增长幅度
美国	1030	22.0	16.4
日本	400	8.5	9.2
欧洲	430	9.2	12.1
中国	1584	33.8	20.0
亚洲(除中日外)	1244	26.5	6.6
总计	4688	100.0	13.7

（二）全球贸易情况

芯片是全球最重要的贸易货物之一。据 WTO 统计，2017 年全球各国/地区芯片产品进口总额约为 9600 亿美元，约占全球货物贸易进口总额的 5.3%；芯片产品出口总额约为 8088 亿美元，约占全球货物贸易出口总额的 4.0%。芯片产品已成为全球多个国家或地区的进出口最大宗商品，如中国、韩国、中国台湾等。中国、中国香港、新加坡、美国、马来西亚是全球芯片产品的主要进口地（见表 3）。

表 3　2017 年全球主要国家/地区芯片产品进口额

单位：亿美元，%

序号	国家/地区	进口额	占比
1	中国	2946	30.7
2	中国香港	1599	16.7
3	欧盟	701	7.3
4	新加坡	646	6.7

续表

序号	国家/地区	进口额	占比
5	美国	569	5.9
6	中国台湾	466	4.9
7	韩国	396	4.1
8	马来西亚	352	3.7
9	日本	263	2.7
10	越南	220	2.3
其他		1442	15.0
总计		9600	100.0

资料来源：赛迪智库。

全球芯片产品的出口地方面，中国、中国香港、中国台湾、韩国、新加坡是全球芯片产品的重点出口区域（见表4）。

表4　2017年全球主要国家/地区芯片产品出口额

单位：亿美元，%

序号	国家/地区	出口额	占比
1	中国香港	1311	16.2
2	韩国	1011	12.5
3	中国台湾	997	12.3
4	中国	936	11.6
5	新加坡	884	10.9
6	欧盟	601	7.4
7	美国	457	5.7
8	马来西亚	444	5.5
9	日本	382	4.7
10	菲律宾	158	2.0
其他		907	11.2
总计		8088	100.0

资料来源：赛迪智库。

从贸易联系来看，2017年全球芯片产品的主要贸易国家/地区有中国、美国、中国台湾、中国香港、新加坡、欧盟、日本、韩国等。中国是世界上最大的芯片产品进出口国家，年进出口总额高达3882亿美元，中国香港紧随其后，年进出口额达到2910亿美元。然而，从中高技术产品出口额所占比例来看，一些发达国家虽然体量小，但是芯片产品的技术含量较高。

（三）重点产业：全球芯片设备产业发展情况

芯片设备是全球芯片产业市场的重要组成部分，市场规模变化也是产业兴衰的重要风向标。国际半导体产业协会（SEMI）统计，2018年全球芯片设备销售额达到620.8亿美元，同比增长9.6%。分区域来看，韩国、中国、中国台湾、日本、北美、欧洲的市场份额分别为171.1亿美元、128.2亿美元、101.1亿美元、86.0亿美元、52.9亿美元、41.9亿美元，增长幅度分别为-4.7%、55.8%、-12.0%、32.5%、-5.4%、13.9%（见表5）。

表5　2018年全球主要国家或地区芯片设备市场规模

单位：亿美元，%

国家/地区	市场规模	占比	增长幅度
韩国	171.1	27.6	-4.7
中国	128.2	20.7	55.8
中国台湾	101.1	16.3	-12.0
日本	86.0	13.9	32.5
北美	52.9	8.5	-5.4
欧洲	41.9	6.7	13.9
其他	39.6	6.4	23.8
总计	620.8	100.0	9.6

资料来源：国际半导体产业协会。

（四）重点企业：全球前十强企业发展情况

国际权威调研机构Gartner发布的数据显示，2017年全球芯片产业前十名依次为三星、英特尔、海力士、美光、高通、博通、德州仪器、东芝、西部数据和恩智浦，十家企业合计年营收2453.0亿美元，相较2016年增长

32.0%，合计市场占有率58.4%，比2016年上升了4个百分点。其中，三星公司登上全球芯片企业榜首，而英特尔从其垄断了25年的榜首跌落，屈居第2位。2017年前十大企业排名上升的企业中，除三星从第2位升至第1位外，另一韩国企业海力士从第4位上升至第3位，美光从第6位上升至第4位，西部数据从十名开外一跃升至第9位。2017年前十大企业排名后退的企业中，除英特尔从第1位降至第2位外，高通从第3位降至第5位，博通从第5位退至第6位，恩智浦从第9位降至第10位，而2016年排名第10的联发科已跌出前十。从所属国家和区域来看，2017年芯片企业前十强中有5家美国企业、2家韩国企业、1家日本企业、1家新加坡企业和1家荷兰企业（见表6）。

表6　2017年全球芯片企业前十强

单位：亿美元，%

2016年排名	2017年排名	企业	地区	2017年营收	占有率	2016年营收	占有率	增幅
2	1	三星	韩国	612.2	14.6	401.0	11.7	52.6
1	2	英特尔	美国	114.3	13.8	540.9	15.8	6.7
4	3	海力士	韩国	263.1	6.3	147.0	4.3	79.0
6	4	美光	美国	230.6	5.5	139.5	4.1	65.3
3	5	高通	美国	170.6	4.1	154.2	4.5	10.7
5	6	博通	新加坡	154.9	3.7	132.2	3.9	17.1
4	7	德州仪器	美国	138.1	3.3	119.0	3.5	16.0
5	8	东芝	日本	128.1	3.1	99.2	2.9	29.2
10+	9	西部数据	美国	91.8	2.2	41.7	1.2	120.2
9	10	恩智浦	荷兰	86.5	2.1	93.1	2.7	-7.0
前十名合计				2453.0	58.4	1857.8	54.4	32.0
其他				1744.2	41.6	1577.4	45.6	10.6
总计				4197.2	100.0	3433.1	100.0	22.3

资料来源：前瞻产业研究院。

2017年全球芯片企业营收增长22.3%，主要是存储器产品市场需求膨胀很快，产能当时还未扩大且掌握在前三位手中，故使市场形成短缺从而引发存储器价格飞涨。其中，NAND Flash 价格增幅 17%，DRAM 内存芯片增幅 44%，导致诸如三星、海力士、美光、东芝等存储器大企业销售额大幅增长，增幅分别达到 52.7%、79.0%、65.3% 和 29.1%。西部数据与东芝联手进入存储器芯片业务后，在 2017 年收益大增，同比增长 120.1%，并首次进入全球芯片企业的前十强。反观 2017 年全球芯片产品市场中，数据中心处理器只增长 6.0%，PC 处理器只增长 1.9%，这些情况使得英特尔公司只增长 6.7%。另外，高通、博通、台积电的同比增速低于行业整体，恩智浦、联发科更是出现业绩下滑。

企业的可持续发展离不开企业对技术研发的持续投入。2017 年全球芯片研发投入前十强企业的研发经费支出总和为 359.21 亿美元，同比增长 1.5%，研发投入强度达到 13.0%。其中，英特尔在研发投入方面远远超过其他芯片企业，达到 131.0 亿美元，研发投入占企业投资比重达 21.2%，占前十强企业研发投入的 36.0%，占全球芯片产业研发投入总额的 22.0%，科研投入十分庞大。排在其后的依次为高通、博通、三星、东芝、台积电、联发科、美光、恩智浦、海力士，研发经费支出分别达到 34.5 亿美元、34.2 亿美元、34.2 亿美元、26.7 亿美元、26.6 亿美元、18.8 亿美元、18.0 亿美元、18.0 亿美元和 17.3 亿美元，研发经费规模增幅分别为 -32.5%、7.3%、18.6%、-4.0%、19.6%、8.7%、7.3%、15.2% 和 14.5%，研发投入强度分别为 20.2%、19.2%、5.2%、20.0%、8.3%、24.0%、7.5%、19.1% 和 6.5%。

三　中国芯片产业发展情况

（一）产值规模持续扩大，市场结构不断优化

据中国半导体行业协会统计数据，2018 年中国芯片产业产值规模为 6531 亿元，受全球经济发展不景气和中美贸易摩擦的影响，增速有所下降，同比增长 20.7%，增速下降 4.1 个百分点（见图 3）。国内芯片设计、制造、

封装测试三业增速分别为 21.5%、25.6%、16.1%，同比上年均略有下降，增速分别下降 4.6 个百分点、2.9 个百分点和 4.7 个百分点。

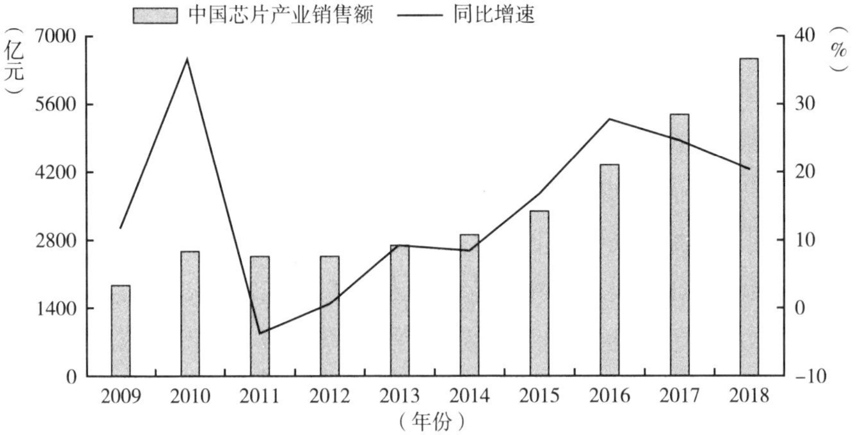

图 3　2009～2018 年中国芯片产业销售额及增速

从市场结构来看，近年来中国芯片产业的市场结构发生了明显的变化。其中，设计业的收入占比明显上升，所占市场份额从 2009 年的 24.3% 上升到 2018 年的 34.2%，上升了近 10 个百分点；制造业所占市场份额从 2009 年的 30.7% 上升到 2018 年的 30.9%，上升了 0.2 个百分点；封装测试业的收入比重则由 2009 年的 44.9% 下降至 2018 年的 34.9%，下降了 10 个百分点（见图 4）。

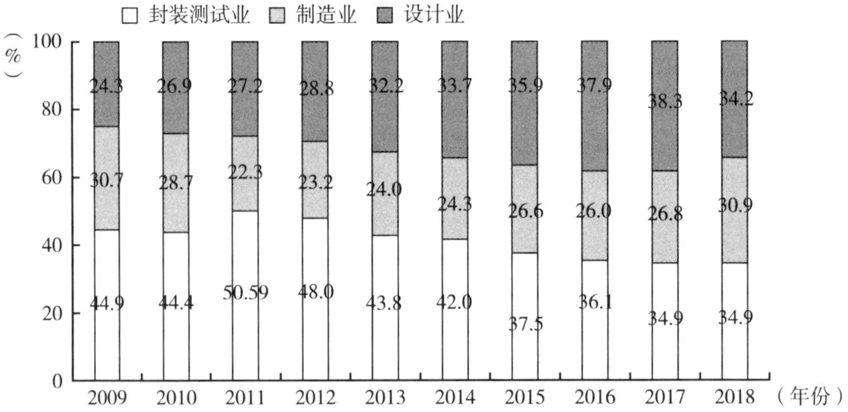

图 4　2009～2018 年中国芯片产业市场结构变化情况

芯片设计业方面，2017 年全国共有 1380 家设计企业，与 2016 年基本持平。2017 年销售收入 1946.0 亿元，同比增长 28.2%。从城市排名来看，深圳销售额达到 579.2 亿元，居全国首位，较第二名的上海高出 200 多亿元。在设计业增速最快的五大城市中，西安、合肥、珠海、厦门和南京的芯片设计业销售额增速分别达到 114.6%、83.8%、66.7%、52.4%和 47.1%（见表 7）。从 2017 年中国芯片设计业前十强企业来看，深圳市海思半导体有限公司以 381.5 亿元的销售收入居中国半导体设计企业首位。其余上榜的企业依次是清华紫光展锐、深圳市中兴微电子技术有限公司、华大半导体有限公司、北京智芯微电子科技有限公司、深圳市汇顶科技股份有限公司、杭州士兰微电子股份有限公司、敦泰科技（深圳）有限公司、格科微电子（上海）有限公司和北京中星微电子有限公司，市场销售额分别达到 110.5 亿元、100.0 亿元、76.0 亿元、52.3 亿元、40.5 亿元、38.7 亿元、36.0 亿元、31.6 亿元和 26.0 亿元。

表 7　2017 年中国芯片设计业规模和增速五强城市

单位：亿元，%

排序	城市	销售额	城市	增速
1	深圳	579.2	西安	114.6
2	上海	376.9	合肥	83.8
3	北京	365.0	珠海	66.7
4	无锡	95.0	厦门	52.4
5	杭州	77.2	南京	47.1

资料来源：前瞻产业研究院。

芯片制造业方面，由于中国芯片制造技术难度大，资本投入高，起步也较晚，技术水平相比国际水平落后两代以上。从 2011 年开始，芯片制造在三大产业中销售额就一直处于最低状态，但随着 2014 年《国家集成电路产业发展推进纲要》的公布以及大基金一半以上的资金投向制造领域，自2014年以来，芯片制造产业加速发展。2017年全年销售额达到1448.6亿元，同比增长28.5%。企业排名方面，三星（中国）半导体的表现最为亮眼，2017年的销售额高达274.4亿元，排名第一；而中芯国际2017年的销售额也高达201.5亿元，排名第二；其余上榜企业中，只有排名第三和第四的SK海力士、英特尔半导体（大连）销售额超过了100亿元，分别为130.6亿元和121.5亿元。排在第5～10位的企业是上海华虹（集团）有限公司、华润微电子有限公司、台积电（中国）有限公司、西安微电子技术研究所、武汉新芯集成电路制造有限公司和舰科技（苏州）有限公司，销售额分别达到94.9亿元、70.6亿元、48.5亿元、27.0亿元、22.2亿元和21.1亿元。其中，相比2016年只有排名第九的武汉新芯是新入榜企业。

封装测试业方面，虽不像芯片设计和制造业的高速发展那样抢眼，但也一直保持着稳定增长的势头。2008～2017年，中国芯片封装测试行业销售收入呈波动性增长，2017年芯片封测业同比增长20.8%，规模达到1889.2亿元。企业排名方面，江苏新潮科技2017年的销售额高达242.6亿元，排名第一；紧随其后的是南通华达微电子，2017年的销售额也达到198.8亿元。其余上榜企业依次是天水华天电子、威讯联合半导体、恩智浦、英特尔产品（成都）、安靠、海太半导体、上海凯虹科技和晟碟半导体，销售额分别达到130.6亿元、121.5亿元、94.9亿元、70.6亿元、48.5亿元、27.0亿元、22.2亿元和21.1亿元。值得一提的是，与2016年的十大封测企业相比，2017年并无变化。

（二）功率、导航和消费三大产品领域增速较快，固定资产投资额迅速增长

中国半导体行业协会统计，中国芯片产品在功率、导航和消费类领域增速最快，企业数分别达到82家、23家和610家，市场销售额分别达到48.5亿元、94.9亿元和27.0亿元，增幅分别达到155.1%、111.4%和45.2%（见表8）。

表 8　2017 年各类芯片产品领域发展情况

排序	领域	企业数(家)	占比(%)	销售额(亿元)	增幅(%)
1	通信	266	19.3	274.4	30.7
2	智能卡	62	4.5	201.5	5.7
3	计算机	85	6.2	130.6	14.0
4	多媒体	72	5.2	121.5	-0.6
5	导航	23	1.3	94.9	111.4
6	模拟	180	13.0	70.6	5.1
7	功率	82	5.9	48.5	155.1
8	消费类	610	44.2	27.0	45.2
总计		1380	100.0	969.0	28.2

资料来源：前瞻产业研究院。

芯片行业是信息产业的核心，关系着国家的信息安全，是提高国家核心产业竞争力的必要条件。另外，芯片又是一个资本壁垒和技术壁垒非常高的行业。芯片行业的发展遵循着摩尔定律，IC 制造行业每两年左右就要实现一次技术制程上的提升，技术更新速度特别快；IC 设计、封装测试、设备和材料等行业则需要同步发展。为了跟上技术发展的速度，避免在激烈竞争中被淘汰，芯片制造企业每年都要投入大量的资本进行生产线的维护与更新、新产品新技术的研发。在市场需求的牵引和国家政策的推动之下，从 2014 年开始中国芯片产业投资迅速增长。2015 年中国芯片产业完成固定资产投资额 671.4 亿元，同比增长 4.3%，增速在 2013 年达到巅峰 68% 之后持续下降（见图 5）。

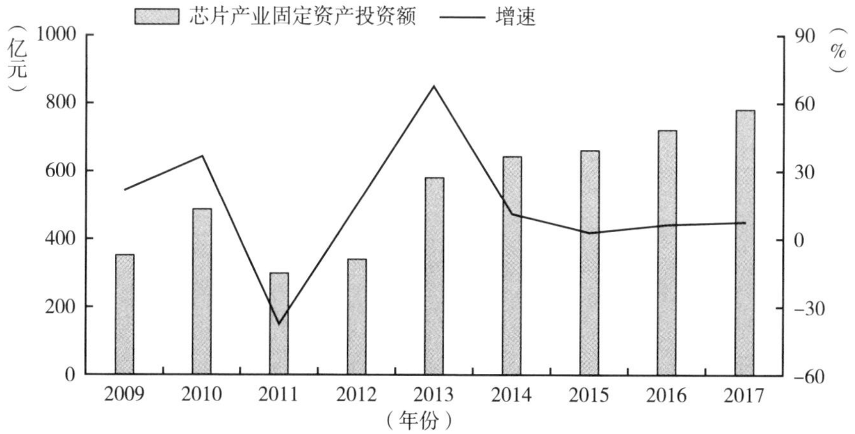

图 5　2009 ~ 2017 年中国芯片产业固定资产投资额变化情况

参考文献

赵刚：《全球芯片产业格局与大国博弈》，《求知》2018 年第 12 期。

宋亮、任海峰：《新技术引燃星星之火，芯片产业生态坚冰渐融》，《产业创新研究》2018 年第 9 期。

刘建丽、李先军：《当前促进中国集成电路产业技术突围的路径分析》，《财经智库》2019 年第 4 期。

王一鸣：《集成电路芯片产业分工模式的新演进与模块化研发》，《科学管理研究》2019 年第 3 期。

B.14

全球信息产品进出口贸易报告（2019）

陈 隽*

摘 要： 信息产品贸易不仅体现了国家或地区的国际贸易地位，而且是信息产品制造能力的体现，是“数字经济”的重要一环。本报告延续了对信息产品贸易的世界分工格局的分析，反映主要国家或地区的“数字经济”的部分竞争力。2017 年信息产品贸易的世界格局仍然是中国、美国两国为最重要的信息产品进出口国，两国既是重要的信息产品生产国，也是重要的消费国。从产业内贸易的角度看，中国主导了世界上通信设备的制造和出口贸易。中国的集成电路和电子元器件仍然依赖于国际市场的进口。发达国家的集成电路和电子元器件多以产业内贸易为主。

关键词： 信息产品 进口 出口

一 全球信息产品进出口贸易概况

2017 年全球信息产品进口额达到了 22253 亿美元，占全球产品进口总额的 13%，全球信息产品出口额达到了 20190 亿美元，占全球产品出口额的 11.5%。[①] 与 2016 年相比，信息产品无论是出口还是进口的总额都有不

* 陈隽，博士，上海社会科学院信息研究所助理研究员，研究方向为计量经济学、信息经济。

① 信息产品进出口及信息服务出口数据来自世界银行官方网站 www.worldbank.org。

同程度的下降，而占产品总进口或产品总出口的比例则都有微小的上升。

1. 全球信息产品进口贸易概况

信息产品进口最多的45个国家或地区占到全球信息产品进口总额的90%以上，依次为中国、美国、中国香港、德国、新加坡、日本、韩国、墨西哥、荷兰、英国、印度、马来西亚、法国、加拿大、俄罗斯、意大利、澳大利亚、捷克、波兰、菲律宾、西班牙、巴西、瑞典、土耳其、斯洛伐克、匈牙利、印度尼西亚、瑞士、比利时、奥地利、爱尔兰、丹麦、南非、以色列、罗马尼亚、阿根廷、挪威、智利、芬兰、哥伦比亚、葡萄牙、秘鲁、新西兰、乌克兰、巴基斯坦（见图1）。其中，信息产品进口占到全球信息产品进口总额最高的前十个国家或地区中，中国信息产品进口最多占到全球的17.8%，达到了3954亿美元。美国进口了第二多的信息产品，达到了3370亿美元，占到全球的15.1%。全球信息产品进口的1/3是由中国和美国完成的。中国香港占到全球信息产品进口的13.1%，德国占到全球信息产品进口的4.5%，新加坡占到全球信息产品进口的3.9%，日本占到全球信息产品进口的3.8%，韩国占到全球信息产品进口的3.1%，墨西哥占到全球信息产品进口的2.9%，荷兰占到全球信息产品进口的2.8%，英国占到全球信息产品进口的2.1%。

信息产品进口占产品进口总额比重最高的地区是中国香港，其信息产品进口占产品进口总额的51.9%；新加坡信息产品进口占产品进口总额的27.9%；马来西亚信息产品进口占产品进口总额的25.2%；中国信息产品进口占产品进口总额的22.7%；菲律宾信息产品进口占产品进口总额的19.8%；捷克信息产品进口占产品进口总额的15.3%；墨西哥信息产品进口占产品进口总额的15.1%；韩国信息产品进口占产品进口总额的15.0%；斯洛伐克信息产品进口占产品进口总额的15.0%；美国信息产品进口占产品进口总额的14.2%。

从信息产品进口与GDP的关系来看，中国、美国都属于信息产品进口量巨大，占全球信息产品进口比例高，并且GDP体量巨大的经济体（见图2）。中国、美国对信息产品的需求都很大，信息产品进口分别占到其产品

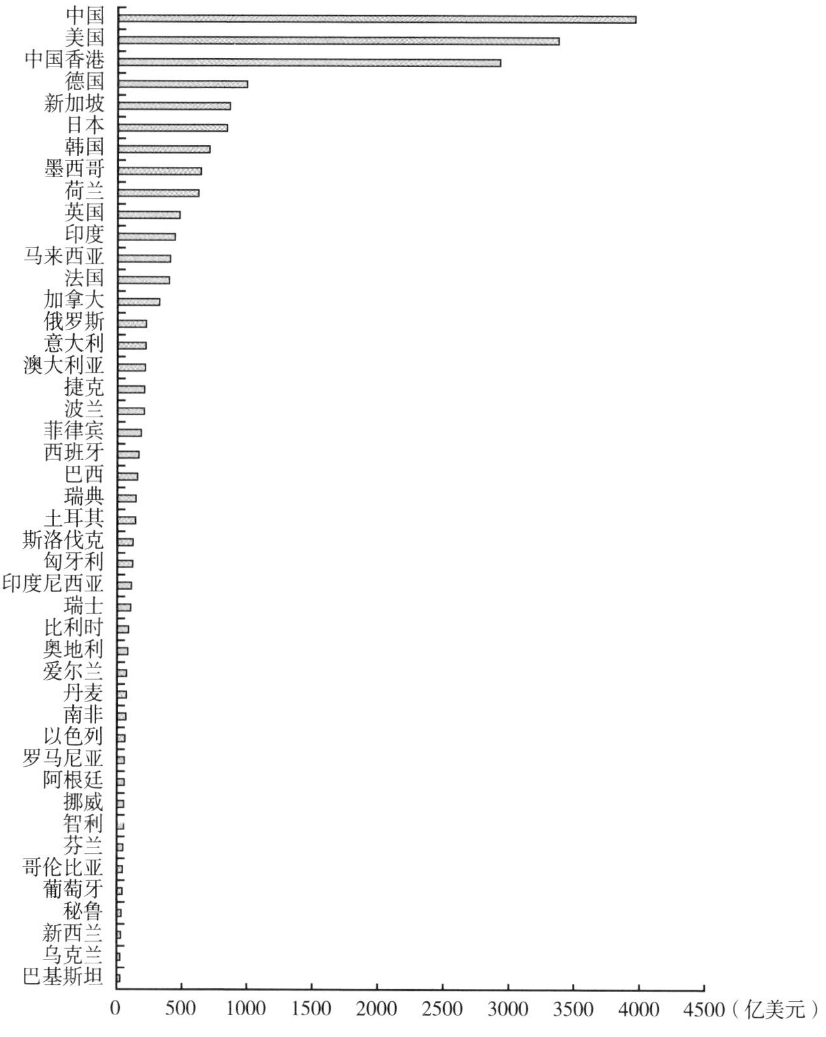

图 1　信息产品进口排序

进口总额的 22.7%、14.2%，说明这两个国家主导着全球信息产品消费和消耗，是世界上信息产品最主要的需求国。德国、日本也是主要的信息产品需求国，但无论是信息产品的需求总量，还是 GDP 的规模都不如中国和美国，不具有全球的主导性。

中国香港虽然是第三大信息产品进口的经济体，但相对于其 GDP 规

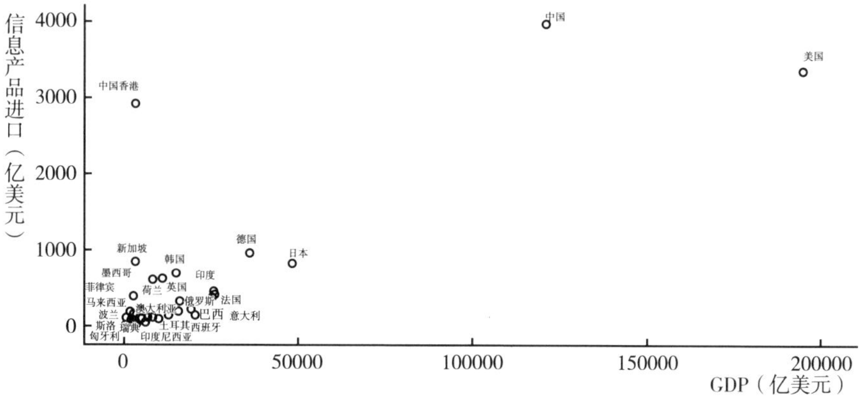

图2　信息产品进口与GDP组合分布

模，信息产品进口量太大，与中国、美国同一量级，中国香港的信息产品进口以转口贸易为主。同样，新加坡的信息贸易进口也是以转口贸易为主，但新加坡信息产品进口的贸易量比中国香港低了很多，与德国、日本同一量级。中国香港、新加坡的信息产品进口在其产品进口中分别占到了51.9%和27.9%，信息产品贸易在其贸易体系中处于非常重要的地位。

2. 全球信息产品出口贸易概况

全球信息产品出口最多的35个国家或地区依次为中国、中国香港、美国、韩国、新加坡、德国、墨西哥、马来西亚、日本、荷兰、法国、捷克、菲律宾、英国、爱尔兰、波兰、斯洛伐克、匈牙利、瑞典、意大利、加拿大、以色列、比利时、奥地利、印度尼西亚、西班牙、丹麦、瑞士、印度、澳大利亚、土耳其、俄罗斯、葡萄牙、罗马尼亚、芬兰（见图3）。其中，信息产品出口占全球信息产品出口前十的国家或地区中，中国信息产品出口占全球信息产品出口的29.7%，达到了近6000亿美元的规模。中国香港信息产品出口占全球信息产品出口的13.8%，美国信息产品出口占全球信息产品出口的7.3%，韩国信息产品出口占全球信息产品出口的7.1%，新加坡信息产品出口占全球信息产品出口的6.3%，德国信息产品出口占全球信息产品出口的 3.5%，墨西哥信息产品出口占全球信息产品出口的 3.3%，马来西亚信息产品出口占全球信息产品出口的 2.9%，日本信息产品出口占全球信息产品出口的 2.8%，荷兰信息产品出口占全球信息产品出口的 2.8%。

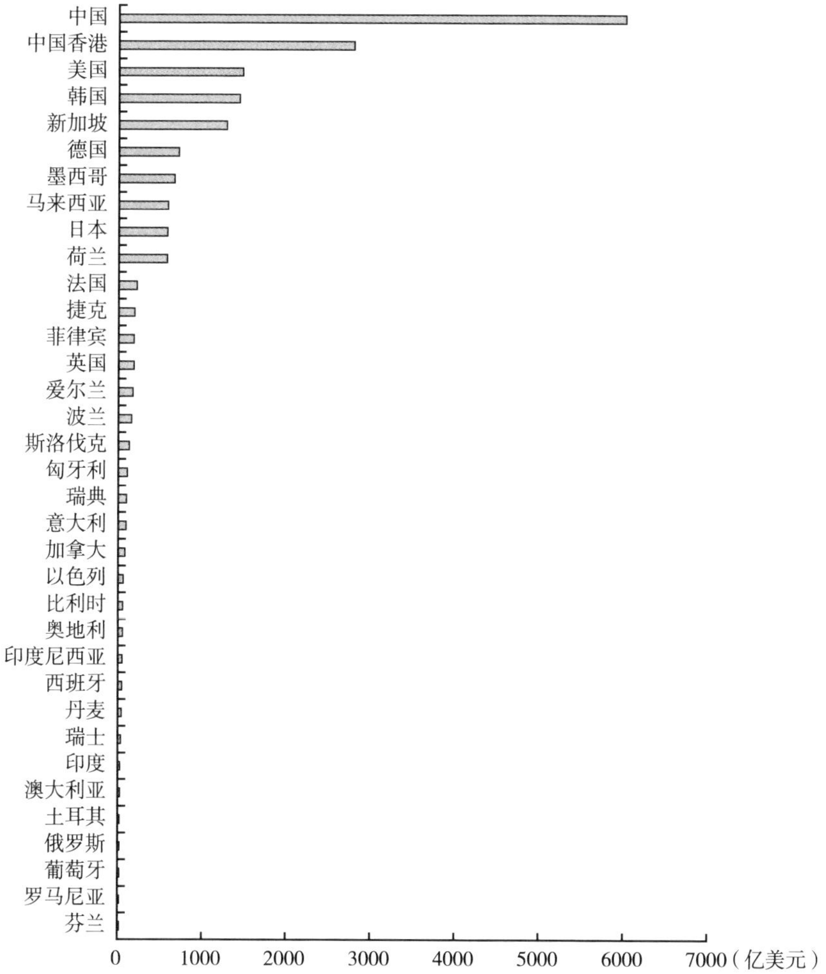

图 3　信息产品出口排序

信息产品出口占产品出口总额比重最高的地区是中国香港，其信息产品出口占产品出口的 51.7%；菲律宾信息产品出口占产品出口的 35.9%；新加坡信息产品出口占产品出口的 32%；马来西亚信息产品出口占产品出口的 31%；中国信息产品出口占产品出口的 27.1%；韩国信息产品出口占产品出口的 24.7%；斯洛伐克信息产品出口占产品出口的 16.3%；墨西哥信息产品出口占产品出口的 16.1%；捷克信息产品出口占产品出口的 13.3%；匈牙利信息产品出口占产品出口的 11.2%。

从信息产品出口与 GDP 关系来看，中国属于经济规模大，信息产品出口非常大的经济体（见图 4）。中国的信息产品出口占世界信息产品出口的 29.7%，近 1/3 的全球信息产品出口，仍然是世界上最主要的信息产品供给者。在中国出口产品中，27.1% 是信息产品出口。信息产品在中国对外贸易中占据着重要地位。

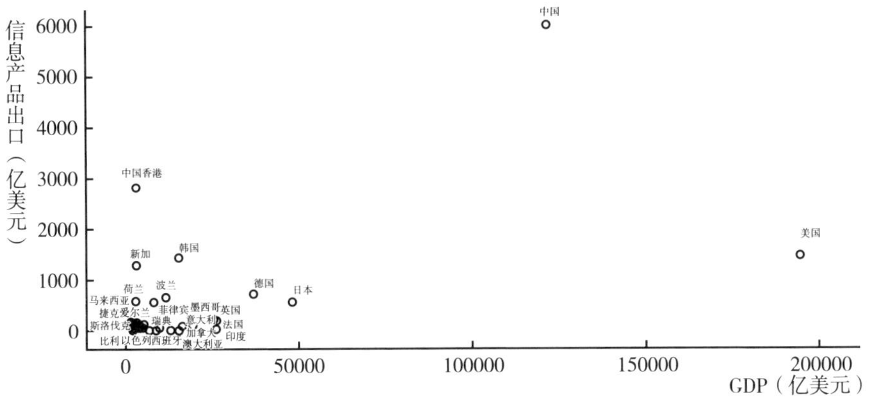

图 4　信息产品出口与 GDP 组合分布

美国属于经济规模大，信息产品出口量也很大的经济体。美国信息产品出口占世界信息产品出口的 7.3%，与韩国相当，是非常重要的信息产品供给者，但与中国所占的比例相比差距比较大。

从信息产品出口的情况也可以看出，中国香港、新加坡是世界上重要的信息产品转口贸易的经济体。中国香港、新加坡的经济规模总量不能与中国、美国、德国、日本等相比，但新加坡的信息产品出口超过了德国、日本，与韩国相当，中国香港的信息产品出口甚至超过了美国。

信息产品出口的集中度很高，最主要的供给者是中国，其次是美国、韩国、德国、日本、荷兰等国家。中国香港和新加坡是世界上最重要的信息产品出口贸易港口。信息产品出口在这些国家或地区的出口中占有比较大的比重，是这些国家或地区最重要的出口产品之一。

3. 信息产品进出口贸易比较

以信息产品进口为横轴、信息产品出口为纵轴，构建信息产品进口与出口之间的数量关系（见图5）。中国香港的信息产品出口与信息产品进口数量基本相等，贸易基本上是平衡的。中国、韩国、新加坡等少数国家或地区的信息产品出口大于信息产品进口，是信息产品的净出口国。美国、德国、日本等大多数国家或地区的信息产品进口大于信息产品出口，是信息产品的净进口国。

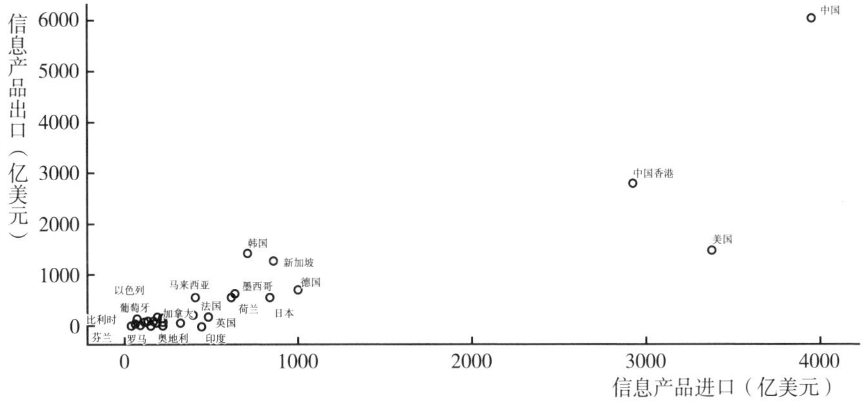

图5　信息产品进口与出口组合分布

世界上信息产品净出口国是少数，绝大多数是信息产品的净进口国。从信息产品制造的角度，说明信息产品是由少数国家（如中国、韩国）生产制造的，而世界上绝大多数国家主要是信息产品的消费国。从规模上，中国是最主要的信息产品生产制造的国家，是全球信息产品的主要供给者。

4. 全球信息服务出口贸易概况

2017 年全球信息服务出口达到了 5360 亿美元。信息服务出口最多的 30 个国家或地区超过了全球信息服务出口的 90%，达到 91.2%（见图 6）。由高到低依次是：爱尔兰信息服务出口占全球信息服务出口的 14.8%，印度信息服务出口占全球信息服务出口的 14.6%，美国信息服务出口占全球信

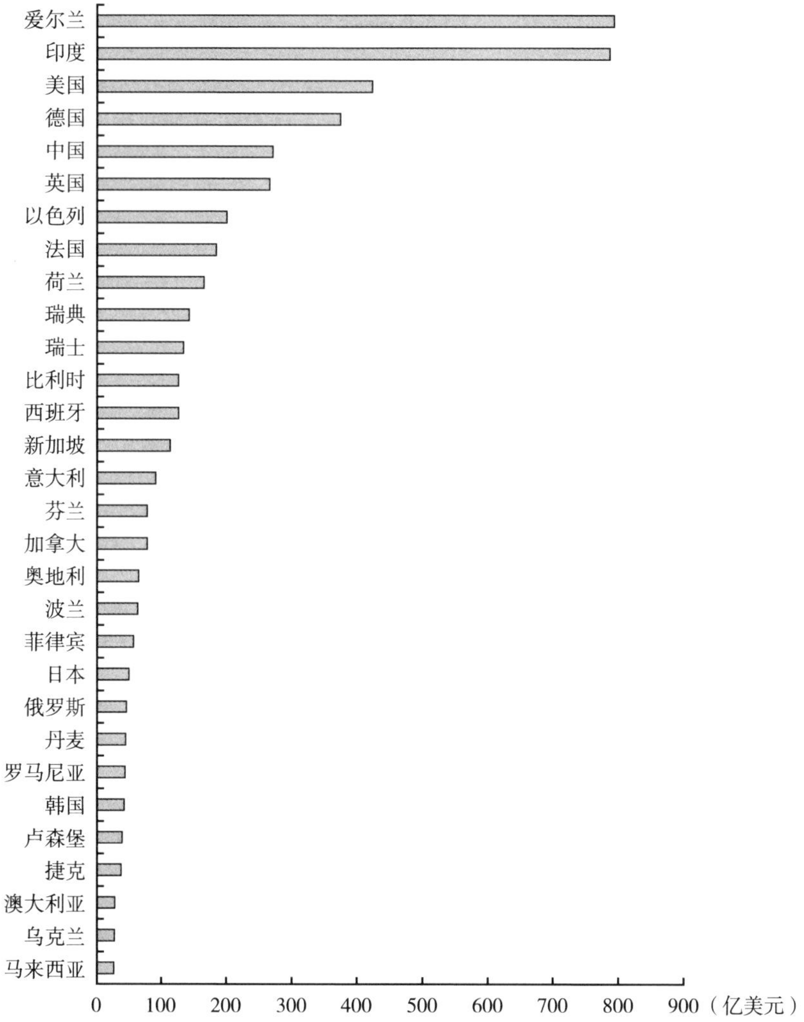

图 6　信息服务出口排序

息服务出口的7.9%，德国信息服务出口占全球信息服务出口的7%，中国信息服务出口占全球信息服务出口的5%，英国信息服务出口占全球信息服务出口的4.9%，以色列信息服务出口占全球信息服务出口的3.7%，法国信息服务出口占全球信息服务出口的3.4%，荷兰信息服务出口占全球信息服务出口的3.1%，瑞典信息服务出口占全球信息服务出口的2.7%，以及瑞士、比利时、西班牙、新加坡、意大利、芬兰、加拿大、奥地利、波兰、菲律宾、日本、俄罗斯、丹麦、罗马尼亚、韩国、卢森堡、捷克、澳大利亚、乌克兰、马来西亚等国家或地区。

相比2016年的全球信息服务出口，爱尔兰、印度的信息服务出口巨幅增长，成为世界上信息服务出口最多的两个国家（见图7）。爱尔兰、印度的信息服务分别占全球信息服务出口的14.8%和14.6%，明显超过了其他信息服务出口的国家或地区。美国、德国、英国、中国、以色列、法国仍然是信息服务出口的重要国家。与2016年相比，中国的信息服务出口超过了英国、法国。

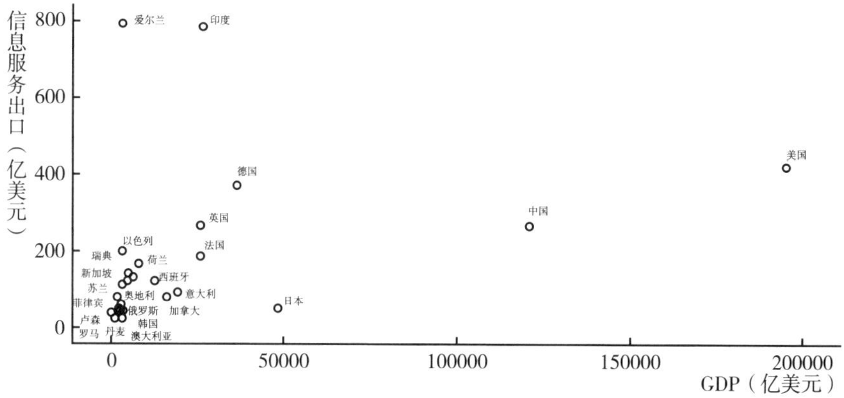

图7　信息服务出口与GDP组合

信息服务出口的集中程度没有信息产品进出口贸易的集中程度高。信息服务出口并不是经济大国的专利，即使是经济规模相对较小的国家也可能具有大量信息服务出口。信息服务出口以欧美国家或者英语系国家为主，这可能是由于服务更多与文化相联系。

二　通信设备进出口贸易概况

1. 通信设备出口贸易

2017 年全球通信设备出口总额达到了 7642 亿美元。通信设备出口最多的 20 个国家或地区出口总量超过了全球通信设备出口总量的 92%，通信设备出口的集中程度比较高（见图 8）。[①] 其中，中国的通信设备出口达到了 3032 亿美元，占到全球通信设备出口的 39.7%。中国是全球通信设备最主要的供给者，是出口最多的国家。其他通信设备主要出口国家或地区全球出口占比由高到低依次为：美国通信设备出口占全球的 7%，荷兰通信设备出口占全球的 6.7%，中国香港通信设备出口占全球的 6.6%，越南通信设备出口占全球的 6.5%，墨西哥通信设备出口占全球的 5.1%，德国通信设备出口占全球的 3.1%，中国台湾通信设备出口占全球的 2.3%，韩国通信设备出口占全球的 1.8%，新加坡通信设备出口占全球的 1.7%，斯洛伐克通信设备出口占全球的 1.6%，阿联酋通信设备出口占全球的 1.5%，捷克通信设备出口占全球的 1.2%，泰国通信设备出口占全球的 1.2%，波兰通信设备出口占全球的 1.1%，法国通信设备出口占全球的 1.1%，英国通信设备出口占全球的 1.1%，马来西亚通信设备出口占全球的 1.1%，日本通信设备出口占全球的 1.1%，匈牙利通信设备出口占全球的 1.0%。

2. 通信产品进口贸易

2017 年全球通信设备进口总额达到了 7396 亿美元。进口最多的 20 个国家或地区通信设备进口总额超过了 76.0%（见图 9）。其中，美国是全球最大的通信设备进口国，进口额达到了 1615 亿美元，占到全球通信设备进口总额的 21.8%。其他进口最多的 19 个国家或地区进口总额由高到低依次是：中国香港占全球通信设备进口总额的 7.6%，荷兰占全球通信

① 通信设备进出口的数据来自 WTO 贸易数据库 2017 年的进出口数据。

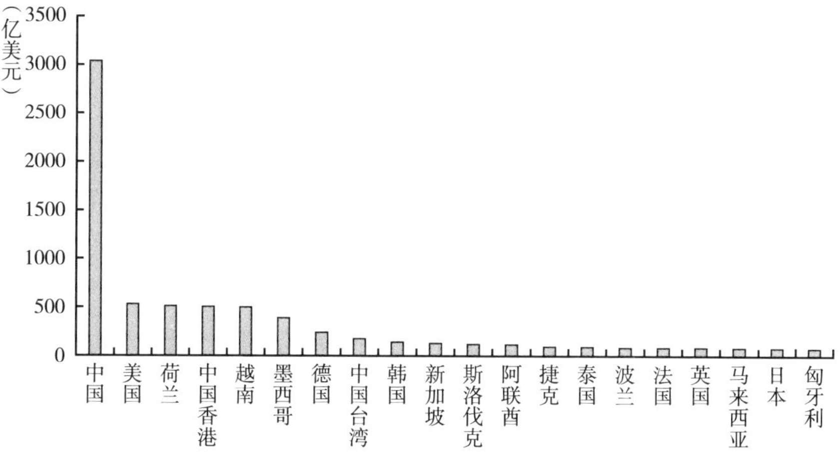

图8　通信设备出口排序

设备进口总额的6.7%，德国占全球通信设备进口总额的5.2%，日本占全球通信设备进口总额的4.5%，英国占全球通信设备进口总额的3.6%，墨西哥占全球通信设备进口总额的3.2%，越南占全球通信设备进口总额的2.7%，法国占全球通信设备进口总额的2.5%，中国占全球通信设备进口总额的2.4%，印度占全球通信设备进口总额的2.3%，加拿大占全球通信设备进口总额的2.2%，意大利占全球通信设备进口总额的1.7%，新加坡占全球通信设备进口总额的1.6%，澳大利亚占全球通信设备进口总额的1.5%，韩国占全球通信设备进口总额的1.5%，泰国占全球通信设备进口总额的1.5%，阿联酋占全球通信设备进口总额的1.5%，俄罗斯占全球通信设备进口总额的1.4%，斯洛伐克占全球通信设备进口总额的1.3%。

3. 通信产品产业内贸易水平

针对以上世界主要通信产品贸易国家或地区通过通信产品进口、出口数据计算IIT指数①（见表1）。中国的IIT指数只有0.11，表明中国与世界其

① IIT指数为Grubel-Lloyed在1975年定义的测度产业内贸易的指数。

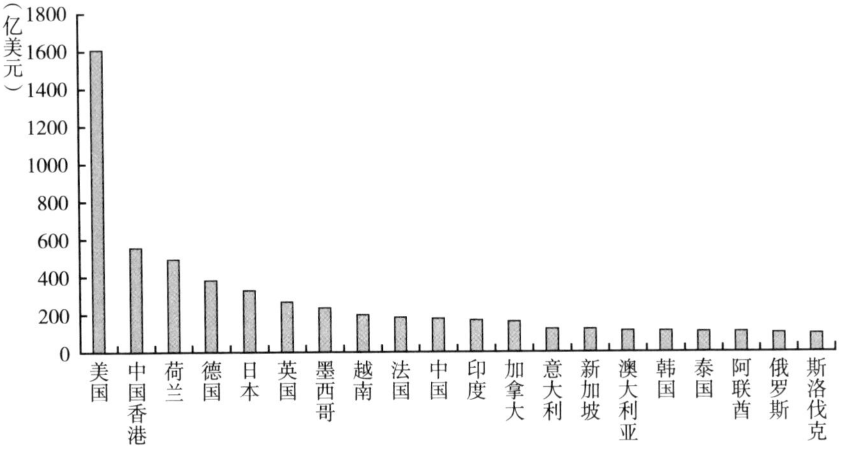

图 9　通信设备进口排序

他国家的通信产品贸易是产业间贸易。中国通信产品的出口远大于进口，因此在通信产品贸易中，中国具有比较优势。

表 1　通信设备主要进出口国家或地区 IIT 指数

国家/地区	IIT	国家/地区	IIT
中国	0. 11	美国	0. 49
越南	0. 57	马来西亚	0. 76
英国	0. 48	捷克	1. 00
印度	0. 11	加拿大	0. 38
意大利	0. 52	荷兰	0. 99
匈牙利	0. 86	韩国	0. 89
新加坡	0. 97	法国	0. 63
中国香港	0. 95	俄罗斯	0. 08
泰国	0. 92	德国	0. 77
中国台湾	0. 62	波兰	0. 97
斯洛伐克	0. 90	澳大利亚	0. 22
日本	0. 39	阿联酋	0. 96
墨西哥	0. 76		

美国是通信产品最重要的进口国，IIT 指数为 0.49，美国与世界其他国家的通信产品贸易更接近产业间贸易。美国通信产品的进口大于出口，表明在通信产品贸易领域美国不具备比较优势。

英国、加拿大、印度、俄罗斯、日本、澳大利亚的 IIT 指数表明这些国家更接近于产业间贸易。这些国家通信产品的进口远大于出口，在通信产品制造领域不具备比较优势。

越南、马来西亚、捷克、意大利、荷兰、匈牙利、韩国、新加坡、法国、中国香港、泰国、德国、中国台湾、波兰、斯洛伐克、阿联酋、墨西哥的 IIT 指数表明这些国家或地区更接近于产业内贸易。这些国家或地区中，一部分是以通信产品的进出口转口贸易为主，如中国香港、新加坡、阿联酋等；其他的国家或地区制造生产自己的优势通信产品，通过贸易获得自己不具有生产优势的通信产品。

在通信产品的主要贸易国家或地区中，中国是最主要的产品生产供给者。其他国家或地区即使也生产通信产品，仍不能完全满足对通信产品的需求，需要进口其他国家（主要是中国）生产的通信产品。

三　集成电路和电子元器件进出口贸易概况

1. 集成电路和电子元器件出口贸易

2017 年全球集成电路和电子元器件出口总额达到了 7488 亿美元。出口额最高的 20 个国家或地区的集成电路和电子元器件出口总额超过了 98%，集成电路和电子元器件出口贸易额集中度非常高（见图 10）。① 出口最高的 20 个国家或地区，占全球集成电路和电子元器件出口比例由高到低依次为：中国香港占全球集成电路和电子元器件出口的 17.5%，韩国占全球集成电路和电子元器件出口的 13.5%，中国台湾占全球集成电路和电子元器件出口的 13.3%，中国占全球集成电路和电子元器件出口的 12.5%，

① 集成电路和电子元器件进出口的数据来自 WTO 贸易数据库 2017 年的进出口数据。

新加坡占全球集成电路和电子元器件出口的11.8%，美国占全球集成电路和电子元器件出口的6.1%，马来西亚占全球集成电路和电子元器件出口的5.9%，日本占全球集成电路和电子元器件出口的5.1%，德国占全球集成电路和电子元器件出口的2.9%，菲律宾占全球集成电路和电子元器件出口的2.1%，荷兰占全球集成电路和电子元器件出口的1.5%，泰国占全球集成电路和电子元器件出口的1.4%，越南占全球集成电路和电子元器件出口的1.1%，法国占全球集成电路和电子元器件出口的1.1%，爱尔兰占全球集成电路和电子元器件出口的0.7%，墨西哥占全球集成电路和电子元器件出口的0.4%，以色列占全球集成电路和电子元器件出口的0.3%，英国占全球集成电路和电子元器件出口的0.3%，意大利占全球集成电路和电子元器件出口的0.3%，奥地利占全球集成电路和电子元器件出口的0.2%。

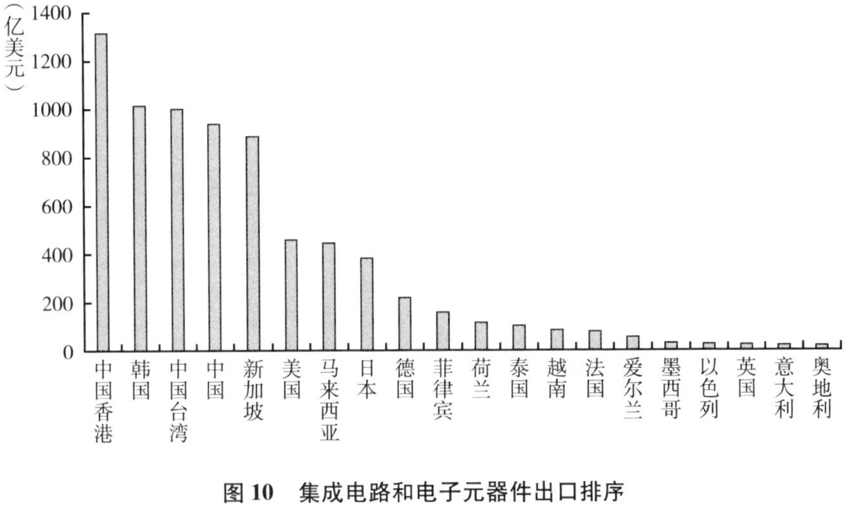

图10　集成电路和电子元器件出口排序

2. 集成电路和电子元器件进口贸易

2017年全球集成电路和电子元器件进口总额达到了8990亿美元。进口集成电路和电子元器件最多的20个国家或地区总进口额超过了全球集成电路和电子元器件进口总额的95%（见图11）。中国是集成电路和电子元器件进口最多的国家，占到全球集成电路和电子元器件进口总额的32.8%。其他进口较多的国家或地区占全球集成电路和电子元器件进口总额的比例由高到低依次为：中国香港占全球集成电路和电子元器件进口的17.8%，新加坡占全球集成电路和电子元器件进口的7.2%，美国占全球集成电路和电子元器件进口的6.2%，中国台湾占全球集成电路和电子元器件进口的5.2%，韩国占全球集成电路和电子元器件进口的4.4%，马来西亚占全球集成电路和电子元器件进口的3.9%，日本占全球集成电路和电子元器件进口的2.9%，德国占全球集成电路和电子元器件进口的2.6%，越南占全球集成电路和电子元器件进口的2.4%，墨西哥占全球集成电路和电子元器件进口的2.2%，菲律宾占全球集成电路和电子元器件进口的1.5%，泰国占全球集成电路和电子元器件进口的1.4%，荷兰占全球集成电路和电子元器件进口的1.4%，印度占全球集成电路和电子元器件进口的0.8%，英国占全球集成电路和电子元器件进口的0.7%，法国占全球集成电路和电子元器件进口的0.6%，巴西占全球集成电路和电子元器件进口的0.6%，土耳其占全球集成电路和电子元器件进口的0.5%，捷克占全球集成电路和电子元器件进口的0.4%。

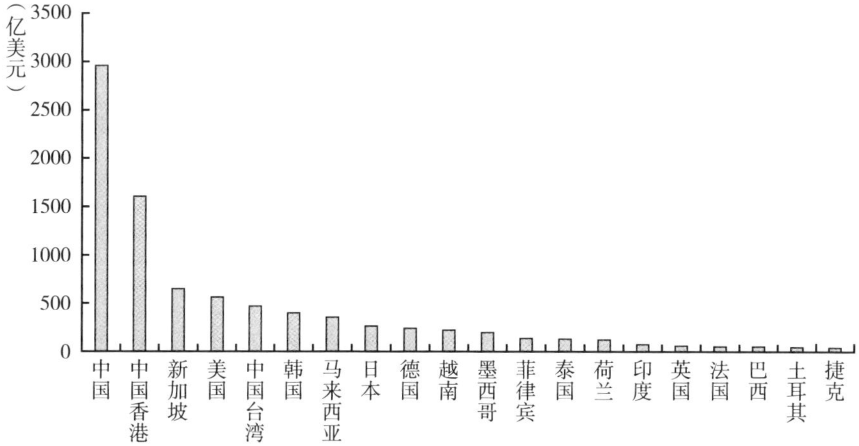

图11　集成电路和电子元器件进口排序

3. 集成电路和电子元器件产业内贸易水平

针对以上世界主要集成电路和电子元器件贸易国家或地区通过通信产品进口、出口数据计算 IIT 指数（见表 2）。中国是最重要的集成电路和电子元器件进口国，IIT 指数为 0.48，表明中国与世界其他国家的通信产品贸易更接近于产业间贸易。中国集成电路和电子元器件的进口大于出口，因此中国的集成电路和电子元器件贸易仍然依赖进口，比较优势不显著。

表 2　集成电路和电子元器件主要进出口国家或地区 IIT 指数

国家/地区	IIT	国家/地区	IIT
中国	0.48	墨西哥	0.26
越南	0.55	美国	0.90
英国	0.56	马来西亚	0.88
印度	0.12	捷克	0.43
意大利	0.93	荷兰	0.97
以色列	0.73	韩国	0.56
新加坡	0.84	菲律宾	0.93
中国香港	0.90	法国	0.81
土耳其	0.02	德国	0.96
泰国	0.88	巴西	0.07
中国台湾	0.64	奥地利	1.00
日本	0.81	爱尔兰	0.18

墨西哥、印度、捷克、土耳其、巴西、爱尔兰的 IIT 指数表明这些国家更接近于产业间贸易。爱尔兰的集成电路和电子元器件的出口大于进口，具有比较优势。除爱尔兰之外的这些国家通信产品进口远大于出口，在集成电路和电子元器件制造领域不具备比较优势。

美国、越南、英国、马来西亚、意大利、荷兰、以色列、韩国、新加坡、菲律宾、中国香港、法国、德国、泰国、中国台湾、奥地利、日本的 IIT 指数表明这些国家或地区更接近于产业内贸易。这些国家或地区中，一些是以转口贸易为主，其他的则制造生产具有优势的集成电路和电子元器件，通过贸易获得不具有生产优势的集成电路和电子元器件。

在集成电路和电子元器件的主要贸易国家或地区中，中国是最主要的产品进口需求者。集成电路和电子元器件的贸易中，产业间贸易的国家以发展中国家居多，并且发展中国家主要是净进口国。发达国家的集成电路和电子元器件基本是产业内贸易，这说明在集成电路和电子元器件的制造生产中，发达国家仍然具有显著的技术优势。

四　全球信息产品贸易特点

全球信息产品贸易的总体格局没有多大变化。中国和美国仍然分别是世界上最主要的信息产品净出口国和净进口国。中国、美国是信息产品生产、制造最重要的两个国家，对世界信息产品贸易具有举足轻重的影响。

从产业内贸易水平来看，中国的通信产品生产制造具有绝对的优势，而集成电路和电子元器件仍然依赖进口。发达国家在通信产品制造领域的优势已经不明显，而在集成电路和电子元器件制造领域仍具有重要的优势。

“数字经济”发展中，硬件设备的生产制造仍是非常重要的竞争力体现。中国在信息产品的贸易中体现出总体制造和贸易的优势。通信产品制造贸易的优势以及集成电路和电子元器件制造贸易相对依赖他国的状况是中国信息产品制造贸易的国际分工现状，其既有“数字经济”发展的优势，也有发展的瓶颈。

参考文献

工业和信息化部运行监测协调局：《中国电子信息产业统计年鉴 2016》，电子工业出版社，2017。

工业和信息化部运行监测协调局：《中国电子信息产业统计年鉴 2017》，电子工业出版社，2018。

王虎：《产业内贸易：结构、分类及差异性研究》，上海社会科学院出版社，2013。

World Bank, Introducing the Online Guide to the World Development Indicators: A New

Way to Discover Data on Development, http: //blogs. worldbank. org/opendata/introducing - online - guide - world - development - indicators - new - way - discover - data - development.

WTO, *World Trade Statistical Review*, https: //www. wto. org/english/res_ e/statis_ e/wts_ e. htm.

丁波涛、唐涛:《全球信息社会蓝皮书: 全球信息社会发展报告 (2017)》, 社会科学文献出版社, 2017。

王振:《数字经济蓝皮书: 全球数字经济竞争力发展报告 (2018)》, 社会科学文献出版社, 2018。

《中国信息化年鉴》编委会:《中国信息化年鉴 2016》, 电子工业出版社, 2017。

《中国信息化年鉴》编委会:《中国信息化年鉴 2017》, 电子工业出版社, 2018。

Abstract

Digital economy has become the most important engine of global economic development and one of the core competitiveness of a country. In order to better promote the high-quality development of China's economy and promote the overall transformation of China's economy, the Institute of Information Studies of Shanghai Academy of Social Sciences, in conjunction with relevant external research forces, has established a model for evaluating the competitiveness of countries in the global digital economy and a model for evaluating the competitiveness of enterprises in the global digital economy.

As the first blueprint focusing on global digital economy development, the Global Digital Economy Competitiveness Development Report (2019) takes the data of countries, cities and enterprises related to global digital economy in 2018 as the basis, comprehensively evaluates the competitiveness of countries cities and enterprises in global digital economy, and outlines the development panorama of global digital economy.

The report is divided into four parts: general report, national report, city report and industry report.

The overall report includes three independent reports: Global Digital Economy Country Competitiveness Development Report, Global Digital Economy City Competitiveness Development Report and Global Digital Economy Enterprise Competitiveness Development Report. As far as countries are concerned, the dominant position of the United States will not change in the short term. China has overtaken the United States in the competitiveness of the digital industry to become the world's first, but there are shortcomings in China's competitiveness in the areas of digital governance. Over the past three years, the competitiveness rankings of digital economy have changed dramatically. Nearly 40% of the countries ranked are in a volatile situation, which shows that the competition among countries in the field of digital economy is very fierce. From the regional characteristics, the competitiveness of digital economy in East Asia and Western Europe is stronger, while that in Africa and Latin America is weaker. The digital economy in Southeast Asia is developing rapidly.

As far as cities are concerned, American cities have significant advantages in the competitiveness of digital economy, and they are in a significant leading position compared with other cities. China's two major cities, Beijing and Shanghai, rank among the top ten in the list of urban economic and infrastructure competitiveness. However, Beijing and Shanghai are far behind the United States and other developed countries in terms of urban digital talent competitiveness and urban innovation competitiveness. The current pattern of digital economic competitiveness at the global urban level is characterized by the absolute dominance of the United States, the strong competitiveness of European developed countries in urban innovation and talent, and the subsequent dominance of cities in emerging Asian economies in economic and infrastructure competitiveness.

As far as enterprises are concerned, in terms of comprehensive competitiveness, Apple, Amazon and Samsung rank the top three; in terms of scale competitiveness, Apple, Amazon and Microsoft rank the top three; in terms of efficiency competitiveness, VMWARE, MATCH GROUP, VERISIGN rank the top three; in terms of innovation competitiveness, Samsung, Tokyo Electronics and Amazon rank the top three. Third, from the perspective of growth competitiveness, Pingduo, TENAGA NASIONAL BERHAD and SPLUNK rank the top three. The United States, Japan and China are the top three countries of digital enterprises, and almost all of them account for 70% ~80% of the top 100 companies, regardless of their ranking. In particular, the United States has undoubtedly the "eldest" position. The vigorous development of China's digital enterprises indicates that China's digital economy has entered a period of rapid development.

After the general report, we introduce the current situation of global digital economy development from three perspectives: country, city and industry. The country selected typical countries and regions such as the United States, China, the European Union and Singapore to introduce the development of their digital economy; the city selected key cities such as San Francisco, London, Shanghai and Ottawa to introduce the relevant development of digital economy; and the industry report focused on artificial intelligence, chips and digital technology. Trade and other core areas of digital economy development.

The report finds that the United States still excels in the field of digital economy, but still faces strong competitive pressure from China, the gap between the two is further narrowed than last year. Digital economy has become the most important economic driving force.

Keywords: Digital Economy; Competitiveness; Digital Enterprise; Artificial Intelligence

Contents

I General Reports

Abstract: Under the background of the profound adjustment of the current global economic competition and cooperation development pattern, various countries have launched various competition and cooperation initiatives in the digital economy field, which represents the new economic driving force and the frontier level of science and technology. The global competitiveness pattern in the digital economy field is also facing profound changes. In the current global digital economic development pattern, the dominant position of the United States will not change in the short term. China has overtaken the United States in the competitiveness of the digital industry to become the world's first, but there are shortcomings in China's competitiveness in the areas of digital governance. Over the past three years, the competitiveness rankings of digital economy have changed dramatically. Nearly 40% of the countries ranked are in a volatile situation, which shows that the competition among countries in the field of digital economy is very fierce. From the regional characteristics, the competitiveness of digital economy in East Asia and Western Europe is stronger, while that in Africa and Latin America is weaker. The digital economy in Southeast Asia is developing rapidly. This report also makes an in-depth analysis of the scores and rankings of various sub-indicators of the digital economy.

Keywords: Digital Economy; Competitiveness Network; Information Technology

B. 2 Global Digital Economy City Competitiveness Development Report (2019)

Zhang Bochao, *Hui Zhibin* / 031

Abstract: Measuring and calculating the competitiveness of digital economy at the urban level has always been a difficult problem in academia. This report attempts to construct an index system of urban digital economy competitiveness with the core of urban digital innovation competitiveness, urban digital talent competitiveness and urban economy and infrastructure competitiveness, and select 30 major cities in the world. The competitiveness of digital economy is quantitatively evaluated and analyzed. The study finds that American cities have significant advantages in the competitiveness of digital economy, and they are in a significant leading position compared with other cities. There is a strong positive correlation among the three secondary indicators of urban digital economic competitiveness, which indicates that the structural factors of urban digital economic competitiveness are closely related to each other. American cities have absolute advantages in the competitiveness of urban digital talents and innovation. However, Asian cities have begun to occupy a dominant position in the competitiveness of urban economy and infrastructure. At the same time, two major cities in China, Beijing and Shanghai, have entered the competition of urban economy and infrastructure. Although Beijing and Shanghai are among the top ten cities in the list, there is a big gap in the competitiveness of urban digital talents and urban innovation compared with the United States and other developed countries. The current pattern of digital economic competitiveness at the global urban level is characterized by the absolute dominance of the United States, the strong competitiveness of European developed countries in urban innovation and talent, and the subsequent dominance of cities in emerging Asian economies in economic and infrastructure competitiveness.

Keywords: Digital Economy Competitiveness; City; Innovation; Talent

B.3 Global Digital Economy Enterprise Competitiveness Development Report (2019)

Xu Limei / 048

Abstract: Driven by the continuous progress of digital technology, many digital enterprises in the world have also developed very fast, and many enterprises with outstanding scale, efficiency, innovation and growth have emerged. Our research group continues to pay attention to the development of global digital economy enterprises, continues the research about the ranking of the competitiveness of digital enterprises in previous years, and makes a new evaluation and ranking about global digital enterprises in 2018. The research results show that Apple Inc, Amazon Inc and Samsung Inc are the top three in terms of overall competitiveness; Apple Inc, Amazon Inc and Microsoft Inc are the top three in terms of scale competitiveness; Vmware , Match Group, Verisign Inc is the top three in terms of efficiency competitiveness; Samsung Inc, Tokyo Electronics and Amazon Inc are the top three in terms of innovation competitiveness; and pinduoduo, Tenaga Nasional Berhad and Splunk Inc are the top three in terms of growth competitiveness. There are many digital enterprises with strong competitiveness, whether the comprehensive competitiveness, or scale competitiveness, efficiency competitiveness, innovation competitiveness and growth competitiveness, are among the best in the world; there are some digital enterprises whose strong competitiveness is more reflected in one or more aspects, such as pinduoduo in China, who is growing very fast. The United States, Japan and China are the top three of digital countries, whose enterprise number almost account for 70% of the top 100 companies in any way. The United States in particular has an indisputable "boss" status. The vigorous development of Chinese digital enterprises indicates that Chinese digital economy has entered a special period of rapid development.

Keywords: Digital Enterprise; Competitiveness Scale Efficiency; Innovation Growth

Ⅱ Regional Reports

B. 4 United States Digital Economy Development Report (2019)

Wang Yingbo / 090

Abstract: As the leader of global digital economy, the digital economy has become the main engine of economic development in the United States, but the definition and scope of the digital economy has been controversial. This paper attempts to introduce the development status of the digital economy industry in the United States from the domestic, international and enterprise levels, and outlines the panorama of the digital economy in the United States.

Keywords: United States; Digital Economy; Matthew Effect

B. 5 China Digital Economy Development Report (2019)

Hu Wen / 105

Abstract: In 2019, China's digital economy continues to grow rapidly. The growth rate of 2019 is significantly higher than 2018 as well as the GDP growth rate this year. The integration of digital economy and real economy is deepening. The gap between the digital economy infrastructure in second-tier and third-tier cities versus first-tier and new first-tier cities is shrinking. Enterprise innovation investment and PCT patent applications continue to grow, making outstanding contributions to job creation. However, the future development of China's digital economy is still facing the uncertain factors brought about by the changes in the international science and technology competition pattern. Meanwhile, a new round of scientific and technological revolution will promote the rapid development of industrial Internet and artificial intelligence, and provide new energy for the digital economy.

Keywords: Digital Economy; Digital Infrastructure; Digital Innovation; Digital Governance

B. 6 EU Digital Economy Development Report (2019)

Hui Zhibin / 128

Abstract: Apart from the US and China, the overall development of the EU digital economy is still at a leading level on a global scale and is growing steadily. In order to maintain global competitiveness, the EU's investment in the digital economy continues to increase. In addition, the EU has accelerated the digital single market and the free flow of data to boost the vitality of digital economy. But the EU as a whole, digital divide between member states still exists, and will be difficult to eliminate in the short term.

Keywords: EU; Digital Economy; GDPR; Digital Tax

B. 7 Singapore Digital Economic Development Report (2019)

Gu Jie / 143

Abstract: Singapore has comprehensive information technology infrastructure, highly qualified IT technical talents, efficient government digital governance ability and a mature commercial market. These features form the stepping stone for the development of the country's digital economy. However, compared with the vibrant market forces in China and the United States, Singapore is weak in aspects of market vitality and industry innovation. This paper reviews Singapore's digital economy development from the four dimensions: digital infrastructure, digital governance, digital innovation, digital action plans and China-Singapore digital economic cooperation. This study aims to draw a full picture of Singapore's recent developments in digital economy.

Keywords: Singapore; Digital Economy; Information Technology; Competitiveness

Ⅲ City Reports

Abstract: The San Francisco Bay Area is the benchmark for the development of information technology and digital economy in the world. The area is teeming with industry giants and provides superior innovation environment. In recent years, it has maintained a high economic vitality. This report summarizes the development of the digital economy in the Bay Area in 2017, analyzes the sources of its industrial competitiveness, and lists the five major digital economic events in the Bay Area in 2018. Some of the data are compared with the development level of China or Shanghai in the same period, with a view to the relevant regional figures in order to provide practical inspirations for future economics research.

Keywords: San Francisco Bay Area; Digital Economy; Information Technology; Competitiveness

Abstract: In the era of digital economy, the combination of financial industry and technology industry has made the field of financial technology flourish. As the world's leading financial technology center, London has formed the extremely competitiveness in the market, capital, talent, government support and regulatory initiatives. This paper takes the financial technology of London as example, introduces the integration of digital economy and financial technology in London and the station of digital economic development. At last, the paper looks forward to the future development of financial technology in London from the current development of financial technology companies.

Keywords: Digital Economy; Financial Center; Financial Technology; Financial Conduct Authority

B. 10 Shanghai Digital Economy Development Report (2019)

Luo Li / 190

Abstract: Under the background of the continuous expansion of the global digital economy and China's active promotion of the construction of digital China, Shanghai has already taken the leading position in the digital transformation of domestic cities. Shanghai is the vanguard of the development of the domestic digital economy, and is accelerating its development of the digital economy to lead and support by innovation. From the perspective of development level, the digital industry has the highest level of development in all areas of the digital economy in Shanghai, followed by digital infrastructure, digital innovation and digital governance. From the perspective of contribution, the digital innovation factor has the greatest contribution to the development of Shanghai's digital economy. The Shanghai Municipal Government plays a very important role in the development of Shanghai's digital economy. It has introduced various legal policies in a timely manner around big data, cloud computing, e-commerce, artificial intelligence, digital trading, digital infrastructure and smart cities through government project construction and development to promote the development of the digital economy.

Keywords: Digital Economy; Digital Infrastructure; Digital Industry; Digital Innovation; Digital Governance

B. 11 Ottawa Digital Economic Development Report (2019)

Yang Fan / 202

Abstract: In terms of Canada's digital economy, Ottawa, as a traditional tech hub, is also a leader in digital economic development. This paper summarizes Ottawa's economic and technological development and the advantages to develop digital economy, and analyzes three main aspects of Ottawa's digital economy: digital economy strategy, digital infrastructure and digital industry, finally, looks forward to the future of Ottawa's digital economic development.

Keywords: Canada; Ottawa; Digital Economy; Digital Industry

Ⅳ Industry Reports

Abstract: Artificial intelligence has gradually become a new engine of economic growth, from individual enterprise innovation to driving industry remodeling, from theoretical feasibility study to promoting technological change, from talking about application value to gathering global vision. This paper will sort out the development trend of global artificial intelligence, analyze the development trend of China's artificial intelligence industry, and focus on Analysis the subversive development of industrial chain driven by artificial intelligence, providing path reference for artificial intelligence to promote the construction of market ecology.

Keywords: Artificial Intelligence; Development Trend; Digital Industry; Ecological Construction

Abstract: Chip is a basic, pioneering and strategic field related to the overall development of manufacturing industry and national security. As the Pearl on the high-tech crown and the cornerstone of the information industry, chips are also the focus of countries to seize the commanding heights of science and technology and maintain competitiveness. This paper summarizes the chip industry from the aspects of industry connotation, organizational structure, key features and industrial chain links, and illustrate the global and Chinese chip industry development from the aspects of market scale, technology level, import and export trade, product structure, key regions and enterprises to provide useful reference to the future development practice.

Keywords: Chip industry; Competitiveness; Global; China

B. 14 Survey of Global Import and Export Trade of Information Products

Chen Jun / 259

Abstract: Trades in information products not only represent the status for international trade of countries or regions, but also shows the manufacturing for information products of countries or regions. It is an important part of the "digital economy". This report continues the analysis of the world division in the trade of information products, giving part of the competitiveness of the "digital economy" of most countries or regions. The world situation of information products trade in 2017 is lastingwhich China and the United States are the most important importers and exporters of information products. They are both important producers and consumers of information products. From the view of intra-industry trade, China dominates the manufacturing and export trade of communication equipment in the world. China's integrated circuits and electronic components are still dependent on imports from the international market. Most integrated circuits and electronic components in developed countries are mainly intra-industry trade.

Keywords: Information products; Import; Export

S 基本子库
UB DATABASE

中国社会发展数据库（下设 12 个子库）

全面整合国内外中国社会发展研究成果，汇聚独家统计数据、深度分析报告，涉及社会、人口、政治、教育、法律等 12 个领域，为了解中国社会发展动态、跟踪社会核心热点、分析社会发展趋势提供一站式资源搜索和数据分析与挖掘服务。

中国经济发展数据库（下设 12 个子库）

基于"皮书系列"中涉及中国经济发展的研究资料构建，内容涵盖宏观经济、农业经济、工业经济、产业经济等 12 个重点经济领域，为实时掌控经济运行态势、把握经济发展规律、洞察经济形势、进行经济决策提供参考和依据。

中国行业发展数据库（下设 17 个子库）

以中国国民经济行业分类为依据，覆盖金融业、旅游、医疗卫生、交通运输、能源矿产等 100 多个行业，跟踪分析国民经济相关行业市场运行状况和政策导向，汇集行业发展前沿资讯，为投资、从业及各种经济决策提供理论基础和实践指导。

中国区域发展数据库（下设 6 个子库）

对中国特定区域内的经济、社会、文化等领域现状与发展情况进行深度分析和预测，研究层级至县及县以下行政区，涉及地区、区域经济体、城市、农村等不同维度。为地方经济社会宏观态势研究、发展经验研究、案例分析提供数据服务。

中国文化传媒数据库（下设 18 个子库）

汇聚文化传媒领域专家观点、热点资讯，梳理国内外中国文化发展相关学术研究成果、一手统计数据，涵盖文化产业、新闻传播、电影娱乐、文学艺术、群众文化等 18 个重点研究领域。为文化传媒研究提供相关数据、研究报告和综合分析服务。

世界经济与国际关系数据库（下设 6 个子库）

立足"皮书系列"世界经济、国际关系相关学术资源，整合世界经济、国际政治、世界文化与科技、全球性问题、国际组织与国际法、区域研究 6 大领域研究成果，为世界经济与国际关系研究提供全方位数据分析，为决策和形势研判提供参考。